A Human History *of* Emotion

How the way we feel built the world we know

エモい世界史

「感情」はいかに
歴史を動かしたか

リチャード・ファース＝ゴッドビヒア
橋本篤史 訳

光文社

エモい世界史

「感情」はいかに歴史を動かしたか

A Human History of Emotion
by
Richard Firth-Godbehere

この本を、今は亡きふたりの父、
レイモンド・ゴッドビビアとロジャー・ハートに捧げる。
ふたりとも、きっと楽しんでくれたんじゃないかな。

Contents

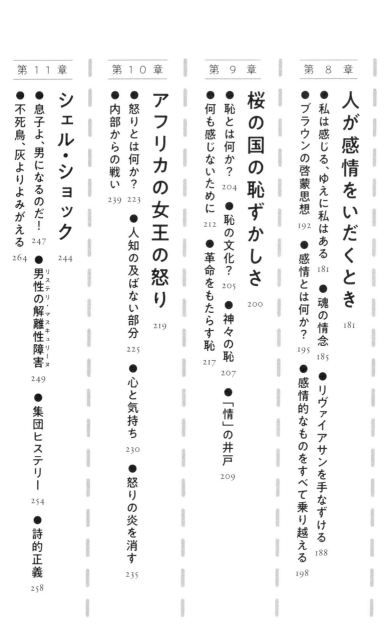

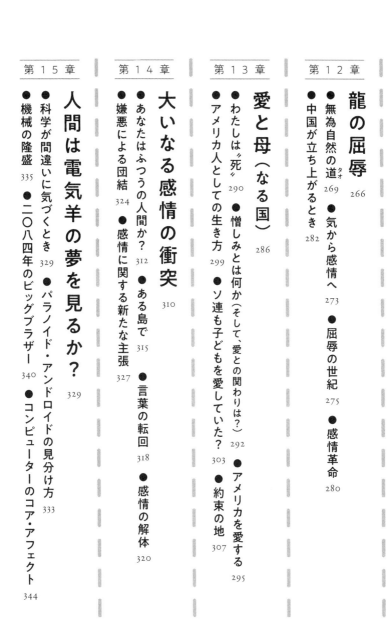

はじめに
気分はどうだい？

私の猫はだいたい怒っている。怒りの表し方はいつも同じだ。鋭いうなり声をあげながら、自分のしっぽを床に叩きつけたり追いかけまわしたりする。はたから見ればしっぽが気にくわないだけに見えるが、実際にはご機嫌ななめの合図と思って間違いない。怒りの矛先はこの私である。猫は私がエサの時間に三十分遅れたり、ソファの特等席に座ってしまったり、あるいは雨を降らせるという許しがたい暴挙に及んだりすると、決まって怒りを露《あら》わにする。もちろん、聞き分けのない飼い主に怒るペットはうちの猫、ザジィだけではない。猫や犬、ウサギ、ヘビ、その他なんでも、なんらかの生き物を飼っている人ならおわかりのように、ペットは感情を持っていて、ことあるごとにそれを表現しようとする。怒ったり、ねだったり、甘えたりを同時にすることもめずらしくない。どうやら、感情は人間だけでなく、ともに暮らす動物にもとめどなく流れているらしい。

しかし、ここで残念なお知らせをひとつ。ペットに感情はない。いや、待って。「うちの猫は私のことが大好きだ！」と言い返す前に聞いてほしい。これはペットにかぎった話ではない。人間にも本来、感情はないのである。感情《エモーション》とは二百年ほど前に英語圏の西洋人が定義した気持ち《フィーリング》の集合体にすぎない。感情は近代的な概念であり、いわば文化が構築したものだ。人の気持ちが脳のなかで生じるという発想も、生まれたのは十九世紀初頭になってからのことである。[1]

言語学者のアンナ・ヴィエルジュビツカによると、気持ちに関する言葉のうち、ある言語から別の言語にそのまま訳すことができるのは「感じる《フィール》」という語だけだそうだ。[2] けれど、人が〃感じる〃ものは身体の痛み、空腹感、暖かさや寒さ、何かに触れたときの感覚など、一般に感情と見なされるものよりずっと多い。人はなんらかの気持ちを表現するために、歴史上のさまざまな局面でさまざまな言葉を使ってきた。それは英語だけを例にとっても明らかだ。たとえば、気質《テンパラメント》は本人の行動を決定づけるような気持ちを表し、情念《パッション》は身体で感じた気持ちが心に及ぼす影響を示す。情操《センティメント》は美しいものや不道徳にふるまう人を見たときにいだく気持ちだ。しかし、私たちはこうした昔ながらの考え方をほぼ忘れ、脳のなかで処理される特定の気持ちを表すざっくりとした言葉に置きかえた。それが〃感情《エモーション》〃だ。問題は、どの気持ちが感情を構成し、どれがそうでないかを区別するのが難しいことである。世のなかには、感情を研究する人の数だけ、定義があると言えるかもしれない。身体的な痛みや空腹感を感情に含める人もいれば、そうでない人もいる。感情という概念が必ずしも正しいわけではないのと同様に、情念という発想が誤りというわけでもない。感情は人が新しくこしらえた枠組みにすぎず、その枠組みはなんともあやふやな線で構成されている。感情が近代に作られたあいまいな概念でしかないのなら、感情に関する本をどこから書きはじめたらいいだろう？

感情とは何か？

「感情とは何か」という問いに答えるのは難しい。それは「青とは何か」という問いに少し似ている。もちろん、光の屈折や波長といった科学的なデータを持ち出すことはできるだろう。しかし、青は実のところ多くの人にとってさまざまな意味合いを持つ色だ。たとえば、ナミビアのヒンバ人のように、青を色として認識していない文化圏に住む者もいる。彼らにとって青とは、自分たちの暮らすジャングルや草原に生い茂る葉っぱの微妙な色合いを区別させてくれる、たくさんある緑のうちのひとつだ。安全な青緑の葉っぱと危険な黄緑の葉っぱを見分けられるかどうかが、生死を分けることになる。[3]

もしヒンバ人に色彩のテストをして、あるものが草の色に見えるかそれとも空の色に見えるかで分けてもらったら、緑のものがたくさん含まれる側と青いものがたくさん含まれる側とに分かれるだろう。その場合、あなたはきっと緑や青は普遍的な概念と思うはずだ。だが、もしも緑色と青色で分けてもらったら、西洋人が緑と呼ぶ側に青いものがたくさん混じるだろう。あなたは同じように、色の知覚は文化が作り出すものと思うはずだ。[4]

同様に、今度はあなたの認識する感情にもとづいた顔つきをしている人の写真を使って、「空の色は何色か」に当たる質問をしてみよう——たとえば、「腐ったものを口にしたときどんな顔をするか」。もしヒンバ人が「えずき顔《ゲイプ・フェイス》」（西洋人の多くが嫌悪と結びつける表情。うつむきがちに口を少し開き、鼻の周りにしわを寄せて目を細めた状態）の写真を指し示したら、あなたはきっと嫌悪は普遍的なものと考えるだろう。一方で、さまざまな表情の写真を用意して、ヒンバ人に「嫌悪」と「怒り」とで分けてもらったら、「怒り」の側に「驚き」「怒り」「恐れ」「困惑」のほか「えずき顔」が混じっていてびっくりするかもしれない。その場合、感情は文化が作るものと確信するだろう。では、ふたつの手法のうちどちらが正しいのか？　大事なのは生まれか育ちか？　この手の問いは往々にして答えようがなく、あえて言うなら「どちらも正しい」。

　この問題についてはのちほどくわしく論じるので、今はひとまず、文化と系統どちらも大切と知っておいてほしい。何かを感じたときどうふるまうべきか、私たちは生育環境や文化を通して学ぶ。だが、私たちの気持ちそのものは、おそらく進化の起源を共有している。ヒンバ人の緑のとらえ方が私とは異なるように、人間の感情のとらえ方も文脈や言語といった文化的な要因によって異なっている。私たちはみな似たような気持ちをいだきうるが、気持ちを理解し、表現する方法は時代や文化によってちがう。そうしたちがいこそ、感情史と本書がスポットを当てている点である。

感情史とは何か？

　私は感情史という成長著しい分野で日々研究にいそしんでいる。感情史とは、過去の人々が自分の気持ちをどんなふうに理解していたのかを考察する学問だ。人間の恐怖の長い歴史について、膨大な期間を調べる研究もあれば、[5]特定の時代のせまい地域での感情のとらえ方を調べる限定的な研究もある――たとえば、フランス革命で見られた「感情体制《エモーショナル・レジーム》」の調査などはその典型だ[6]（感情体制については後述する）。

　感情史という分野はこれまで何百もの理論や思想を生み出し、私たちの過去のとらえ方に大きな影響を与えてきた。だが、この分野での論文や著作のほとんどはニッチで堅苦しい内容だった――海辺で寝そべりながら読みたくなるものではなかった。私が本書を執筆したのは、感情史というすばらしい世界をできるだけ多くの人に知ってもらいたいとのささやかな使命感を持ったからだ。過ぎ去った時代をこれまでとはちがう角度からとらえ、そこからもたらされる興奮や視座をできるだけ多くの人と共有したい。世界——とりわけ過去の世界を知るための新しい方法を提供したいと思っている。

　歴史上の感情を研究する方法は数多く存在する。香りのついた手紙、宗教的な工芸品、子どもの玩具といった、感情を語るモノに注目して歴史書を書くこともできる。[7]また、感情の呼び名や感情を表す言葉の意味が時代とともに移り変わった過程を調べるのもいいだろう。たとえば、英語の嫌悪《ディスガスト》（disgust）という単語は、かつて「ひどい味のするもの」という意味しか持たなかった。だが今では、カビの生えた果物から不快な言動まで、嫌悪をもたらすもの全般を指す言葉として定着している。[8]過去の人々が感情についてどう考えていたか、時代や文化という文脈のなかで感情をどうとらえていたのかを明らかにしようとする点で、感情史は精神史や思想史、科学史の分野と似たところがある。そのためにはいろいろな方法があるが、私たち感情史の研究者が専攻分野にかかわらず立ち返る枠組みが少数ながら存在する。

　ひとつ目が、先ほど述べた「感情体制」である。歴史学者のウィリアム・レディが造ったこの言葉は、私たちの暮らす社会が人々に求める感情的なふるまいを指す。感情体制は、ある状況において感情がどんなふうに表されるのかを教えてくれる。[9]たとえば、航空会社のファーストクラスの乗務員は、通常どんなに横柄な乗客に対しても礼儀正しく接することが求められる。彼らは仕事において、丁重な物腰と並々ならぬ辛抱強さを要求されるが、そうした感情体制はすぐに自然と身についてくる。

感情体制と密接に結びついているのが「感情労働《エモーショナル・レイバー》」だ。この言葉は語義が非常に広く、ある状況では単なる礼儀正しさを意味するが、別の状況ではバースデーカードを贈ったり、訪問客を感心させるために家中をきれいに掃除したりするような、家庭内で感情に関する仕事をこなす人（たいていは女性）を指す。だが本来は、マルクス主義の思想に根ざした言葉だった。感情労働は社会学者のアーリー・ホックシールドによる造語で、彼女によれば「他者に適切な精神状態をもたらす見た目の印象を保つため、気持ちを奮い立たせたり抑えたりすること」を表す。[10] 感情体制に少し似ているように思えるが、そのちがいは、同じく社会学者のドミトリー・シャリンの言葉を借りれば、感情労働は「国家（またはそれと似た感情体制）がその構成員から感情のゆとりという価値を粛々と搾り取ること」である。航空会社の乗務員に話を戻すと、感情体制は横柄な乗客にも笑顔を向けさせるシステムだ。かたや感情労働は、腹の底では乗客に怒鳴りたいと思いながらも、笑顔を保つために必要な努力、いわば感情体制にとどまるために必要とされる努力である。感情労働が存在するのは、感情体制がトップダウン型でなんらかの権威から押しつけられるからだ。そのような権威は国家であることが多いが、場合によっては信仰や哲学的信念、あるいは幼いころから守るよう教え込まれた道徳規範ということもある。

感情労働は心身ともに疲弊するため、感情体制にしたがいつづけるのは楽ではない。人には感情を吐き出せる場所が必要だ。ウィリアム・レディはそうした場所を「感情の避難所《エモーショナル・レフュージ》」と名づけた。航空会社の乗務員がファーストクラスの無礼な乗客のことを同僚にこぼすために通うホテルのバーも、感情の避難所のひとつと言える。それは、ときとして革新の原動力となる。とくに、抑圧された感情が感情体制を変える燃料となる場合には。

だが、感情を表す方法は必ずしも上から押しつけられるものではない。ときには人や文化のなかから生じることもある。そうしたボトムアップ型の感情統制は、感情史の専門家のあいだでは「感情の共同体《エモーショナル・コミュニティー》」として知られる。これは歴史学者のバーバラ・ローゼンワインが提唱した概念[11]で、人々の共有する気持ちがコミュニティーをしかと結びつける状況を表す。もしあなたが義理の両親を訪問して延々と気まずい時間を過ごした経験があるなら、私の言いたいことがわかってもらえると思う。義父母が自身を表現する方法は、おそらくあなたが慣れ親しんだものとはまるで異なっている。一例として、私の家族は非常に騒がしい人たちだ。みんな（母も含めて）下品なジョークやくだらない話が大好きで、お互いをからかったり、家族に学者が多いぶん、高尚な話題をなるべく俗っぽい言い回しで伝えたりする。だが、私は妻の家族にそんなふるまいを押しつけたいとは決して思わない。それぞれの家族は独自の感情の共同体を形成していて、行動や表現のルールを定めているからだ。

同じ感覚は旅先でも味わえる。それほど遠くへ行く必要はない。私は以前、イギリス北部の町バーンズリーで開かれたコンサートに行ったことがあるが、観客はバンドが演奏するあいだ、無表情でじっとたたずんでいた。だが、演奏が終わるなりぞろぞろとバンドのもとへ向かい、ビールをおごり、最高のステージだったと褒めたたえた。その町特有の感情の共同体は、性別を問わず、ストイックなまでの男らしさを求めていた。少し離れたほかの町で見られるような、演奏中の情熱的な感情表現は避けられたのだ。

人は複数の感情の共同体や感情体制に属することもある。航空会社の乗務員は仕事での感情体制ではがまん強いだろうが、サッカーとなればどうなるかわからない。マンチェスター・ユナイテッドのファンとして観客席にいるとき、職場では果てしない忍耐力を発揮している彼も、敵チームのファンには野蛮で失礼な態度をとるかもしれない。試合を観戦しているあいだ、彼はひとつの感情の共同体で生きていて、職場での行動を支配する感情体制からは解放されている。彼はその共同体が適切と考えるかぎり、自分の感情を自由に表明することができる。

ここで、もうひとつ重要な点に触れておきたい。歴史を通じて、ある種の強力な感情は変化の原動力として働いてきた。欲望、嫌悪、愛、恐れ、ときに怒りが文化を支配し、すべてを変えるような行動を人々にとらせることが多々あった。本書では、こうした感情が――そして感情に対する人々の認識の変化が――世界を形作るのに果たした役割を考えようと思う。その過程で、過去の人々がいだいた欲望、嫌悪、愛、恐れ、怒りが、現代の私たちとどんなふうに異なるのかを見ていきたい。

ここからは、さまざまな時代の人々が気持ちをどうとらえていたのかを紹介し、人の気持ちが世界を変え、今なお影響を及ぼしているようすを述べていく。この本では、古代ギリシア人から人工知能《AI》、アフリカの海岸から日本列島、オスマン帝国の威容からアメリカの台頭に至るまで、数多くの時代や地域を取り扱っている。さらに、過去だけでなく、未来も少しだけのぞいてみるつもりだ。

歴史は、感情が強大な力を秘めていることを教えてくれる。感情は科学技術や政治運動、思想家と同じくらいの力強さで今の世界を形作った。そして、宗教や哲学的探求、知識や富の追求といったものの基礎を築いてきた。だが同時にそれは、戦争や強欲、不信によって世界を引き裂く闇の力にもなりかねない。それぞれの章では特定の時代と場所に着目しているが、全体としては、感情がいかにして私たちの住む現代世界を作り上げたのか、その複雑さ、不思議さ、多様さを物語るものとなっている。最終的には、読者のみなさんが納得し、感情についてこれまでとは異なる考え方をしてくれることを願いたい。

第1章 古代ギリシアの有徳のしるし

まずは、広い視点から見ていこう。歴史は感情に関する考察であふれている――感情とは何か、どこから来たのか、どのように表現し、制御すべきものなのか。こうした考察は今も私たちの周りにある宗教や哲学を形成する助けとなった。そして、多くの場合、歴史を変えるほどの影響をもたらした。だが、古代インドや新約聖書の時代、あるいは聖人や預言者の思想に触れる前に、そもそもの始まり――少なくとも、私たちの知る最初の部分、感情に関する初期の考察が生まれた時点に目を向けてみよう。つまり、月並みではあるが、古代ギリシアの時代にさかのぼりたいと思う。

プラトンとソクラテス

イエス・キリストが生まれる三百九十九年前、ある二十代の男性が病床に伏していた。[1] そのがっしりとした体格はアテネでも有名で、レスリングの選手として名を馳《は》せるのにも一役買ったとされ、古代オリンピックに出場したという説もある。多くの人は、彼の本名よりもあだ名のほうをよく知っているだろう――古代ギリシア語で「広い」を意味する、プラトンである。[2]

プラトンは肉体だけでなく、知性の面でも巨人だった。後年、学園を設立しているが、「アカデメイア」というその名は現在に至るまで学問の拠点を表す言葉として使われている。プラトンは学園で哲学書を執筆した。しかし、長々とした散文をつづったわけではない。彼が書いたのはのちに対話篇として知られることになる一連の討論集で、そのおもな発言者は敬愛するかつての師、ソクラテスだ。

プラトンの対話篇の重要性については、いくら強調してもしすぎることはない。二千数百年後、哲学者で数学者のアルフレッド・ノース・ホワイトヘッドは、対話篇以降の哲学すべてを「プラトンの膨大な脚注」と述べている。[3] だが紀元前三九九年、あの感情に満ちた日の出来事とそこに至るまでの事件がなければ、病床にいたプラトンも数多くの偉大な思想家とともに時の流れのなかで忘れ去られていたかもしれない。プラトンが病と戦っていたまさにその日、師のソクラテスは処刑されようとしていた。そして、それに対するプラトンの気持ちはまことに複雑なものだった。

プラトンによる魂の概念

古代ギリシア人は感情のことを「経験」や「苦しみ」を意味する「パトス」と呼んだ。どちらの意味になるかは、あなたの被《こうむ》っているパトスがどんなものかによる。プラトンは、パトスとは魂の動揺であり、外界の出来事や感覚によって生じたさざ波が人間のバランスを崩し、平静を乱すものと考えた。しかし、プラトンにとって魂は、単に私たちの肉体以外の部分を指すものというだけではなかった。

プラトンが魂を重視したのは、それが彼の哲学の中心をなす概念のなかでも人間に関する部分だったからだ。プラトンは、私たちの目に見える世界がすべてだとは思っていなかった。人間も木も椅子も、すべては彼の言う「英知界《コスモス・ノエートス》」、すなわち「イデア」の不完全な形態だ。私たちはみな生まれながらにして、あらゆるもののイデア（完全な形）を知っている。だから、居酒屋のスツールと王宮の玉座のようなまったく異なる物体でも、根本的には同じ椅子だと認識できる。人はその両方を記憶のなかにある完全な椅子の形と照らし合わせている。プラトンは私たちが現実に味わう経験を、洞窟に住む人々が光で投影された影を見る経験になぞらえた。私たちが現実と思っているものはすべて洞窟の壁に映った影にすぎない。プラトンの考えでは魂こそが現実であり、洞窟の外で太陽の光を浴びて踊っている私たちのイデアなのだ。身体は光から生まれた影でしかない。私たちがパトスを感じるのは、何かが魂をかき乱し、体内に刺激を生み、図らずも影を歪《ゆが》ませた結果である。さらにプラトンは、人はどうしてふたつの異なる感情を同時にいだきうるのかと考えた。戦場の兵を例にとれば、彼らはなぜ恐怖心と勇気をいちどきに感じ、逃げ出したいと思いながらも戦うことを望むのだろうか。プラトンがたどり着いた答えは、人間の魂は複数に分かれているというものだった。

　プラトンは、動物にも魂はあるが、複雑な思考はできないので一種類しかないと考えていた。これに対し、人間と神々にはほかの種類の魂がある。神の魂は純粋な理性そのものであり、パトスによって直接乱されることはない。彼はこの魂を「ロゴス」と呼んだ。[4]

　ロゴスは解釈するのが難しい言葉だ。その意味は「思考」や「言葉」、あるいは言葉から思考を生み出す能力といったところだろうか。大切なのは、それが神の要素を持っていることである。新約聖書の「ヨハネによる福音書」一章一節に、この概念を理解するうえで有用な記述がある。もともとギリシア語で書かれた新約聖書には、「初めに言葉《ロゴス》があり、言葉《ロゴス》は神と共にあり、言葉《ロゴス》は神であった」〔日本聖書協会新共同訳を一部変更〕と記されている。もしあなたが神を言葉と表現することに違和感を覚えるなら、それは（無理もないことだが）この部分を少し文字どおりにとらえてしまっているからだ。ここでの神は、思考、純粋な理性の魂、物事を知る力を表している。それが、プラトンにとってのロゴス――物事を推量し、知り、理解する魂なのである。

プラトンは動物の魂を「欲望」や「渇望」を意味する「エピテュメーティコン」と呼んだ。[5]この魂がパトスによってかき乱されると、日々の生活を送るための基本的な原動力――快楽、苦痛、食べ物や生殖への欲求、危険なものを避けたいという願望――が生まれる。人間は動物の一部でありながら、動物よりも明らかに複雑な理性や知識、理解力を持っている。そのためプラトンは、人間は理性的なロゴスと非理性的なエピテュメーティコンの両方を備えていると結論づけた。

また、私たちの魂にはもうひとつ別の部分があるとも考えた。人間は思考しなくても善悪を感じ取り、それにしたがって行動できる。純粋な理性にはできないことだし、動物的な欲望にも不可能である。だとすれば、魂の第三の部分があるはずだ。彼はこの部分を「テュモス」（または「テュモエイデス」）と呼んだ。[6]テュモスは「気概」と訳される言葉で、物事をなしとげようという気持ちはこの部分に備わっている。テュモスはエピテュメーティコン同様、パトスによって直接かき乱される。テュモスが動揺すると、当然ながら〝気概＝怒り〟が生じる。だが、そうした動揺はときに「希望」という経験をも生み出すので、私たちは困難であっても可能性を感じ物事を達成できる。

また、「恐怖」という苦しみを生み出すことで、回避しがたい危険な状況から逃れさせてくれる。あるいは、「勇気」という経験（または苦しみ）を引き出すことで、たとえ怖くても物事に取り組む気持ちを起こさせてくれる。しかし――プラトンはこの点をとても大事だと考えていたのだが――テュモスの目指すものは大いなる善とはかぎらない。私たちはパトスによって、ともすると動物の魂のように快楽を求めたり、苦痛を避けようとしたりする。こうした理性なき快楽への衝動は「ブーレーシス」と呼ばれる。ブーレーシスは有徳とはほど遠い概念だ。なぜなら、人は善行によって苦痛を覚えることもあれば、悪行によって快楽を得ることもあるのだから。

真に有徳であるためには、ロゴスから生じるたぐいの善、すなわち「エロス」を目指さなければならない。エロスの目的は個人的な快楽ではなく、大いなる善の追求である。有徳なふるまいをするには、みずからのパトスにしたがってばかりではダメだ。何が本当の善かを考え、それを吟味し、判断することを学ばなくてはならない。ときには立ち止まって「これは本当に正しい行為なのか」と考える必要もあるだろう。いい気持ちになれるからというだけでそれを実行に移すべきではない。正しいことをして嫌な気持ちをいだいたり、ブーレーシスから遠ざかったりすることもあるかもしれない。しかし、それでも正しいことは正しい。エロスとはそういうものだ。ブーレーシスとエロスを区別することは、プラトンが読者や門弟のために作り上げた感情体制にとって重要だった。実際、それは彼らの愛する人物が処刑されようというときでさえ適用された。プラトンはソクラテスの死の場面を例にとって、ブーレーシスに直面したときのエロスの力を説明している。だがその前に、そもそもなぜソクラテスが死刑になったのかを理解しておくのがいいだろう。

ソクラテスの裁判

ソクラテスは、不敬神と若者を堕落させたことで有罪となった。アテネ人の多くが彼の死を望んだのはそうした理由からではなかったが、かといって彼に罪がなかったと主張するのも難しい。若者を堕落させた罪はたしかにあったのである。のちに問答法として知られることになるソクラテスの手法は、若者に対し、その信念について質問を投げるというものだった。ソクラテスの問いかけは、権力者や正義に関する一般的な概念、さらには神々にさえも疑問を呈することがあった。ソクラテスは相手が答えたらふたたび質問をして、その人たちが自問し、みずからの考えに磨きをかけるよう仕向けた。こうした問答法により、最終的に多くの人がソクラテスのことをその不敬な考えも含めて正しいと確信するようになった。

当時のアテネは、百年に及ぶ戦争と圧政からようやく立ち直りはじめたところだった。ペルシアと長きにわたり戦火を交えたあと、アテネはスパルタとの激しい内戦に突入した（ペロポネソス戦争）。戦争のあいだ、ソクラテスは勇敢な兵士として周囲から尊敬を集めたという。その後、勝利したスパルタはアテネの名高い民主政を廃止し、かわりに三十人の僭主《せんしゅ》を権力の座に据えた。しかし、アテネ人たちは押しつけられた新しい政府に不満をいだき、すぐさま反乱を起こす。僭主たちが追放され、彼らに加担したと思われる人々が逮捕されるのに一年もかからなかった。

ソクラテスも逮捕されたひとりだった。ソクラテスの最大の罪は不敬神でもなければ、若者を堕落させたことでもなかった。問題は、彼が堕落させた人物の多くが権力者であり、有力者であり、民衆から嫌われているという点にあった。そのなかには、有名なアルキビアデス将軍の名もある。彼はアテネ軍とスパルタ軍を天秤《てんびん》にかけ、状況によって自分の立場をころころと変える男だった。また、ソクラテスの信奉者には三十人僭主の一部とそれを支えた一族もいた。おもだった人物に、僭主のなかで誰よりも力のあるクリティアスがいる。[7] さらに、クリティアスの従姉妹《いとこ》ペリクティオネの息子で若きレスリング選手もいた。その人物こそほかならぬプラトンであった。

ソクラテスの逮捕に政治的な意図があったのは間違いないが、訴えられたとおりのことをしていたのもたしかだ。裁判で罪を問われたソクラテスは、死刑は不当だと訴え、かわりにアテネへのこれまでの奉仕の見返りとして、生涯無料で食事にあずかる権利を要求した。結果は知ってのとおり、毒杯による処刑が決まった。

ソクラテスの最期

かくして刑が執行されることとなり、ソクラテスはみずからの意思で毒ニンジンの小瓶をあおった。プラトンはこのときの話をソクラテスの弟子で現場にいたパイドンから聞いたと述べている。彼の記述によれば、ソクラテスが毒を飲むとその場に居合わせた人々が泣き崩れたという。ソクラテスは驚いて言った。「いったい、これはどうしたことだね……まったく、不思議な人たちだ。わたしが女たちを家に帰したのは、ひとえにこうした見苦しさを避けるためだよ。人は静寂のなかで死を迎えるものと聞いている。だから諸君も静かにして、自分を律したまえ」[8]。彼らの悲しみは、心の痛みとつらい状況をどうにかして変えたいという欲求から生じたものだった。だが、プラトンは男として――男だけが――自分を抑えるべきと考えていた。女が涙を流したり、なげき悲しんだり、衣服《チュニカ》を引き裂いたりするのはしかたない。けれど、男はダメだ。男が泣くのは利己的な理由によるものだ。それは感情的な苦痛に対する身勝手な反発であり、本当の善ではなく、自分の願う善を想って流した涙である。

ソクラテスから叱責され、その場にいた男たちはすぐに泣きやんだ。友人の死を前に涙をこらえるのはかなりの感情労働を要したことだろう。しかし、彼らはみずからの行為を恥じた。そして、自分たちが泣いていたのはソクラテスのためではなく――ソクラテス自身は満足したようすだった――「すばらしい友人を失ってしまう自分自身の不運」[9]のためだったと悟った。彼らの涙に徳はなかった。身勝手なものであり、ソクラテスとプラトンの提唱する感情体制に反していたのである。

プラトンによるソクラテスの死の記述には、大いなる善のためにパトスを抑えるべきという彼の信念を適切に表した箇所がもうひとつある。[10]プラトンによれば、ソクラテスには牢から脱獄するチャンスが与えられたという。[11]逃亡はこのとき、正しい行いと感じられたはずだ。ソクラテス自身のテュモス（気概的な魂）もおおいに賛同したことだろう。死から逃れるのは、個人にとっては間違いなくよいことなのだから。だが、彼はすでに裁判にかけられ、有罪判決を下されていた。結論はもう出ている。法の裁きから逃れることは間違っているだけでなく徳に欠ける行為だ。プラトンの描くソクラテスは、自分の気持ちにあっさりとしたがうことは正義に背を向けること、エロスから離れブーレーシスに向かう行為だと考えていた。それは、プラトンの感情体制ではあってはならないことだった。

プラトンいわく、ソクラテスの最期の言葉は次のようなものだったという。「クリトンよ、わたしたちはアスクレピオスに雄鶏《おんどり》一羽の借りがある。その借りを返しておいてくれ。決して忘れてはいけないよ」[12]。この言葉が何を意味するのか、今まで数多くの論争が起こってきた。アスクレピオスは治癒の神だ。とはいっても、ソクラテスもまさか自分が致死量の毒から回復すると思ったわけではないだろう。一部の人は、彼は毒に侵されて支離滅裂なことをしゃべったのだと主張している。[13]ドイツの哲学者フリードリッヒ・ニーチェによると、ソクラテスが伝えたかったのは「生きるとは病だ」とのことであり、彼は自分の病気が治ったことを喜んでいるのだという。[14]一方で、自分の若き弟子、プラトンのことを考えていたという説もある。前述のとおり、彼はその日病気で寝込んでいた。[15]おそらく、真相は今後もわからないだろう。だが私としては、ソクラテスは自分が愛した町を癒やしてくれたアスクレピオスに感謝していたのではないかと思う。自分が処刑されることでアテネ市民にある種のカタルシスが生じ、彼らにとって大いなる善がもたらされることを知っていたのではないだろうか。それは考えうるかぎりもっとも有徳な行いである。また、エロスを示す例としてもうってつけだ。プラトンにとって気持ちは大いなる善のために制御しなければならないものだった。そう考えると、この説明はさほど的外れではない。プラトンは友人の死を利用し、自分の知るかぎり誰よりも偉大な人物が処刑を前にしながら欲望を抑え、エロスに集中したことを訴えたのである。

ソクラテスの死に関する記述は、プラトンが書いたもののほかにも存在する。作者は、軍人でソクラテスの信奉者でもあったクセノフォンだ。クセノフォンはソクラテスが幸福のうちに息を引き取ったと記している。というのも、ソクラテスは七十歳を過ぎても知性が冴えわたっていたが、やがてはそれも失われると気に病《や》んでいたからだ。[16] クセノフォンの描くソクラテスはプラトンのソクラテスよりもはるかに実践的で、議論するよりも助言を述べることに多くの時間を費やしている。ひょっとすると、クセノフォンの記述のほうが真相に近いのかもしれない。だが、プラトンの著作は真実を語るものでもなければ、事実を提示するものでもない。彼が私たちに伝えようとしたのは、きわめて有徳な人物が大いなる善のためにいかにして感情を制御したかということ、そして、どうすれば私たちがそれを真似できるかということだ。プラトンは一種の感情体制を説いていた——私たちが感情をいだき、表現するにあたってしたがうべき一連の規律を語ったのだ。

では、プラトンの感情体制とはいったいどんなものだろうか？ 端的に言うと、大いなる善はパトス——渇望や怒りをかき立てる魂の動揺——に屈しないためにあるというものだ。自分が正しいと思うことを、そう思うからというだけですべきではない。ロゴスを使ってすべてのものに備わる大いなる善、すなわちエロスを探求し、それを手に入れるべく集中し行動しなければならない。たとえそれが、あなたに死をもたらすとしても。

プラトンの感情体制に忠実にしたがった人間は多いが、なかにはそれを別のかたちに変えた人々もいる——ストア派だ。その独自の体制についてはこのあとの章で説明したい。また、プラトンの若き弟子のように、自分なりの結論を出したあと、師の感情体制を全面的に批判した者もいる。

大王の遺産

ソクラテスが処刑されてから六十五年後の紀元前三三四年、ひとりの青年が天幕のなかで重要な手紙を読んでいた。古代ギリシアの伝記作家、プルタルコスの彫像をもとにした描写によると、青年は小柄だがたくましい体つきをしていた。薄く赤みを帯びた顔は当時としてはめずらしく髭《ひげ》をきれいに剃っていて、首はほんの少し曲がっていた。頭がつねに傾いているので、左右で色の異なる青と茶色の瞳はつねに何かを見上げているように見えた。プルタルコスの記述にある種の信憑性《しんぴょうせい》を与えているのは、こうした不完全な肉体だ。[17] 首が曲がっていたのは、先天性の筋性斜頸《しゃけい》や眼性斜頸など、なんらかの身体的疾患を抱えていたからというのが定説である。[18] だが、身長の低さも年齢の若さも髭のないあごも曲がった首も、この青年、アレクサンドロスが〝大王〟になるのを妨げることはなかった。紀元前三三四年、アレクサンドロスは当時二十二歳という若さで、ペロポネソス戦争の終結から七十年が経ってもなおペルシア軍に支配されていたギリシア人を解放した。しかし、アレクサンドロスの目標はそれだけではなかった。彼はペルシアそのものを侵略しようとしたのだ。マケドニア王国からアジアへ渡るとき、船の舳先《へさき》に立った彼は槍を投げた――ペルシアの地に刺されば征服し、刺さらなければ取りやめるつもりで。槍の穂先が地面に突き刺さったのを見た彼は、神々からペルシアが贈り物として授けられたと宣言し、征服にとりかかった。

私たち歴史家が伝カリステネスと呼ぶ人物*の物語によれば、アレクサンドロスがこのとき読んでいた手紙はペルシアの怒れる王ダリウス三世からのものだった。その内容は、驕《おご》りと脅しに満ちていた。王であり神、それも富裕なる神を自称するダリウスは、アレクサンドロスを神の僕《しもべ》と見なし、故郷に引き返して「母親のひざの上で抱かれて眠っていろ。その年齢では、まだしつけと世話が必要だ」とつづっていた。[19] 手加減なしの非難だった。凡庸な指揮官なら、このまま進軍すればやがて出会うことになる男に部下たちともども苦汁をなめさせられるのを恐れ、その場で引き返していたかもしれない。しかし、アレクサンドロスは並大抵の男ではなかった。彼は以前、ある家庭教師から個人授業を受けていた。その人物の業績は、哲学を研究するうえできわめて重要なものだ。著作は歴史の闇に埋もれ、講義ノートしか残らなかったにもかかわらず、今なお専門家による分析や議論が盛んに行われている。その家庭教師こそ、プラトンのかつての弟子、アリストテレスである。

アリストテレスの魂の様態

西洋哲学がすべてプラトンの脚注だとすれば、アレクサンドロスの恩師アリストテレスの書いた脚注は多くの人より徹底していた。アリストテレスは、プラトンよりもずっと実践的な人間だった。プラトンが座って考え事をしたり友人と語り合ったりするのを好んだのに対し、アリストテレスは世界を測量・観察することを好んだ。このような嗜好のちがいから、ふたりはどこか相容れない関係にあった。紀元前三四八年、ついにアリストテレスはプラトンのアカデメイアを去ることになる。彼が学園を去った理由ははっきりしない。ここで学べることはすべて学んだと考えたからかもしれないし、プラトンの後継者であるスペウシッポスと折り合いが悪かったせいかもしれない。あるいは、ひょっとするとアリストテレスのようなマケドニア人に対し、アテネ人がほんの少し冷淡だっ

* 作者が「伝カリステネス」（カリステネス作と伝えられる）と呼ばれるのには理由がある。彼の記述には、荒唐無稽で根拠のない部分が多いのだ。しかし、これが作り話だとしても、アレクサンドロスの感情について説明するのに有用なことはたしかである。

たせいかもしれない。いずれにせよ、彼はしばらく旅をしたあとマケドニアに帰国し、ミエザにあるニンフの神殿の跡地に学園を創り、初代学頭の地位に就いた。この学園の創設を支援したのが、ほかでもないアレクサンドロスだ。彼が十代のころ受けた個人授業では、感情に関する内容もカリキュラムに含まれていたはずである。アリストテレスの手にかかれば、どんなに血気盛んな若者にも感情をコントロールする方法を身につけさせることができただろう。若き弟子に感情について教えるため、彼はまずある存在について語ったと思われる。アリストテレスとプラトンが人の気持ちを支え、作り出すと見なしていた存在――〝魂〟だ。

アリストテレスとプラトンの魂の理論は、一見するととてもよく似ている。どちらも魂は三つの部分に分かれていて、それぞれが異なる力を持つと考えている。また、理性は魂の特別な部分にだけ備わっていて、それを持っているのは人間と神々だけとしている点も同じだ。しかし、プラトンにとって魂は外部にあり、影のように肉体を支配するものだった。アリストテレスは、そうは考えなかった。

アリストテレスが考案した魂の三つの部分は、彼が観察した内容にもとづいている。アリストテレスは植物も動物も人間もみな生きていて、いずれもなんらかの魂や生命力を持っていると考えていた。植物は人間や動物と同じように繁殖し成長するが、感情をいだくこともなければ、動くこともほとんどない。彼は、植物の魂は単純な「栄養摂取のための魂」だと結論づけた。一方の動物は植物がすることに加え、人間と同じように感覚を得たり動き回ったりする。したがって、動物には「感覚的な魂」の部分があるはずだ。だが、動物には思想を書きつづったり、魂とは何かを考えたりすることはできない。あくまで反応するだけだ。彼は、動物には思考するための「理性的な魂」の部分が欠けていると判断した。これら魂の三つの部分は階層構造をなしている。植物には栄養摂取のための魂しかなく、そこに感覚的な魂が加わることで動物となる。そして、動物に理性的な魂が加わると人間となる。

アリストテレスはプラトンと異なり、魂こそが真の自分で、身体は洞窟の壁に映った影のようなものだとは思わなかった。彼にとって、魂のない身体は単なる物質だ――生命を持たない肉のかたまり、やがては土に還《かえ》るものである。魂は「身体のなか」になければならないとアリストテレスは語った。[20]魂は身体がなければ存在できず、身体と魂がともに生命を生み出す。魂の部分が多ければ多いほど、複雑な生命体になるというわけだ。繁殖し、成長するものは栄養摂取のための魂によって形作られる。加えて、何かを感じ、物を認識し、刺激に反応するものは感覚的な魂によっても形作られる。そして、何かを考えるものは理性的な魂によってさらに形作られる。[21]だが、魂は身体がなければ存在できない。生物には両方が必要なのである。

アリストテレスは、魂のすべての部分が何かを感じられるというプラトンの主張には賛同しなかった。魂のなかでも感覚的な部分だけが動揺し、パトスを感じると考えていた。というのも、そうした動揺を生じさせる視覚・嗅覚・触覚・味覚・聴覚という外的な感覚を制御できるのは、感覚的な魂だけだからだ。アリストテレスはその仕組みについて次のように思い描いた。あなたの感覚が外界のものを感知したとする――たとえば、ライオンを見るとか。あなたの感覚的な魂は危険なものを目にして動揺し、パトスを生じさせる。おそらく、恐怖のパトスである。このときあなたは、理性的な魂の助言がないことで一目散に逃げ出すかもしれない。あるいはそのような魂の介入によって、ここは動物園だからライオンが自分を傷つけることはないと思い出すかもしれない。こうした過程は、外の世界と内なる気持ちを結びつけるすべての感覚に当てはまる。[22]

プラトンとアリストテレスの最大のちがいは、アリストテレスのほうは大いなる善のために感情を抑える必要はないと考えていたことだ——少なくとも、プラトンのように崇高で気高《けだか》いとさえいえる方法をとる必要はなかった。アリストテレスは、感情を制御するならば、それは弁論術という論争形式で活用するためであるべきだと結論づけた。弁論術とは説得の技法、対話相手の気持ちを引き出す力であり、その中核をなしているのがパトスである。これは現代においてもなお政治家や弁護士がひっきりなしに利用するタイプの技術だ。

といっても、事実をまるっきり無視せよというわけではない。現に、アリストテレスは『弁論術』というそのものずばりの題の本（というより講義ノート）のなかで、読者に対し、議論するテーマについてできるだけ多くのことを学ぶようくり返し勧めている。一方で、そうして得た事実を披露するときは、さまざまな感情の技法、つまり対話相手を感情と知性の両面から説得する技法を用いるべきであるとした。

アリストテレスは感情についてかなり入念に説明しており、それが『弁論術』という書を感情史において役に立つものとしている（プラトンも同じように説明しているが、アリストテレスほど体系的とは言いがたい）。とくに重要なのが、あるパトスにとって有用なパトスである。彼は『弁論術』の第二巻でこれらを対照的な組み合わせとして論じている。だがその前に、一巻の巻末で、すべての感情はふたつの主要な感情に由来するとも語っている。

・ひとつ目は「快楽」だ。アリストテレスは快楽を「魂全体が知覚できるかたちで正常な状態に回復する運動」と定義した——要するに、混乱していない魂である。快楽は魂が平静な状態に戻るのを助けてくれる気持ちと関連している。[23]

・ふたつ目は「苦痛」だ。快楽の反対、混乱した魂である。苦痛はまずもってさざ波を起こすような気持ちと関連している。[24]

他人の快楽と苦痛をあやつる力をもつことこそ、優れた弁論家の条件だ。ソクラテスのふるまいはこれに通じるものがある。プラトンの対話篇を読むと、ソクラテスの果てしない問いかけに対し、相手が強烈な苦痛をともなう反応——おもに怒り——を起こしていることがわかる。アリストテレスが最初に記したパトスが「怒り」なのもそのせいかもしれない。彼は弁論にとって有用な感情の組み合わせを次のように挙げている。

・怒りと穏和[25]
・友情と敵意（または、愛と憎しみ[26]）
・恐れと大胆さ（後者は「恐ろしいものがないか、または遠くに隔てられた状態。自信をいだかせるものが近くにあるか、警戒を引き起こすものから離れることで生じる[27]」）

・恥と無恥[28]
・親切と不親切[*29]
・憐れみと義憤[30]
・妬みと競争心（後者はよい種類の妬みであるとされる――誰かが何かを手に入れたり、達成したりするのを喜ぶ気持ちである）[31]

アリストテレスによれば、このような感情を表現し、相手の感情をあやつる能力は、議論に勝つうえで非常に役に立つという。ソクラテスのような手だれの弁論家になるためには、自分と相手の感情を支配しなくてはならない。ただし、トラブルに巻き込まれないように、議論する相手にはくれぐれも気をつけよう。

アレクサンドロスの弁論術

アレクサンドロスがアリストテレスのもとで学び、感情や弁論術について師の教えを吸収していたことから、彼がダリウスの手紙をどのように受けとめていたかを推測できる。ダリウスは、アレクサンドロスが自分の領地を侵略しようとしていることを知って激怒していた。アレクサンドロスは、手紙に対し「わかりました。すぐに撤退します」と返事をしなければ大変なことになるとわかっていた。いや、むしろそうなることを望んでいたのかもしれない。彼にはどこかトラブルを求めているようなところがあった。彼は、トラブルと、世界がかつて見たこともないような帝国の両方を追い求めていた。

　アレクサンドロスはダリウスの嘲笑と侮蔑に満ちた手紙を兵士たちに読んで聞かせたといわれる。なかには、それを聞いて怖気《おじけ》づいた者もいたようだ。ギリシア人とペルシア人の長く凄惨《せいさん》な戦争の歴史を考えれば無理もない。しかしアレクサンドロスは恩師の知恵を借りて兵士たちにこう語りかけた。「諸君はなぜこのような放言に恐れをなすのだ……敵の頭領であるダリウスは、実際には何ひとつできないにもかかわらず、ちょうど犬が吠えるように文面でひとかどの者を気取っているだけではないか」[32]。ダリウスはアレクサンドロスと彼の軍隊を怯《おび》えさせようとしたが、ひとつ大きな問題があった。アレクサンドロスは、自分と麾下《きか》の兵に何ができるかを知りつくしていたのだ。アリストテレスはかつて教え子にこう語ったと思われる。「他人から嘲《あざけ》られていることについて、自分のほうが優れていると確信できるなら、そんな嘲りは無視してよい」[33]。アリストテレスは大胆さを「警戒を引き起こすものから解き放たれた状態」と定義した。アレクサンドロスはそれを体現していた。

　弁論術では聴衆を理解することも大切である。アリストテレスは、「称賛の演説をするときは聴衆がどんな人間かを考慮に入れるべきだ」と語る。かつてソクラテスが言ったように「アテネの聴衆の前でアテネ市民を褒めることはたやすい」からだ。[34]アレクサンドロスはおそらくそれを計算に入れたのだろう。部下たちに、手紙はダリウスが莫大な財宝を抱えていることを示すものであり、ペルシア軍を破ったあかつきには戦利品の分け前は期待してよいと語った。集まった兵士たちはそれを聞いて色めき立った。アレクサンドロスは兵士の恐怖心を、自分が感じているのと同じ大胆さ

＊　これは興味深い組み合わせだ。アリストテレスは感情だけでなく行動もパトスによって生じると考えていたことを示している。

と欲望とに置きかえた――自分自身がかつてそう教わったように。
部下たちが平静を取り戻した今、アレクサンドロスのなすべきことは手紙に返事を書くことだった。

偉大なる王ダリウス陛下、これほどの大軍を擁《よう》し、神々の座を共にするほどの御方が、ただひとりの人間、アレクサンドロスの卑しき奴隷に身を落とそうとは、まことに残念というほかありません。[35]

アレクサンドロスはそのあと、ペルシア軍の使者たちを処刑するよう部下に命じた。当然ながら、パニックに陥る使者たち。だが、アレクサンドロスには実際に殺すつもりはなかった。彼は必死になって許しを乞う使者たちを解放してこう告げた。

あなた方は今、首を刎《は》ねられることを恐れ、死にたくないと願っている。ならば、自由にしてさしあげよう。私の望みはあなた方の命を奪うことではなく、ギリシアの王とあなた方の野蛮なる暴君とのちがいを示すことだ。[36]

ダリウスはひとつ誤りを犯した。アレクサンドロスは一流の教育を受けていたのだ。人々の気持ちをあやつる術《すべ》を身につけていた彼は、ダリウスの威嚇行為を笑い飛ばすことで部下たちの士気を鼓舞した。さらに、彼はダリウスに対し、敵を怖がらせるにはこうするんだと示してみせた。人間の「生きたい」という願いをかき立てたあと生命の危機から解放する行為は、大変な効果を発揮する。ダリウスのもとへ帰還した使者たちは、アレクサンドロスは偉大な男だったと語った。

それからおよそ十年後、アレクサンドロスはインド北部のインダス川のほとりにたたずんでいた。彼は神々に約束されたとおり、エジプトに加え、ギリシアとヒマラヤ山脈のあいだにある大半の土地を征服した。そこにはダリウスの王国も含まれている。しかし、兵士たちはもはや限界を迎えていた。長引く遠征で郷愁に駆られた彼らは、さらなる戦いを拒み、故郷に帰りたがった。アレクサンドロスはこの先に何があるのか、どんな財宝を目にできるのかを楽しみにしていた。しかし、インダス川まで来たところで、ギリシアへの帰国を余儀なくされた。彼の帝国の拡張もそこまでだった。

故郷へ帰るのもそう悪いことではなかった。恩師のアリストテレスとの再会は楽しみだったし、新しく創設された学園、リュケイオンで師のつづった対話篇を読むこともできる［だが、彼は帰国の途中、メソポタミアのバビロンで熱病により急死した］。

感情と哲学

プラトンとアリストテレスは古代ギリシア哲学における双璧だ。ふたりにとって感情はきわめて重要なものだったが、彼らの意見は感情がどう働くかだけでなく、感情をどう用いるべきかについても、ほかの事柄と同じように対立していた。プラトンにとって、感情は私たちを大いなる善へと導く一方、刹那的な快楽へも追いやるものだった。かたやアリストテレスにとって、感情は動物と共通する魂の部分から生じ、かつ敵と議論し交渉する役に立つものだった。両者とも、感情は理性、すなわちロゴスによってあやつれると考えていた。プラトンは、感情は崇高で気高いものに向けるべきと考えたが、アリストテレスは、感情は現実的で実際的な、物事をなしとげるための道具と考えていた。両者の意見は、プラトンの精神面における高尚さを重視する考え方と、アリストテレスの実世界での応用を重視する考え方とにほぼあらゆる面で分かれた。感情への見方も、決してその例にもれなかった。

プラトンとアリストテレスの感情と魂の考察は、それから約二千年にわたって、西洋の思想や政治の礎《いしずえ》となった。彼らのうち一方または双方が、後世の哲学者だけでなく、文明や政治運動、宗教的信念に影響を与えた。プラトンとアリストテレスが提唱した感情の理論は、西洋世界全体の文化と信念の確立をうながしたのだ。とても信じられないというなら、ぜひ本書を読みすすめてほしい。彼らの基本的な思想が、浮かんでは沈みをくり返しているのがわかるだろう。ふたりは、世界中の何百万という人が自己を理解する手助けをした。彼らの考えに正面から異を唱える者が現れたのは、ようやく一六〇〇年代になってからのことだった。

もちろん、感情の理論に影響を与えたのは古代ギリシア人にかぎらない。感情とは何か、感情をどう扱うべきかを説いて世界に多大な影響を及ぼしたのは、プラトンとアリストテレスだけではなかった。古代インドでは、ソクラテスが処刑されたのとほぼ時を同じくして、感情をめぐる別の議論が行われていた。それもまた中国の海辺からキリスト教圏の辺境にいたるまで、のちのほぼすべての思想家に影響を与えたと思われる。次章では、アレクサンドロスが引き返した地であるインド北部の地方に目を向けてみよう。この地では、ある帝王の感情が変化したことで歴史に大きな変化がもたらされた。

第2章 インドの欲望

チャンダ・アショーカ王は残虐非道な男だった。その悪名はインド中に轟《とどろ》いており、伝承によれば、彼は邪悪さのあまり地獄を訪れ、そこで人間をもっともむごたらしく拷問する方法を学んだという。チャンダ・アショーカは紀元前二六五年ごろマウリヤ朝というささやかな王朝を継承すると、すぐさまその版図を広げにかかった。ほどなくして、彼の帝国は現在のアフガニスタンからバングラデシュまで、インド亜大陸全域に拡大していく。しかし、東インドの海辺には彼が八年経ってもなかなか征服できない厄介な小国があった。カリンガ国である。

チャンダ・アショーカがカリンガに侵攻したとき、事は思惑どおりには進まなかった。戦争は長く凄惨をきわめた。死と四肢切断と殺戮《さつりく》が彼を取り囲み、地面は血で赤く染まっていった。それまでの戦いでも数千人から数万人が亡くなることはあったが、今回は十数万人が命を落とし、さらに多くの人々が戦争が引き起こした病気や飢えで死んでいった。そのうえ、十五万もの人々が故郷を追われたのである。チャンダ・アショーカは絶望と恐怖に打ちひしがれた難民たちが列をなし、延々とよろめき歩くさまを目撃した。戦いの最中もそのあとも、彼は地獄すら楽園と見まごうような残酷な光景を目の当たりにした。そして、アショーカに関する伝説が多少なりとも真実だとすれば、彼はこのときの経験がもとで歴史上もっとも深い回心をしたとされる。そのため、彼は世の人から暴虐阿育《チャンダ・アショーカ》とは別の名前で記憶されている。インドではピヤダシ王（万人に愛情をもって接する人）やデバナンプリヤ（神々に愛された人）の名でも知られるが、もっとも一般的な呼び名はアショーカ大王である。

アショーカが回心したのは彼の欲望の焦点が変わったからだが、それは決してささいなことではなかった。古代インドのほとんどの宗教では、欲望の考察と、それにどう向き合うかが根底にあるが、宗派によって欲望のとらえ方は少しずつ異なっている。アショーカの欲望が変わったことで、彼の生き方や信仰に劇的な影響がもたらされたことは十分にありえる。だが、欲望はほかの感情とくらべて複雑怪奇な代物《しろもの》だ。そこで、まずはアショーカの人生だけでなく彼の臣民の人生をも変えた力を理解するため、現代における欲望の概念をひもといてみよう。

欲望のさまざまな種類

想像してほしい。あなたは今、砂浜に寝そべっている。太陽があなたの肌を温め、涼しい風が体温を整えてくれる。浜辺では、波が静かに打ちよせている。のんびりと横になっていると足の指のあいだからさらさらと砂が落ちるのを感じ、日々のストレスもいっしょに消えていくような気がする。なんとも穏やかで幸せな気分だ。しかし、ぼんやりと海を眺めていると突然、巨大なホホジロザメの背びれが目に飛び込んでくる。穏やかさと幸福さは一瞬にして恐怖とパニックに変貌する。サメに気づいているのはどうやら自分だけのようだ。誰かに知らせたいという思いが心の底から湧き上がり、あなたはのどかな場所から離れ、急いで監視員のもとへ駆けつける。知らせを受けた監視員が警報を鳴らし、危害が及ぶ前に砂浜一帯が封鎖され、あなたはようやく安堵《あんど》する。

さて、ここまでに感じた気持ちのなかで、ほかとちがうものがあることに気づかれただろうか？ほとんどの気持ち（幸せ、穏やかさ、恐怖、パニック、安堵）は、あなたを取り巻く世界があなたの感覚に作用したことで生じている。あなたがリラックスし、幸せな気分になったのは太陽の熱や砂の感触、海の音を感じたからだ。恐怖やパニックに陥ったのは目がサメを感知したからで、安堵したのはみなの無事をたしかめたからだ。だが、あなたの感じた欲望はちがう。誰かに知らせようという衝動に駆られたのはサメを目にしたからだが、監視員のもとに駆けつけたのは「みんなに怪我をしてほしくない」という欲望を覚えたからだ。場合によっては、恐怖を感じながらも、誰かが怪我をするのを呆然と見届けたかもしれない。パニックになって腕を振りまわすばかりで、事態を改善できなかったかもしれない。ほかにとりうる行動はたくさんあったにもかかわらず、あなたは「誰かにサメのことを伝えたい」という欲望をいだいた——人々に無事であってほしいと願ったのだ。ほとんどの気持ちはいわば〝世界から脳へと〟生じる。私たちは世界のなかでものを感じ、それが心に気持ちを生み出す。他方、欲望は〝脳から世界へと〟生じる。私たちは欲望を感じ、その結果として行動を起こす。

欲望にはさまざまな種類がある。まず挙げられるのが、本質的な欲望——あるものを目的とした欲望だ。アイスクリームが食べたいとか、いい車が欲しいといった思いがそうだが、自分の好きなものに対する愛をほかの人と共有したいという願いもこれに当たる。一方、手段としての欲望——

ほかの目的につながることがしたいという欲望もある。アイスクリームを買うためにお金を稼ぎたいとか、奥さんに喜んでもらうために花束を買いたいとか、あるいは読者を感情史の世界に誘うため本を書きたいといった思いがそうだ。欲望は、あなたがそれをどれだけ欲しているかによって強くもなれば弱くもなる。また欲望には、今度の試験に合格したいとか、困難な状況から抜け出したいというような、現時点のものとして心を悩ませるものがある。反対に、いつまでも長生きしたいというような、あなたの心の奥底に潜む恒久的なものもある。

哲学者のハリー・G・フランクファートによれば、これらの欲望は一次的なもの（何かを手に入れたい、または何かが実現してほしいという願い）と二次的なもの（欲したいという願い）にも分けられるという。[1] 監視員にサメのことを知らせたいという欲望は、手段としての一次的な欲望だ。あなたは、ほかの目的につながること（監視員に知らせてみんなを海から逃れさせる）をしたいと願い、あること（人命の救助）が実現するのを望んでいる。このように、欲望は階層や種類で説明できるが、より効果的なとらえ方もある。それは哲学者のティモシー・シュローダーが提唱した見方で、彼は欲望や願望に関する多くの哲学的・科学的なアイデアを「欲望の三つの顔」として集約した。[2]

ひとつ目は、動機的な欲望。身体を起こして、何かをしたいという願いだ。ふたつ目は、快楽的な欲望。快楽を味わいたい、苦痛を避けたいという願いである。三つ目は、学習的な欲望。経験を通して、自分にとって何がよくて何が悪いかを学びたいという願いである。もちろん、この三つは同時に存在することもある。運転免許試験に合格したいという動機的な欲望には、自分で運転する喜びを求める快楽的な欲望と、優れたドライバーになることを願う学習的な欲望が必要とされる。

　また、シュローダーは欲望を統括する要素として報酬と罰のふたつを挙げている。スキーができるようになるのは報酬だが、スキーができずに笑われる（あるいは、首の骨を折る）のは罰だ。報酬と罰は、欲望を思考だけでなくほかの感情とも結びつける。そして、そこには人間が持つもっとも原始的な感情も含まれている。ここからはおもにシュローダーの枠組みを使って、さまざまなタイプの欲望を明らかにしていきたい。

　ちなみに、私が「欲望《デザイア》」という語を使うときは、「欲」や「欲求」のほか、類語辞典で列挙されるもの、たとえば「要望《ニード》」、「願望《ウォント》」、「渇望《アペタイト》」、「期待《ロンギング》」、「熱望《クレイヴィング》」、「憧憬《ヤーニング》」、「希望《ウィッシュ》」、「切望《アスパイアリング》」、「大望《ハンカリング》」なども意味している。これは内容をことさら複雑にしないためでもあるが、ほかにも人々が古今を通じて欲望とそのほかの語をあまり区別してこなかったことが挙げられる。もちろん、誰もが微妙に異なるタイプの欲望をその都度いだいてきたのは事実だが、現代の類語辞典ではそれを十分に理解することはできない。くわしくは以下で説明していこうと思う。

ヒンドゥーの欲望

　アショーカは、インド北部のヒンドゥー文化が支配する環境で育った。注意すべきは、〝ヒンドゥー〟がいささか物議を醸す言葉であることだ（本書ではあえて〝ヒンドゥー〟や〝ヒンドゥー教〟といった言葉を使用している）。そもそも、現在ヒンドゥー教と呼ばれる信仰を持った人々は、十七世紀にイギリス人が現れるまで自分たちのことをヒンドゥー教徒とは呼んでいなかった。さらにまぎらわしいことに、ヒンドゥー教という単一の宗教は今も昔も存在しない。その歴史について研究するジューン・マクダニエル教授は、ヒンドゥー教にはいくつかの種類があり、おもだったものでは六つに分かれると考えている。また、サンスクリット語の専門家でインド学研究者のウェンディ・ドニガー教授によれば、信者たちはそれぞれ「異なる信念の引き出しを多かれ少なかれ同時に持ち運び、時と場合に応じてそれらを使い分けている」という。[3] このようにヒンドゥー教の信仰には驚くほどの多様性があるが、一方ですべての宗派にゆるやかに共通する考え方もある。そのひとつが、さまざまな欲望に対する認識だ。

ヒンドゥー教の多くの聖典には四種類の欲望、すなわち最終目標（プルシャルタ）が書かれている。とりわけ重要なのは、その人の「真の道《ダルマ》」である。ダルマは動機的かつ学習的な欲望だ。その役割は人々にまっすぐなせまい道を歩ませ、成長と学習をうながし、彼らがいだくであろう快楽的な欲望を抑えることである。ダルマについて語るうえで最適なのが、『バガヴァッド・ギーター』（神の詩）』と呼ばれる聖典だ。これはインドのクルクシェートラ地方での戦争を描いた叙事詩『マハーバーラタ』の一部で、ふたつの豪族のあいだで起きたとされる宗教戦争を描いている。[4]

『バガヴァッド・ギーター』は、一方の王子であるアルジュナが最後の戦いに挑む場面から物語が始まる。アルジュナが馭者《ぎょしゃ》に命じて敵軍の近くに寄ってようすをうかがったところ、敵の軍勢に自分の親類縁者がいるのを発見して愕然《がくぜん》とする。彼は自分の親族を殺したくないあまり、非暴力（アヒムサー）という神聖な美徳を引き合いに出してなんとか戦いから逃れようと考える。アルジュナにとって幸いなことに、並外れた腕前を持ち、息を呑むほど容姿端麗、目を瞠《みは》るほど知的で、申し分のない優しさを備えた彼の馭者は、神の生ける化身、クリシュナだった。そして知ってのとおり、神は往々にして偉大な助言者となる。

クリシュナはアルジュナに、非暴力はたしかにすばらしいが、自分のダルマにしたがうほうがずっと大切だと説く。自分の道を歩むとは無私の心を持つことであり、そこからあなたを誘惑し引き離そうとする「バヴァ」に心を乱してはならない、と。バヴァは複雑な概念だ。この言葉には「存在する」と「創り出される」――つまり、生と誕生というふたつの意味が含まれる。また、気分や心情、気質を意味することもあれば、すべてを同時に表すこともある。私たちが生きているのは私たちが感じるからであり、私たちが感じるのは私たちが生まれたからだ。生きるとは感じることである。何も感じない人間は空っぽか、または死んでいるも同じだ。しかし、自分のダルマに忠実であるためにはあらゆるバヴァを抑えなければならない。自分がどう感じようと、自分の道をたどらなければならない。そのためには、そこから生じる苦痛も利益も断ち切るべきである。[5]あなたの道は、戦利品を山と積み上げることでもなければ、敵軍に親しい者がいるからといって戦いをやめることでもない。あなたが生まれた目的、あなたの役割を果たすことだ。アルジュナにとってこの戦いから逃れることはみずからのダルマに反することであり、栄光と権力のためだけに戦うのも同じだった。ヒンドゥー教の教えには、ダルマにしたがったときの報酬はよりよい生への生まれ変わりか、現世における至福への到達とするものがある。ダルマを守らなかったときの罰はその逆だ。アルジュナは自分の気持ちを脇に置いて、義務を果たさなければならなかった。

ダルマはもっとも重要な欲望だが、私たちがしたがうべきなのはそれだけではない。第二の欲望が「アルタ」だ。これは人生を送るのに必要なものに対する動機的な欲望であり、富や家、あるいは日々の暮らしに必要なすべてを手に入れたいと願う心である。正確な意味はヒンドゥー教の経典によっても相反するため、アルタを定義するのは難しい。また、アルタはその人に必要なものに応じて変化する。たとえば、あなたが信心深い人ならあなたにとっての富は神々への献身となるだろうし、政治家であれば権力の強化となるだろう。[6]

この欲望を論じた文献のひとつ『アルタシャーストラ』は、紀元前四〇〇年ごろに書かれた書物で、内容は政治を中心としたかなり冷徹なものだ。支配者に対して、民衆をだまし、必要なものを手に入れるための方法を説いている。それは専門知識を駆使して昨年の医療費を実際よりも多く見せかけるといった瑣末《さまつ》な事柄だけではない。とある人物が――あなたの手で――謎の死をとげる直前にそれを予言することで、自分が未来を見通せることを証明し、権力を強化すべしといった助言も含まれている。重要なのは、ハリー・G・フランクファートの言葉を借りれば、一次的な欲望(アルタ)と二次的な欲望(ダルマ)が対立してはいけないということだ。アルタは物に対する欲望だが、ダルマは物とは別に自分の道を歩むための欲望である。秩序と権力を保つために残忍な王でありつづけるのがあなたのダルマの一部なら、拷問部屋や軍隊を持ちたいというアルタをいだいても問題ないというわけだ。[7]

第三の欲望は「カーマ」と呼ばれる。カーマは「カルマ」とは異なる概念だ。カルマは現世と前世であなたがとった行動の総体である。それによって輪廻転生するかどうか、するとしたらどうやって、何に転生するかが決まる。一方のカーマは、世俗的な楽しみを求める快楽的な欲望である。ひょっとすると『カーマ・スートラ』という有名な文献をご存じかもしれないが、これはみなさんが思っているほど性的なものではない。たしかに『カーマ・スートラ』には性交渉について多くのことが書かれているが、その半面、欲望を制御し満たすための知恵もたくさんつづられている。カーマは、あるものに対するありふれた劣情ではない。すべての生き物に決断を下させ、道を選ばせる力だ。私たちはカーマによってつい食べすぎたり、眠り呆けたり、セックスと薬物《ドラッグ》とロックンロールに溺れたりする。こうした欲望を満たす報酬はその罰と同様、ただちに与えられる。しかし、ダルマを犠牲にしてカーマを追求すれば、来世で罰を受けることになるだろう。あなたはここでも、一次的な欲望と二次的な欲望の選択を迫られる。

第四の欲望「モクシャ」は、本当の自分を知りたいという願いだ。くわしく理解するため、まずはヒンドゥー教徒による魂のとらえ方について見ておこう。

ヒンドゥー教徒の多くは、人間は真の自分であるアートマンとそれを取り巻く五つの鞘（コーシャ）によって構成されると考えている。アートマンはブラフマン（ヒンドゥー教の創造神）と本質的に同一だ。つまり、真の自分を知ることは、自分のなかの〝神の一部〟や〝神のような部分〟を知ることである。どことなくロゴスに似ていると思われるかもしれないが、ロゴスが思索によってたどり着けるのに対し、アートマンは思考を超えたところにあるため、到達が難しい。アートマンに到達するには、幾重にも重なる鞘をどうにかして通過しなければならない。

・食物の鞘（アンナマヤ・コーシャ）——私たちの食べるものからつくられる身体の材料。一番外側にある鞘。

・生気の鞘（プラーナマヤ・コーシャ）――鞘どうしをつなぎ合わせる空気であり、いわば〝接着剤〟。ヨガの伝統では空気のコントロールがとりわけ重要とされる。そのため、現在でもヨガの教室ではゆっくりと深呼吸することから始める。

・意思の鞘（マノマヤ・コーシャ）――私が私にとって〝わたし〟であり、あなたがあなたにとって〝わたし〟である理由。私たちそれぞれを〝わたし〟たらしめている鞘。

・理知の鞘（ヴィジュナーナマヤ・コーシャ）――思索する鞘。この鞘のおかげで、あなたは本書を買うといった賢明な判断が下せる。ここには思考が存在する――アートマンに直接触れはしないが、もっとも近いところにある。ギリシア語の「ロゴス」の概念に非常に近いものだ。

・歓喜の鞘（アーナンダマヤ・コーシャ）――あなたのアートマンを映し出す鞘。もっとも重要なこの鞘を活用することで、あなたは喜びと至福（スッカ）が得られる。あなたの来世はよりよいものになるだろう。輪廻転生から解脱できると考える人もいる。

モクシャとは、これら五つの鞘を通り抜ける道を見つけたい、自己のアートマンを取り戻したいという動機的な欲望である。いくつか方法はあるが、ひとつはできるだけ食事の量を減らし、粗末な服を着て、森のなかで日がな一日瞑想《めいそう》することだ。今すぐ森へ行って裸同然で飢え死にしかけるのがいやなら、老後の楽しみとするのもよい。年を重ねてダルマが完成に近づくまではひたすら自分の道を歩み、それからモクシャにとりかかるのだ。あるいは、森のなかで粗末な服を着て暮らしている人を支援し、あなたにかわってアートマンを見つけられるよう支援するのも手だ。また、執着を捨てるもうひとつの方法は、ひたすら自分のダルマにしたがうことだ。報酬は真の自分を知ることである——それこそがダルマの目指すところであり、数ある報酬のひとつだ。

四つの欲望（ダルマ、アルタ、カーマ、モクシャ）はどれも重要だ。なぜなら、この四つはあなたを次に挙げるふたつの道のどちらかにいざなうからである。ひとつは、右に紹介した方法のいずれかを用いて真の自分について知り、純粋な幸福へと至る道。もうひとつは、一見喜びに通じるように見えるが、実はその反対の苦しみ（ドゥッカ）に通じる道。後者の道をたどるのは簡単だ。自分のカーマに主導権を渡し、肉体的な快楽に身をまかせればいい。あなたはセックスや美食といった楽しい時間を求めるだろう。あるいは、アルタに導かれるまま、お金持ちになって豪邸を建てたいと願うかもしれない。だが、それによってあなたは自分のダルマをないがしろにし、あらゆるものに執着することになる——もちろん、あなたのダルマがパーティー好きや金持ちの男性*になることなら話は別だが、その可能性は低いだろう。あなたが幸運にもパーティー好きになる定めでないかぎり、この方法では決して至福を味わえない。たとえ欲しいものをすべて手に入れたとしても、強欲（ローパ）、怒り（クローダ）、嫉妬（マートサリヤ）、恐怖（バヤ）が折に触れてあなたを悩ませる。つねにより多くを求め、今あるものを失うことを恐れ、最終的に現世か来世で苦しみを味わう。真の至福を得るためには、これらの欲望のバランスをとり、みずからのダルマにしたがってモクシャを達成することが重要である。

暴虐阿育《チャンダ・アショーカ》はもともと自己のダルマにしたがっていたと言えるかもしれない。クリシュナが言いたかったこととは異なるだろうが、はたから見れば、アショーカは生まれつき定められた自分の道をたどっていたように思える。他国の征服に血道を上げる王家に生まれた彼にとって、国の拡張と侵略こそがダルマだった。彼はアルタを通して権力を維持し、宮殿や軍隊、拷問部屋という、王にとって必要なものを手に入れた。彼は自分の帝国が各地を支配しつづけるためにはそれらが必要だと考えていた。また、ダルマの定めにしたがって、五人の妻たちとちょっとしたカーマにふけることもあったはずだ。

こうして見ると、アショーカのダルマへの専心は、どこかアルジュナの物語と重なるところがある。だが、カリンガ国民の死体に囲まれたアショーカは底なしの悲しみに陥った。どれだけ多くの命を奪い、たくさんの妻を持ち、広大な土地を征服しても、欲望は彼を至福へと導いてはくれなかった。味わったのは、痛みと苦しみだけだった。おそらく、彼はヒンドゥー教の核となる考えを理解していなかったか、受け入れなかったのだろう――ダルマはいっときの気持ちよりも大切だという考えを。いずれにせよ、彼は別の道を選ぶことにした。ブッダの教えにすがったのだ。

ルンビニから来た少年

アショーカが仏教に帰依する二百年ほど前、インド北東部の都市ガヤの近くにあるファルグ川のほとりを、ガウタマ・シッダールタという抜けがらのような男がよろめき歩いていた。彼の筋肉は衰え、皮膚は骨に張りついていた。まるで骸骨がぴっちりとした革のコートを身にまとっているようだった。目は落ちくぼみ、頭髪は抜け落ち、身体はとほうもなくくたびれていた。だが肉体はボ

＊ ちなみに言えば、ダルマにしたがうのは男性にかぎられている。当時の女性はよき妻であること以外、どんなダルマにもしたがわなかったとされる。

ロボロでも、心は衰えていなかった。むしろ、かつてないほど爽快な気分だった。

ガウタマは幼少期を手厚く庇護《ひご》され、自分の生まれたルンビニの宮殿からほとんど出ることなく育てられた。彼は幸運にも、クシャトリヤ（戦士や王）階級《カースト》の王子として生まれた。ほかに出会ったことのあるカーストはバラモン（神官）と、ときおり目にするバイシャ（商人や地主）だけだった。だが、彼はシュードラ（農奴）やカーストの外にいる人たち（不可触民）の暮らしを知りたいと思っていた。そして二十九歳のとき、馭者の助けを借りて宮殿を抜け出し、長いあいだ自分を閉じ込めていた壁の向こうで何が起きているのかを見に行ったのである。

彼はすぐに自分がとても恵まれた生活を送ってきたことを気づかされた。まず出会ったのは老人だった。ガウタマは時の荒波がもたらす破壊と苦しみにショックを受けた。次に目にしたのは、病人が痛みに耐える姿だった。さらに、死体にも出くわした。どちらも、彼に嫌悪と恐怖を生じさせた。こうした出会いは彼を根底から揺さぶった。自分やほかのみんなが囚われている生と死の恐ろしい輪廻に、耐えがたいほどの恐怖を覚えたのである。彼は宮殿に戻ると、絶望的な運命から逃れる方法をなんとかして見つけたいと思った。そして、ふたたび宮殿を抜け出した。このとき出会ったのが、ひとりの修行僧である――男は生涯をかけて苦しみから抜け出す方法を見つけようとしていた。彼との出会いを通じて、自分がひとりでないと気づいたガウタマは希望を感じた。そして、僧といっしょに旅に出ようと決意したのだった。

ガウタマは宮殿も妻も子どもも捨てて出家すると、苦しみを終わらせ、死と再生の輪廻を断ち切る方法を何年も探し求めた。彼はさまざまなヨガの瞑想法を試みたが、はかばかしい成果は得られず、苦行の末ついにはやせ衰えて倒れてしまった。そのとき、彼は子どものころの体験を思い出した。さわやかな夏の日、少年のガウタマはフトモモの木の下でヨガの姿勢で座ったまま、耕作競争が行われるのを見守っている。すると、刈り取られた草や死んだ虫に気づいて、その圧倒的な暴力性に恐怖を覚えた。しかし、ガウタマの目にしたものは彼に解放をもたらした。まるで暴力のあとに訪れた静けさが、生と死の輪廻の向こう側を見せてくれたようだった。若き日のガウタマは破壊を目の当たりにしたことで、生も死も苦しみも、さらには自分を取り巻く世界もすべて幻想であると知った。彼は幻想から純粋な至福の瞬間へ溶け込んでいった。子どものころの喜びを思い出した彼は起き上がり、恵んでもらった乳粥《ちちがゆ》を平らげると、どこか腰を下ろせるような木の根もとを探しはじめた。彼はファルグ川のほとりで聖なるイチジクの木を見つけ、子どものころと同じように腰を下ろして瞑想した。ガウタマはそこで三日三晩を過ごし、あのとき感じた悟りの境地、涅槃《ニルヴァーナ》に到達した。彼はもはや生と死の輪廻から解放されていた。こうして、ガウタマは仏陀《ブッダ》（目覚めた人）となった。

少なくとも、伝説にはそのように記されている。ガウタマが本当に王子だったかどうかは諸説あるし、老人と病人と死体を見て出家したかどうかも定かではない。わかっているのは、彼が修行僧として過ごした事実である。子どものころに感じた喜びを思い出したというのもおそらく本当だろう。とはいえ、彼は現在「菩提樹」（菩提《ボーディ》は「悟り」を意味する語）として知られるイチジクの木に向けて出発し、数日ですべてを悟ったわけではない。断食修行によってやつれ果てた状態から回復するには、数週間から数カ月がかかったことだろう。瞑想の前に長い時間をかけて練り上げた思想がようやく結実したと考えるのが自然である。

彼の思想のほとんどは、実はそれほど目新しいものではなかった。現に、ブッダが行ったのはみずからが属する文化の信念を抜き出して解釈し直し、それを抽出することだった。彼が考えたものは現在では「四諦《したい》」（四つの高潔な真理）として知られている。そのうち、最初の三つはすでに述べたものだ。
（1）この世は苦しみに満ちている。
（2）苦しみの原因は煩悩（欲望）である。
（3）苦しみから抜け出すには、涅槃《ニルヴァーナ》に至ること（ヒンドゥー教では、歓喜の鞘につながること）が大切である。[8]
これに加えて、四つ目の真理は「涅槃《ニルヴァーナ》に至る道がある」という独特なもので、その道は「八《はっ》正道《しょうどう》」と呼ばれている。

八正道は三つの種類に大別される。ひとつ目は、仏教徒になるための道。ふたつ目は、善良な人間になるための道。三つ目は、涅槃《ニルヴァーナ》に至るための道である。すべての道は煩悩か、あるいはそれに類するものと関連している。ブッダの後年の伝説を見ていこう。

古代仏教徒の感情

ブッダは老境に達したころ、[9]インド北部のヴェーサーリーという町を訪れた。[10]この地域ではある信仰がよく知られていた——禁欲を尊び、生きとし生けるものへの非暴力を重んじるジャイナ教である。その一信者のサッチャカという男は、自分は論争であれば誰が相手でも負けないと語り、議論をすれば「意思のない柱」でさえも「震えおののき、動揺する」と豪語した。[11] ブッダが町に来ていることを耳にしたサッチャカは、さっそく彼に論争を挑んでその誤った見解を打ち砕いてやろうと息巻いた。[12]

尊大な男サッチャカは関心をいだいた人々をブッダの滞在している広間へ引きつれ、さっそく彼に論争を挑んだ。ブッダは、サッチャカの最初の問いに答えた。そして、今度は逆にサッチャカに質問を投げかけた。「自分の身体、感覚、気持ち、思考、意識を自由にあやつることはできますか？」サッチャカは黙ってしまった。ブッダはもう一度尋ねた。答えはない。ブッダはさらにもう一度尋ねた。それでも、サッチャカは答えられない。ブッダはこれを教えのときと見なした。

ヴェーサーリーのみなさんの前でわたしを震え上がらせると語ったのはあなたです……今、あなたの額からは玉の汗がふきだし、しずくが上衣を濡らして地面にしたたっています。ですが、わたしの身体にはちっとも汗はありませんよ。

サッチャカは「押し黙り、恥じ入ったようすで肩を落とし、顔を伏せて消沈したまま、返事もせずに座っていた」。サッチャカが汗だくで落胆する一方、ブッダが冷静さを保つことができたのはなぜなのか？　また、ブッダが尋ねた五つのもの――身体、感覚、気持ち、思考、意識――は、いったいどんな関係があるのだろうか？[13]

ブッダが汗をかかなかったのは、八正道の第七段階「正念《しょうねん》」（正しい心構え）を身につけていたからである。大事なのは、自分の周りで起きているすべての物事を気にかけることだ。現在メンタルヘルスの専門家が取り入れているマインドフルネスの実践に近い考え方である。周囲の物事すべてに注意を払い、過去に囚われず、未来を待ち焦がれず、〝今〟を大切にすることが肝心だ。初期仏教の僧たちは、「五蘊《ごうん》」という五つの執着を克服することで正念を達成した。これは身体、感覚、気持ち、思考、意識をいかにしてあやつるかというブッダの問いへの回答となる。カギを握るのは、二種類の煩悩だ。

そのひとつが「取《しゅ》」（ウパダーナ、執着）である。仏教の伝統によれば、取は私たちをあらゆる段階で執拗にむしばむ快楽的な欲望だ。取のせいで私たちは形あるものにしがみつき、涅槃《ニルヴァーナ》に達することができず、輪廻転生をくり返してしまう。また、質問に答えられないことを認めて評判を落とすよりも、口を閉ざすよう仕向けられる。取はヒンドゥー教のカーマのように、決して満たされることはない。たえず「あれもこれも、ここもあそこも」と求めつづける。[14] 取はいくつかの要素が集まって構成されている。

そのひとつ「色《しき》」（ルーパ）は、あなたの身体だ。身体そのものは制御できないが、ほかの要素につながる窓のようなものと考えられる。初期の仏典には「痩せていて、惨めで、見るに堪えない」人は「黄疸《おうだん》が出て、手足に血管が浮き出ている」と記され、何かよからぬことを企んでいるようすを表している。[15] 自分の身体にたえず気を配る（血管が浮き出ていないか、大汗をかいていないか）ことで、「想《そう》」（サンナ）、「受《じゅ》」（ヴェーダナー）、「識《しき》」（ヴィンニャーナ）、「行《ぎょう》」（サンカーラ）といったほかの要素を認識できる。

身体が反応するには、反応を示す対象が必要だ。このプロセスの最初にあるのが想（知覚）——五感を通じて自分の周りの世界を理解する力である。こうした知覚は、受（望ましくない気持ち）を引き起こす。受は快楽や苦痛のほか、〝どちらでもない〟気分を生み出す基本的な感覚だ。〝どちらでもない〟とは、たとえばペンキが乾くのを見るような、つらいわけではないがとりたてて心地よいともいえない退屈な気持ちのことである。快楽をつかさどる感覚を制御できないと、劣情や強欲、執着などの暗い快楽的な欲望に浸ってしまう。半面、つらい気持ちを抑えきれないと、怒りや恐れ、悲しみへと至ってしまう。〝どちらでもない〟気分を制御できなければ、退屈を感じるだろう。ブッダは気持ちのコントロールを決して失わなかった。それをなしえたのは、彼がのちほど紹介するように動機づけと学習の二次的な欲望を応用し、感情を抑える方法を心得ていたからだ。

次の要素の「識」は意識を意味する。識はほかの要素と深く結びつきながら、三毒《さんどく》と呼ばれる三つの煩悩（痴《ち》（モーハ、妄想・混乱）、貪《とん》（ラーガ、貪欲・執着）、瞋《じん》（ドヴェーシャ、恨み・憎しみ））を取り入れ、人を迷妄に陥れる。サッチャカはブッダと論争したとき、痴によって苦しみを味わい、おびただしい汗をかいて顔を伏せた。これらの要素は自分では直接コントロールできないが、仏教におけるもうひとつの煩悩「意欲《チャンダ》」を支配すれば、それも可能となる。

意欲《チャンダ》は仏教の中核をなす概念だ。執着を抑えて八正道を歩むための欲望であり、二次的な欲望を逆説的にアレンジした「欲したくないという願い」を示している。すでに気づいた方もいるかもしれないが、「チャンダ」はアショーカにつけられた異名である——チャンダ・アショーカは「怪物アショーカ」や「残虐アショーカ」を意味する。これは偶然の一致ではない。ブッダにとって、意欲《チャンダ》は怪物だった。残忍で、嗜虐的《しぎゃくてき》で、冷徹なものだった。涅槃《ニルヴァーナ》に到達するのは、今も昔も並大抵のことではない。だが、自分の行（思考）をコントロールするには、この獣《けもの》を手なずけることが不可欠である。

行はいうなれば、ほかの取を回転させる歯車のようなものだ。それは意欲《チャンダ》の基本でもある。思考を放置すれば、取の回転は手に負えなくなる。サッチャカは行を制御できなかった。意欲《チャンダ》を修得していなかったため、自分の思考や気持ちを制御したいという欲望をいだかなかったのだ。彼は自分がいかに賢いかを証明したいという渇愛《タンハー》にとりつかれていた。渇愛は色欲、貪欲、妄執を引き起こし、ついで執着につながって苦へ至る。

幸いなことに、ブッダは意欲《チャンダ》を支配する方法をみなに教えてくれた。まずは、八正道の第六段階「正精進《しょうしょうじん》」（正しい努力）に専念する。強欲を、他人の成功を喜ぶ気持ちである喜《き》（ムディター）に置きかえる。憎しみを捨て、慈愛《メッタ》と慈悲《カルナ》の心を取り戻す。それから、第七段階の正念へと進む。形あるものの迷妄から離れ、本当の自分は存在しないという（ヒンドゥー教とは対照的な）仏教の洞察《ヴィッパサナー》に包まれる。本当の自分は存在しない。いや、そもそも自分というものは存在しない。これができたら、最終段階の「正定《しょうじょう》」（正しい精神統一）へ至る。正定は「三昧《ざんまい》」（サマーディ）とも呼ばれ、涅槃《ニルヴァーナ》に達するためのとりわけ深い瞑想だ。

ブッダは人々が誤った種類の欲望にとりつかれていることに気づいていた。彼は、生と死の輪廻に人々をとどまらせているのは取とそれを形作る要素、色（身体）や想（感覚によって形成された世界観）、受（好ましくない気持ち）、行（野放しの思考）だと考えていた。これらの要素はつねに現世に焦点を当てている――ブッダが幻想と考えていた世界に。幻想から抜け出すには、正しい欲望である意欲《チャンダ》に焦点を当て、八正道を歩まなければならない。ブッダが論争のあいだ冷静でいられたのは、彼の意欲《チャンダ》が申し分なく集中していたからだ。一方のサッチャカはそうではなかった。ブッダは心を制御したいと欲することで感情を抑え、それに身体もしたがったのだ。その報酬は涅槃《ニルヴァーナ》という悟り、つまり生と死の輪廻から抜け出すチャンスであった。

回心後のアショーカの行動

アショーカはカリンガ国で人生の転機を迎えた。それまでともに過ごしてきた欲望――ヒンドゥー教の欲望――は、彼にとってもはや用をなさなかった。悲しみから逃れようと己の道にしたがったところで、かえって悲しみは増すばかりだ。ダルマに執着しても、幸福には至らない。そんなとき、彼のもとへ仏教の伝道師がやって来て、その執着こそが問題なのだと諭したのである。そうした考えはきっと魅力的に映ったはずだ。アショーカの欲望のとらえ方は、劇的な変化を遂げることになった。

なぜそれがわかるかというと、歴史が文字どおり石に刻んであるからだ。アショーカは帝国領内の三十以上の場所で三十三の碑文を岩（摩崖《まがい》）や石柱に刻ませた。現地の言葉で記したものもあれば、彼の使った言葉で記したものもある。なかには、古代ギリシア語やアラム語など隣国の言葉で刻まれたものもあった。これらの石の碑文のひとつに、戦争中に起きた出来事が彼を変えたと書かれている。「カリンガ国に攻め入ったとき、天愛喜見王《てんあいきけんおう》（神々に愛された王）は良心の呵責《かしゃく》に苛《さいな》まれた。なぜなら王にとって、独立国を征服したときの殺戮、死、国外追放はきわめて痛ましいものだったからだ」[16]。カリンガへの侵攻で人間性を根底から揺さぶられたアショーカは、みずからの人生や信仰を見つめ直すようになったのである。

　アショーカ本人の言葉によれば、彼は正式に仏門に入る少し前から、仏教徒になることを志していたという。石碑のひとつにこう記されている。「私は優婆塞《ウパサカ》（仏教の在家信者）になって二年半あまりになるが、初めの一年はあまり精進しなかった。だが、僧伽《サンガ》（僧たち）の集団に赴いてからは熱心に精進した」[17]。新しい信仰へのひたむきな姿勢は、石に刻まれた文だけでなく現実的な支援としても表れている。彼は国中に仏塔《ストゥーパ》や寺院を建立《こんりゅう》した。勅令を読めない国民や隣国の人々にも仏の教えを広めるため、各地に使者や伝道師を派遣した。肉食をやめ、臣下たちが食べていい動物と食べてはいけない動物を記した長い目録を作成した。王室伝統の野蛮な狩猟を平和的な行幸に置きかえた。道路のそばにマンゴーの木を植え、井戸を設置して疲れた旅人をねぎらった。また、ブッダがその下で悟りを開いたとされる菩提樹にも巡礼した。さらに、三回目の仏典結集《けつじゅう》会議を開いたともいわれる。この会議では、王の新たな信仰を貶《おとし》めようとする他宗教の放った間者《かんじゃ》が排除され、古代の偉大な仏典であるパーリ語典のもっとも重要な部分が経典に織り込まれた。アショーカは生まれ変わったのだ。

　アショーカの人生の中心を占めることとなった新しい欲望は、彼の帝国を超える地域に影響をもたらしたと考えられる。伝道師たちが訪れたとされる土地のなかには、スリランカやチベット、ミャンマー、タイなど、今なお仏教徒が多数を占める地域もある。ジャワハルラール・ネルー大学の名誉教授ロミラ・ターパルのような歴史学者は、これらの地域に仏教が普及したのはアショーカが遣《つか》わした伝道師というよりも、商人や組合のおかげだと考えている。[18] しかし、程度はどうあれ、アショーカがなんらかの影響を及ぼしたことは疑いの余地がない。戦場で味わった苦しみと欲望のとらえ方が変化したことで、アショーカのそれまでは小さかった信仰心が劇的に高められたのだ。世界有数の宗教の勃興《ぼっこう》と教義の発展を支えたのは、行動よりむしろ感情だった。

キリスト教へ至る感情の道

古代ギリシア人と古代インド人の感情の概念は、表面的なちがいはあれど、似ている点がたくさんある。まずは、どちらも快楽と苦痛を重視している。また、欲望は危険であり、制御すべきものと考えている点も同じだ。さらに、行動と世界への見方が絡み合うのと同じように、思考と感情は絡み合うものと見なしている。もちろん、こうした古代の感情観は、現代の私たちの感情のとらえ方とはまるで異なっている。

仏教的な感情のとらえ方は東洋の世界を形作った。仏教の根幹をなす欲望に対する認識はアジア全体を巡り、中国へと広がって、統一国家の感情を支える基盤となった。

二〇二一年、世界にはおよそ五億三千五百万人の仏教徒がいるとされる。[19] 彼ら仏教徒の信仰心の根底には、感情に関するブッダの認識と、あらゆる欲望（〝欲したくないという願い〟はのぞく）を捨て去りたいという思いがある。感情がブッダに与えた影響は、やがてアジアの歴史の大半を形成することとなった。ブッダによる感情の制御という概念は、現在でも多くのアジア人の思想を支えている。のちの章では、そうした概念ができてから二千年以上経った今も、日本や中国の思想に影響を与えているようすを紹介したい。

ヒンドゥー教の多くの宗派にも同じことが当てはまる――いや、それ以上と言えるだろう。二〇二一年、世界約十二億のヒンドゥー教徒が、自分のダルマに忠実であろうと日々努力している。そうした努力は感情にまつわるものだ。ヒンドゥー教は、その美しく複雑な色彩を象徴するような、さまざまな欲望の織りなす宗教である。仏教と同様、正しい種類の欲望を追い求めている。だが、そうした欲望は仏教のような〝欲したくないという願い〟ではなく、自分のダルマ、すなわち〝自分があるべき姿〟を追求したいという願いである。インド亜大陸全域とその他の土地に住む人々が、そのことを念頭に置いて暮らし、働き、投票している。しかし、感情の制御という考え方は東洋の宗教にかぎったものではない。

こうしたインドの思想はおそらくギリシアのストア派と呼ばれる思想を生み出した。聖パウロは、ストア派哲学と自身の民族（古代ヘブライ人）の感情に対する認識を組み合わせることで、今なお支配的なキリスト教の教義を作り上げた。次章では、聖パウロの足跡をたどっていきたいと思う。彼がユダヤ人の感情観をローマ人の感覚に合うように調整し、もうひとつの世界的な宗教を立ち上げた過程を見てみよう。

第3章 聖パウロの情念

紀元五八年ごろ、パウロという名の男がエルサレムの神殿に足を踏み入れた。『パウロとテクラの行伝』と題された外典によると、彼は小柄で足取りもおぼつかなかったが、ふさふさの黒い眉毛と濃いひげの生えた卵形の顔には、この世ならぬ鋭い目が光っていたという。その顔立ちは異様な存在感を放っていた。さらに、印象的な風貌にはまっすぐな物腰と揺るぎない自信がともなっていた。[1]パウロは話し好きで、人々は彼が口を開くとつい耳を傾けた。

その日、神殿にいた誰もが彼の名を知っていた。ずいぶん厄介な男だとの噂だった——異教徒を自分の新しいユダヤ教へ改宗させるのみならず、ユダヤの慣例にしたがう必要もなければ、割礼を受ける必要もないと説いているらしい。彼らにとってそれは、モーセの律法に背くだけでなく、ユダヤの教えに反することを意味していた。パウロは、そんなつもりはまったくないということを証明したかった。そのために頭を剃って神殿に入り、七日間の清めの儀式に参加したのである。彼はエルサレムのユダヤ人たちに、自分がまだ純粋なユダヤ教徒であることを示そうとしていた。

だが、それは見事なまでに裏目に出てしまった。儀式が終わるころには、新しく来た男が何者なのかはみなに知れ渡っていた。ギリシア語を話すよそ者の正体がわかったことで、神殿内は怒りに包まれた。群衆のひとりが彼を乱暴に突き飛ばし、加勢を求めてこう叫んだ。

イスラエルの人たち、手伝ってくれ。この男は、民と律法とこの場所を無視することを、至るところで誰にでも教えている。その上、ギリシア人を境内に連れ込んで、この聖なる場所を汚してしまった。[2]

パウロは建物から引きずり出され、市中を引き回された。裁判なしで処刑されることはほぼ確実な状況だった。そこへ幸いにもローマの百人隊長と衛兵が現れ、騒ぎ立てる群衆を押しのけて彼を逮捕したのである。

現代ではこうした群衆の怒りがただひとりの背教者によって引き起こされることは少ない。だが、当時神殿にいた人々はパウロを単なる厄介者とは見ていなかった。彼らにとって、パウロは人として最悪の存在だった――偶像崇拝者であり、自分たちの礼拝の場や伝統を公然と穢《けが》す輩《やから》であった。群衆のあいだに、嫌悪（あるいはそれによく似たもの）と、パウロを地上から取り除かなければならないとの衝動が広まった。古代ヘブライ人には独自の感情体制があり、パウロはそれに反していたのだ。ローマ兵がその場に現れたのは、彼にとって幸運というほかなかった。

パウロへの攻撃はファリサイ派の感情体制を如実に示すものだが、彼自身もかつてはこの体制のもとで暮らしていた。パウロの人生を支配した感情体制はふたつあり、ひとつはファリサイ派（こちらについてはのちほどもう少しくわしく説明する）、もうひとつはローマ人としてのものだった。このふたつのアイデンティティーが、キリスト教史でのパウロの重要性を語るうえで欠かせない役割を果たしている。パウロがキリスト教に与えた影響は計り知れない。新約聖書のパウロの手紙（パウロ書簡）は、キリスト者《しゃ》のあいだでは福音書に次ぐ頻度で引用されている。実際、キリスト教はユダヤ人だけでなく万人のための宗教だというパウロの主張がなければ、世界にここまで大きな影響が及ぶことはなかっただろう。

現在のトルコ南東部で天幕職人の息子として生まれた男が、なぜこれほど重要な存在になったのかについては数多くの議論が交わされてきた。だが、パウロの話で見落とされがちな点のひとつに、彼がヘブライ人の感情観とギリシア人の感情観をうまく融合させたことがある。本章では、聖パウロのふたつの感情の世界を見ていきたい。まずは彼が生まれた世界――エルサレムで彼を殺そうとした世界――について話そうと思う。だがその前に、パウロのことをもう少しだけ知っておこう。

聖パウロの生涯

パウロ――仲間のユダヤ人からは「サウロ」と呼ばれており、聖書にも改宗前はサウロと記されている――は紀元前五年から紀元五年ごろ、キリキア地方のタルススという町に生まれた。キリキアはローマの属州でありながら、思想と文化の混在する土地だった。人口のほとんどはユダヤ人とギリシア人の混淆《こんこう》である。ギリシア人はパウロのことをサウロではなくローマ風に「なんとか・なんとか・なんとか・パウルス」と呼んだ（ガイウス・ユリウス・カエサルのようなもの）。「なんとか・なんとか」がどんな名前だったかは、今となってはわからない。しかし、ローマ風の名前を持っていたことから、彼の一家がローマ市民だったことはたしかだ。ゆえに、パウロには旅行の自由や怒れる暴徒からの保護といった一定の権利が与えられていた。

サウロはもともとギリシア語圏に住んでいたが、ファリサイ派と呼ばれる熱心なユダヤ教徒として育てられた。両親は、息子の持つ市民権が引き寄せるであろうギリシアやローマの新奇な思想から彼を遠ざけようとした。サウロに家庭教育を施し、救世主《メシア》の到来と裁きの日に関するファリサイ派の信仰を教えたのだ。彼は長ずるに及んでエルサレムに送り出され、ガマリエルという伝説的な教師のもとで勉学に励んだ。優等生だったパウロはたちまち有能な律法学者となり、ゆくゆくはユダヤ教の最高法院である大サンヘドリンの席に座るものと目された。彼の最初の仕事は、ステファノという人物の裁判と処刑に立ち会うことだった（あるいはもしかすると、実際に処刑にたずさわったかもしれない）。ステファノは、救世主がすでに来たと信じるユダヤ教の新しい分派に属していた。このときの出会いをきっかけに、パウロはその新しい一派、今日ではキリスト教徒と呼ばれている者たちに少なからず興味を持つようになった。ガマリエルは彼らに対しいくぶん寛大だったが、その寛大さは弟子には受け継がれず、サウロはキリスト教徒とキリスト教を根絶しようと決心した。[3]

三十代前半になると、サウロはエルサレム周辺に潜伏するキリスト教徒の摘発に全力をそそぐようになっていた。信者たちを見つけ出し、豊かな律法の知識をもとに彼らを迫害するのが仕事だった。嫌がらせをして土地から追い出すこともあれば、神を冒瀆《ぼうとく》した罪で裁判にかけることもあった。それは（少なくとも彼にとっては）喜ばしいことだったが、もっとも喜ばしいのは信徒たちを処刑する瞬間だった。彼がキリスト教の思想に触れる機会は決して少なくなかった――おもな教義を知りつくし、十分すぎるほど理解していた彼は、その知見をもとに邪悪で異端と思われるものを排除していった。だが、その後すべてが変わることになる。

ある日、サウロが捕縛したキリスト教徒の一団を当局に引き渡すべくエルサレムからダマスコへの道を歩いていると、突如として明るい光が周囲を照らし、こちらへ呼びかける声が聞こえた。「サウル、サウル、なぜ、わたしを迫害するのか」〔「サウル」は呼びかけるときの言い方〕。サウロは戸惑いながらも、偉大な力を持った存在の声と確信してこう言った。「主よ、あなたはどなたですか？」声は彼に言った。「わたしは、あなたが迫害しているイエスである。起きて町に入れ。そうすれば、あなたのなすべきことが知らされる」。サウロに同行していた人々も声を聞いたが、光までは見えなかった。それから数日間、サウロの目は見えなくなった。みずからが垣間見《かいまみ》た力によって、盲目になってしまったのだ。二日後、アナニアという名のキリスト者がサウロの泊まっている宿にやって来た。サウロは彼が来ることを知っていた。祈りを捧げているとき、そんな予感がしたのである。部屋に招き入れられたアナニアが手をサウロの目の上に置くと、「目からうろこのようなものが落ち、サウロは元どおり見えるようになった」。そこで彼は身を起こして洗礼を受け、パウロと名乗るようになった。[4]

サウロが旅の途中で回心した話については異論も多い。物語の大部分は、真偽も作者も不明な「使徒言行録」（使徒行伝）に記されている。しかし、この話をうそ偽りのない真実と考えるにせよ、あるいは単なる比喩や幻覚、落雷による一時的な失明、てんかんの発作と考えるにせよ、ひとつだけたしかなことがある。パウロとキリスト教は、完全に変わったのだ。[5]

ファリサイ派だったサウロは、いつか救世主が現れて終末を告げ、そのときすべての人がよみがえり裁きを受けると信じていた。[6]だが、ダマスコへの道中、彼は瞑想、祈り、臨死体験、あるいは神の介入によってあることに気がついた。キリスト教徒が口々に語っていた人物――今日、イエスとして知られるイェシュア・ベン・ヨセフが、あらゆる点で救世主の特徴に一致していたのだ。それは、イエスが彼らの言うとおりの人物というだけでなく、終末の時が近いことを意味していた。サウロは、自分のなすべきことを知った。

以来、パウロはユダヤ教徒のときと変わらぬ熱意でキリスト教を信奉するようになった。旅行の自由を利用してローマ帝国の各地を回り、キリスト教を説き、人々を信仰に引き込んでいった。問題は、彼が誰彼かまわず説教したことだ。ユダヤ人やキリスト教徒の多くはそのことを快く思わなかった。ユダヤ人は当然ながら、改宗前のパウロと同じように、キリスト教を異端視していた。一方、仲間のキリスト教徒は異邦人（非ユダヤ人）に教えを説くことを異端と見なしていた。当時のキリスト教徒は、自分たちはイスラエル人《びと》の一派であり、教えはユダヤ人にかぎるべきだと考えていた。

キリスト教は今も昔も決して一枚岩の信仰ではない。現に、イエスが復活したという知らせが広まったときから、信者たちは複数の派閥に分裂している。だが、キリスト教徒の意見が一致している点もあった。彼らにとって、自分たちとほかのユダヤ人との唯一のちがいは、救世主がすでに来たと信じているかどうかだった。ほかのユダヤ人たちは、救世主はまだ現れていないと考えていた。パウロが熱心に信じていたとおり、もしも救世主がすでに来ていたとすれば、終末の時もすぐにやって来るだろう。人々は自分が救われるべき存在だと知らなければならなかった。そして、パウロにとって人々とはすべての人を意味していた。彼はユダヤ人にも非ユダヤ人にもイエスの言葉を広めようとしたが、そのためには彼らの感情を利用しなければならなかった。だが、それは危険な仕事だった。

不信心者への嫌悪

前述のとおり、パウロはふたつの相反する感情体制のもとで育った。そのひとつはユダヤ人としての血筋に由来するものであり、ここから当時のユダヤ人がどのように〝感じて〟いたのかをうかがい知ることができる。これは驚くほどめずらしいことだ。人の気持ちについてつづった史料ではほとんどの場合、感情がどのように働いていたか、または人々が感情をどうとらえていたかについてしか記されていない。古代ギリシアやインドの文献がその典型だ。私たちは「エロスに結びつく感情は、ブーレーシスに結びつく感情よりも最終的に気分をよくしてくれる」とか「意欲《チャンダ》の欲望はむごたらしい感じがする」と知ることができる。しかし、それだけでは本当の意味で他者の〝内なる気持ち〟に近づくことはできない。ここでの〝むごたらしい〟とは、実際にはどんな気持ちなのだろうか。

「過去に誰かがいだいた気持ちを知ることはできるのか」という疑問は、感情史の研究者を長年にわたって悩ませてきた。通常、答えはノーである。だが、過去の人々がごくまれに、自分の気持ちを明らかにしていることがある。古代ヘブライ人もそのような人々だった。しかも彼らは、気持ちとはどんなもので、それが何をもたらすかについても記してくれている。だから、まずはそこから話しはじめたいと思う。

古代ヘブライ語にはほかの多くの言語と同様、英語の感情《エモーション》に当たる単語が存在しない。これは本書の冒頭で述べたように、感情という概念が近代英語の発明であるのが理由だ。もちろん、古代ヘブライ語で書かれた旧約聖書（ユダヤ教の律法に当たる）には、さまざまな感情が登場する。神の怒り、憤怒《ふんぬ》、熱情、激情、深い悲しみ……。愛や憐れみといった記述もとても多い。だが、古代ヘブライ人の感情は複雑であった。今では「愛」や「憐れみ」「怒り」と訳される気持ちを、古代の人々は現代の私たちと同じようにとらえていたわけではなかった。当時、感情は心理的な現象とは見なされていなかった。神であるヤハウェのふるまいと、神をめぐる儀式にもとづくものだった。それがどういうものかを理解するには、律法における神と感情の関係について知らなくてはならない。

ユダヤ教の聖典によれば、神《ヤハウェ》はシスティナ礼拝堂の天井に描かれているような長い白ひげを生やした男性ではない。もっともくわしい描写は、「出エジプト記」三四章六～七節の「神の憐れみの十三の属性」の箇所に見られるが、ここに書かれた属性は外見というよりも性格の描写に近い。これによると、神は深い感情を持っているという。神は父のような憐れみ深さと恵みに富み、慈しみとまことにあふれている。そうした善の部分は深い信頼と誠実さの証《あかし》であり、あなたとあなたの家族を千代にわたって支える約束である。また、ヤハウェは私たちのために罪を赦《ゆる》すと約束した。[7] ヤハウェは「怒るのに遅い」（忍耐強い）御方だが、[8] かといって怒らないわけではない。もしもあなたが己の罪を悔い改めないなら心すべきだ。あなただけでなく、あなたの子ども、子どもの子ども、そのまた子どもにも禍《わざわ》いが訪れるだろう。罪が悔い改められないとき、ヤハウェは次のことを人々に思い出させなければならない。

　わたしは主、あなたの神。わたしは熱情の神である。わたしを否《いな》む者には、父祖の罪を子孫に三代、四代までも問うが、わたしを愛し、わたしの戒めを守る者には、幾千代にも及ぶ慈しみを与える。[9]

　要するに、言われたことを守り、守れないまでもきちんと謝るのであれば、神は愛情深く、思いやりをもって接してくれる。問題は、罪を犯しても悔い改めないことである。

罪とは、神に背くような危険を冒すことだ。古代ヘブライ人は、ヤハウェが罪を重く見るのはそれが神にとって悪いことだからというだけでなく、神にさまざまな種類の反感を起こさせるからだと考えていた。ラテン語訳のウルガタ聖書では、こうした気持ちは「忌まわしさ《アボミナシオ》」と訳されている。この語については、本書の後半、魔女の存在について語るときにあらためて説明したい。現代の英語の聖書では、忌まわしさのほか「嫌悪《ディスガスト》（感）」という語も使われる。とはいえ、残念ながらどちらも正確な訳語とは言いがたい。その理由について知るため、まずは現代の科学者たちが嫌悪感をどうとらえているのかを探ってみよう。

不快な科学

実を言うと、私のおもな研究分野は嫌悪感である。このテーマで博士号を取得しているし、執筆もすれば思索もする。感情史の分野で嫌悪感について考察するとき、おおかたの人は私の名を思い浮かべるだろう。ともかく、そんなふうに聞いている。

研究者のなかには、嫌悪感は普遍的なものと主張する人がいる——私たちの誰もが持ち合わせる、道徳心の門番のような感情だと。私と同じく嫌悪感について研究する生物学者、ヴァレリー・カーティスもそのひとりだ。彼女は、人間が嫌悪感をいだくようになったのは、自分を病気にする物や動物や人間を避けるためだと考えている。彼女はそれを「寄生生物回避理論」（PAT）と名づけた。カーティスによれば、私たちが不道徳な行為にも嫌悪感をいだくのは、それが一種の汚染だからである——私たちは、人が取り乱すのはなんらかのかたちで感染しているからであって、そうした感染は拡大するものだと考えている。[10]

しかし、カーティスの意見には必ずしも賛同できない。そう思うのは私だけでなく、神経科学分野の草分けである故ヤーク・パンクセップも同じだ。彼もまた、嫌悪感を普遍的な感情とは見なさなかった。彼は「知覚による嫌悪感を基本的な感情システムと考えるなら、空腹やのどの渇き、疲労感もそこに含まれるのだろうか」と問うた。[11] これは鋭いと同時に、答えるのが難しい疑問だ。わかっているのは、嫌悪感をいだく対象は人によって異なるということだ。それは、嫌悪感の重要な特徴でもある。

カース・マルツゥ(Photo: Shardan)

どんな文化でもほかの文化圏の人が気持ち悪いと思う食べ物を口にすることはある。スコットランドのハギスはその一例だ。ヒツジの胃袋に大麦のほか、あまり想像したくないような材料を詰めて茹《ゆ》でる。また、スウェーデンではニシンを缶詰にして六カ月以上発酵させたシュールストレミングと呼ばれる食品が親しまれている。缶を開けると、いまだかつて嗅いだことのないような強烈な臭いが放たれるのだ――いや、本当に。さらに、イタリアのサルデーニャ地方には、生きたウジ虫を入れてたんぱく質を少し増やすカース・マルツゥという有名なチーズがある。ほかにも、さまざまな文化圏でニューエイジの代替医療の指導者たちが人間を含む動物の糞尿を薬として処方している。このように、嫌悪感をいだくという点では私たちヒトはほかの種とくらべて変わり種だ。しかし、人間を分けるのは嫌悪感をいだかせるものだけではない。私たちが利用する言葉や概念もまた、人と人とを隔てている。

嫌悪感が思いのほか普遍的でないことは、歴史をさかのぼらなくとも理解できる。英語の「ディスガスト」という言葉は、心理学の論文でよく見られるような嫌悪感を指している。おもな理由は、英語の心理学誌が主流を占めているからだ。そうした嫌悪感は、吐き気をもよおすものを見たり、触ったり、嗅いだり、味わったりしないためにある。人はそのようなものに遭遇すると、本書冒頭でも述べた「えずき顔」と呼ばれる独特な表情をする。鼻の周りにしわを寄せ、眉をひそめ、口を少し開いた表情である。

ドイツ語で嫌悪感を意味する「エーケル」は、必ずしも吐き気をともなうわけではない。基本的には「不快なものから遠ざかる」とか「いやなものを避ける」といった意味合いだが、かつてはくすぐられることによっても生じたという。フランス語の「デグー」はまた少しちがったニュアンスだ。いいものが過剰なときにいだく気持ちであり、ひとり分のケーキが大きすぎるとか、香水のつけすぎとか、化粧が濃すぎるときなどに使われる。そのほか、言語や文化によって、ちがいはまだまだたくさんある。私たちにはどうやら、腐ったリンゴを食べたり、嗅いだり、触れたりしないようにするための、一種の自己防衛本能が備わっているらしい。といっても、すでにおわかりと思うが、感情には刺激に対する反応のほかにも多くのものが存在する。

神の嫌悪

古代ヘブライ人は、ヤハウェがいだくさまざまな嫌悪感に当てはまる言葉を持っていた。たとえば、シャカツやシェケツという語は、現代の「おえっ」という感覚に近い。いずれも人が甲殻類や豚などの穢れた動物を食べたり触れたりしたとき、ヤハウェが覚える嫌悪感だ。[12] ほかにも、トエイバーやタアーブといった憎悪や強い反感に似たものもある。これは儀式において不浄なもの、あるいは不道徳な人や物から生まれる嫌悪感で、物質への嫌悪というより激しい反発に近い。[13] なかでも強烈なのは、シクツと呼ばれる強い怒りと嫌悪感が波打った状態、それからあまり一般的ではないガアルだ。現代の私たちにとってシクツにもっとも近いのは、小児性愛のような道義的に許しがたい罪を犯した者に向ける嫌悪と憤怒の入り混じった気持ちである。また、ヤハウェがガアルを感じるのは、あからさまな偶像崇拝に出くわしたときとされる。偶像崇拝はとてつもない大罪だ。だが、それは単に彫像やほかの神を拝む行為ではなく、神殿という神聖な空間で行われるものを意味している。偶像崇拝の罪を犯した者は、もはや悔い改めるだけでは事足りない。処刑し、地上から拭い去らなくてはならない存在だ。

ヤハウェにこうした嫌悪感をいだかせるのは罪を犯すのと同義であり、四世代にわたる罰を受けるおそれがあった。十戒《じっかい》は神の反感を買う行為を記した長い戒律の一部だ。この戒律は、旧約聖書の最初の五書（モーセ五書）でくり返し述べられており、さまざまな禁止事項が並べられている。不揃いな度量衡を使うことや貝類を食べること。二種類の素材の服をいっしょに着ること。他人の所有物を欲しがること。あるいは、窃盗や殺人。古代ヘブライにおける聖典の大部分では、ヤハウェが物事についてどう感じたかだけが記されている。しかし、先ほど述べたように、ヘブライ人の感じたことがつづられている部分もある。

ヘブライ人にとって、感情は直感的なものだった。心臓は意志や知性のほか、優しさなどの気持ちが宿る場所だ。腎臓は魂の奥深くにある感情をつかさどる器で、何かがおかしいという直感はここから生まれる。肝臓は誇りと尊さの宿る場所である。鼻（アフ）は「激しく息をする」とか「怒りで息が荒くなる」ことを表す〝anaph《アナフ》〟という単語に由来する（前述した「怒るのに遅い」（'ap·pa·yim 'e·rek《アパイム・エレク》）は、字義的には「鼻孔が長い」という意味である。神を侮辱しているのではなく、神の鼻孔が熱くなるには相当の時間がかかることを示している）。子宮は思いやりの深さと関連する。いわば母親の愛情であり、ヤハウェの慈愛とも似ている。古代ユダヤ人は心の底から、力いっぱい感情をいだいていた。しかし、そうした〝内なる気持ち〟は身体全体における広い理解のほんの一部であり、社会の規範と密接に結びつくものだった。肉体的な苦しみ、感情的な苦しみ、社会的な苦しみは、すべて同じものと考えられていた。

古代ヘブライ人の気持ちは、律法の実践をともなっていた。ヤハウェから与えられた掟《おきて》を忠実に守ることで、愛や親切心が生まれる。社会の一員として役に立つことが、人々の幸せにつながるのである。罪は心から犯したくないと願うものだ。なぜなら、罪を犯すことはすなわち神の掟に背くことだからである。罪が引き起こす気持ちは、人々がヤハウェに属性として与えた嫌悪と似ていたと考えられる。人間が神に似せて作られたにせよ、神が人間に似せて作られたにせよ、モーセ五書に書かれた内容は古代ヘブライ人に生じる感情を反映したものだった。そうした気持ちは、清めの儀式を通じて制御することができた。ヤハウェや罪人や罪の証人のいだいた反感をやわらげるには、神殿で肉や穀物を燃やし、心地よい香りを漂わせるのがよいとされた。多くの場合、動物の血の犠牲というかたちで赦しを請えば十分だった。[14] 血の犠牲が大きければ、それだけ赦しは強力となり、効果も長続きする。さらに、犠牲が自分たちのために捧げられたと受けとめる人の数も多くなる。

神殿の怒り

パウロと初期キリスト教徒にとって、神殿の犠牲は救世主の血の犠牲に置きかわっていた。救世主イエス——神の息子と呼ぶ者もいた——はヤハウェにその血を捧げることで、私たちの罪に対する神の嫌悪をやわらげ、すべての人に赦しを与えてくれた。動物の血は神の怒りを一時的に鎮めるだけだが、神の息子の処刑はそれを永遠に鎮めてくれる。もちろん、そうした犠牲が自分のために捧げられたと信じることが前提だが。初期キリスト教徒にとって、イエスの犠牲は儀式におけるパラダイムシフトであり、すべての人に赦しをもたらす強力な贖罪《しょくざい》だった。そして、パウロにとってすべての人とは、ユダヤ人だけでなく非ユダヤ人も含めた人々を意味していた。

神殿を訪れたパウロがトラブルに巻き込まれたのは、説教の内容もさることながら、その分け隔てのなさが原因だった。ただひとりの人間の犠牲によってみなが望みさえすれば赦しを得られるという発想は、ユダヤ人にとって神への冒瀆にほかならない——あなたに罪はない、すべては赦される、律法なんて無意味だと言うのも同じことだった。そのため、エルサレムの神殿の人々は目の前にいる偶像崇拝者へのシクツに苛まれ、パウロの死を望んだのである。

パウロは身の潔白を主張したが、ヘブライ人たちは彼の肝臓は空っぽ、つまり尊厳がないと考えた。神殿にいる人々の目にパウロは脅威として映った。彼は穢れた存在であり、容認できない人間だった。ほとんどのユダヤ人にとって受け入れがたい考えを精力的に広めておきながら、エルサレムの神殿で自分たちの仲間であるかのようにふるまったのだ。彼のしたことは偶像崇拝だった。そんなことがまかり通ってはならない。ヤハウェに神殿の穢れを見過ごしてもらうためには、ちょっとした肉の焦げる香りを上回るものを捧げる必要があった。ユダヤ人にとって世界でもっとも神聖な場所にパウロが現れたことで、その場にいた人々の腎臓は敵意で痛み、鼻孔は怒りで荒々しく鳴ったはずだ。彼は周りの人々にすさまじいガアルをいだかせた。それは彼らからしてみればヤハウェにガアルをいだかせるも同じだった。事ここに至っては、この危険な偶像崇拝者を神殿から、いや地上から排除しなくてはならない。

　エルサレムでは騒動を起こしてしまったが、パウロはユダヤ人を怒らせるだけでなく、改宗させるのにも長《た》けていた。ユダヤ人の感情に精通していたので、彼らが理解できる言葉やイメージを使って心を通わせることができたのである。たとえば、彼は現在のトルコ南部にあるピシディアのアンティオキアの礼拝堂《シナゴーグ》で、ユダヤ人の心――もっといえば、肝臓（誇り）や腎臓（思い）――を変える演説をしたことがある。彼はそのとき、ユダヤの民がヤハウェと歩んだ長い歴史に言及した（「神はおよそ四十年の間、荒れ野で彼らの行いを耐え忍んだ[15]」）。また、イエスをユダヤの歴史における偉大な人物になぞらえ、聴衆たちの誇りの肝臓を刺激した（「神はダビデを王の位につけ、彼について宣言した」）［使徒言行録一三章二二節］。パウロは、イエスは死から解放された存在であり、シクツという嫌悪に似た感覚を起こさせるものではないとした。というのも、「神が復活させたこの方は、朽ち果てることがなかった」［使徒言行録一三章三七節］からである。そして、イエスを恵みと赦しの象徴と位置づけた（「だから、兄弟たち、知っていただきたい。この方による罪の赦しが告げ知らされていることを」［使徒言行録一三章三八節］）。使徒言行録によると、演説のあと「多くのユダヤ人と神をあがめる改宗者がついて来たので、パウロと友人のバルナバは、神の恵みの下に生き続けるように勧めた」［使徒言行録一三章四三節］という。

パウロによる同胞のユダヤ人への説教は、おおむねうまくいったと言えるだろう。だが、パウロが改宗させたかったのはユダヤ人だけではなかった。ほかのユダヤ人が彼のことを偶像崇拝者と考えていたように、パウロはパウロで非ユダヤ人は明らかな偶像崇拝者だと見なしていた。しかし、彼はイェシュア・ベン・ヨセフが捧げた血の犠牲は偉大であり、非ユダヤ人でも審判の日に備えることができると考えていた――ただし、そのためにはイエスの血の犠牲が自分たちの身代わりとして捧げられたと信じなければならない。パウロにとって、偶像崇拝へのしかるべき対処は極刑ではなく、新たな生き方を与えることだった。とはいえ、伝統的なユダヤ人の主張だけでは数多くの非ユダヤ人を説得できない。彼らはユダヤ人の考え方の根底にある感情の特性を理解していないからだ。パウロは別の方針を取らなければならなかった。

ストア派のパウロ

話はパウロがエルサレムで殺されかけた時点から七年前にさかのぼる。そのとき、最初に起こったのは大笑いだった。ついで哄笑《こうしょう》が、最後には笑いの渦が巻き起こった。アテネのアクロポリスに近いアレスの丘から笑い声が響き渡った。けたたましい声はおそらくパルテノン神殿にも届き、白とピンクの美しい大理石に反響し、丘の下の市場へと向きを変えた。誰かが冗談を言ったときに生じるような、親しみのある笑いではなかった。ヒステリックな嘲笑、侮蔑の哄笑といったたぐいの、軽蔑のこもったばか笑いだった。

アレスの丘の上には、古代アテネの民主政の本拠地であるアレオパゴス評議所があり、パウロはその中心に立っていた。笑いが起こる前、古代アテネの評議所の人々はパウロに敬意を持ち、誰もが熱心に耳を傾けていた。しかし、聖地《パレスチナ》の外ではよくあることだが、みなはパウロが話したあることについて、ばかげていると考えた。パウロはギリシアの知識人たちがひしめく部屋のなかで、一度死んだ男がよみがえったと語った。形而上的な意味でも比喩的な意味でもなく、人間が文字どおり起き上がって、何事もなかったかのように歩き回ったと主張したのである。ギリシア人たちは滑稽な話と思ったにちがいない。彼らの笑い声は評議所からパルテノン神殿、そして丘の下の市場へ響いた。パウロは聴衆たちのことを理解していると思っていたが、それはおおむね間違っていた。

パウロはギリシア文化から自分を守ろうとする両親のもとで育った。ただ、そうした文化についてはかなりの知識を持っていたようだ。実際、専門家に引けを取らないレベルだった。このことは驚くにはあたらない。ギリシア語圏の若きユダヤ人である彼にとって、非ユダヤ人と交わす議論はすべてギリシア思想の信奉者と交わすものだっただろうからだ。成人になるころには、プラトンやアリストテレスの書を諳《そら》んじることができ、当時人気を集めていたギリシア哲学のストア派にも精通していた。パウロは、ローマ帝国でもっとも知的なエリートさえも改宗させることができると自負していた。アテネのアレスの丘にあるアレオパゴス評議所に立つことになったのも、そうした経緯からであった。

パウロが評議所に招かれることになったのは、彼が市場《アゴラ》で説教をしていたからだ。いや正確には、説教ではなかった――そのようなトップダウン型のやり方ではうまくいかなかったのだ。彼はソクラテスにならってアゴラの隅に立ち、通行人に質問を投げ、相手がイエスの復活を信じるようになるまで少しずつ信念を解きほぐしていった。やがて、パウロのこうした問答は彼もよく知るふたつの哲学集団のあいだで人気を博すようになる――ストア派とエピクロス派だ。当時のローマ帝国で支配的な信念体系を持っていたストア派は、パウロの話をもっと聴きたいと考え、評議所で意見を述べてみないかと彼に提案した。こうして、パウロは評議所の部屋に姿を見せることとなり、みずからの優れた知性とギリシア哲学への深い造詣を存分に披露したのである。彼には、お高くとまったインテリ集団に自分の話が真実と納得させるのは無理だとわかっていた。だが、説教は彼らに向けたものではなかった。聖書には、パウロを始めとする使徒たちが遠くにいるごく少数の人にしか届かないと知りながら大勢に説教した話がたくさん収められている。おそらく、パウロの狙いはその他の見物人たち――求道者や探求者、ストア派では飽き足らない人々――にあった。彼らの琴線に触れるには、頭だけでなく心に訴えなければいけないとわかっていた。笑われるリスクを冒す必要があると認識していたのである。

パウロがばか笑いを引き起こした経緯を知る前に、ストア派とはいったいどんな人々でどこから来たのか、少しだけ回り道をして学んでみよう。

ほとんどの人は「ストア派《ストイック》」と聞くと、『スタートレック』のミスター・スポックのような人物を思い浮かべるのではないか。落ち着いていて感情をまったく表に出さず、冷徹な論理で物事を判断する人々のことを。ところが、ストア派はそのような人々ではなかった。少なくとも、全員がそうではない。ストア派はミスター・スポックのようなバルカン人とはちがって、感情をいだくことも、感情をもとに判断を下すことも許されていた。ただし、それは正しい種類の感情でなければならない。ストア主義《ストイシズム》は単なる哲学ではなく、ひとつの生き方だ。ストア派であるためには献身と集中が必要であり、それは信仰と同じく、人生のあらゆる面で中核をなすものだった。根底にはプラトンの感情体制と、有徳であるためには感情を制御しなければならないとの考えがあった。だが、ストア派はその一歩先に進んで、幸せで豊かな人生を送るために感情を制御する方法を見つけ出そうとした。

幸せな人生を送るには、あらゆる生き物は自分にとって有益なものに引かれ、害をなすものに反発するということを理解しなければならない。ここにエロスのかたちをとった善と似た所感がある。一見すると悪いことでも、大いなる善につながることはあるのだ――そのままでは命に関わる病に侵された手足を切断するように。しかし、ストア派の人々にとって心地よいかどうかは問題ではなかった。本当に有益なのは、徳を持って生きることだ。それ以外は「どうでもよいこと」（アディアフォラ）だった。お金をいくら持っているか、健康かそうでないか、どの神を拝むべきかにこだわっていては、有徳には至らない。かといって、どうでもいいことはすべて無視すべきだというのではない。肝心なのは、それについて大騒ぎしないことだ。自分の人生を生き、やるべきことを行い、無関係な些事《さじ》にくよくよしないのが大切である。仮にあなたが運命のめぐり合わせで強大な支配者になったとしても、あなたの役割には必ず〝どうでもいい〟部分がある。それは、たとえば国境を守ったり、権力を拡大したり、処刑を命じたりといったことかもしれない。

自分がどう感じるかは二の次で、自分の義務を果たすことに集中すべきだとの点が真の道《ダルマ》に似ていると思ったなら、これから読む内容にはさらなる既視感を覚えるだろう。ストア派は、真に有徳であるためには自分の欲望を制御し、自分や社会にとって本当に有益なものに同意（シンカタテシス）しなければならないと考えていた。この同意を得るため、ストア派の信奉者は複雑な数学的論理体系にしたがう必要があった。が、ここではみなさんを退屈させるといけないので割愛させていただく。[16]ともかく、大事なのは思いつきで物事を進めてはならないということだ。そうした行動はパトス（第1章で紹介した心の動揺）を生じさせ、悲しみや苦しみへつながる。本当に有益なものだけに同意すれば、正しい種類の感情「エウパテイア」を持つことができる。

ストア派は、四つの基本的な感情を定めている。

（1）将来起こるであろうよいことは、欲望のパトスか、願望のエウパテイアのいずれかを生む。欲望は恐ろしいものである。なぜなら、決して満たされることがないからだ。それは仏教における「取《しゅ》」（執着）の概念と似て、物質的な利益に焦点を当てた快楽的な願いを生じさせる。希望もまた快楽的な欲望の一種だが、つねに叶うわけではなく、誰もがそれを理解している。満たされない希望は、満たされない欲望よりも勢いとしては弱い。

（2）今起きているよいことは、快楽のパトスか、喜びや至福のエウパテイアのいずれかを生む。快楽的な欲望を叶えることで楽しみを得ても、やはり満足することはなく、ゆくゆくは悲しみにつながる。一方、喜びや至福はよきストア派でありたいという願いの副産物であり、動機的な欲望から生まれるものである。

（3）将来起こるかもしれない悪いことは、恐怖のパトスか、警戒のエウパテイアのいずれかを引き起こす。警戒は危険なものについて論理的に考え、どうすべきかを熟慮した末に生まれる。一方、恐怖は考えるよりも先に逃げ出したい、または戦いたいという快楽的な欲望から生じる。これは合理的な行動とは程遠く、よい結果よりも悪い結果につながることが多い。

（4）今起きている悪いことは、悲しみと苦しみのパトスをもたらす。悪いことが起きているときにエウパテイアが生じることはない。悲しみを感じるのは、自分の考えや感情を適切に制御できていないためだからだ。

ストア派のライフワークは、気持ちよりも思考を優先し、行動を起こす前に立ち止まって考えられるようになることだった。ストア派のなかには、ローマ皇帝マルクス・アウレーリウスのように、感じるよりも考えることを得意とし、セックスさえも欲望ではなく熟考の対象に変えてしまった者もいた。皇帝はかの有名な『自省録』のなかで、セックスについて「粘膜の摩擦と粘液の分泌に過ぎない」とつづっている。[17] アウレーリウスほどの自制のレベルに達すれば、パトスを超越し、悲しみ、恐怖、単純な快楽から解放されるだろう。ストア派の究極の目標は、内なる平穏や至福の状態、すなわちアタラクシアを手に入れることだった。

あなたは今こう考えているかもしれない――アタラクシアは涅槃《ニルヴァーナ》に似ていると。それに気づいたのはあなたが最初ではない。今まで、数多くの歴史学者がこれは単なる偶然の一致ではないと指摘してきた。その類似性は誰の目にも明らかだ。ギリシア人が仏教に影響を与えたか、双方がペルシアや中国から着想を得た可能性も考えられるが、もっとも有力なのは、ギリシア人が仏教徒から思想を借用したという説である。[18] 古代史において、ギリシアとインドの文化が触れ合った瞬間はたしかに存在した。インドの地でアレクサンドロスが故郷に帰ろうか悩んでいたときのことを思い出してほしい。[19]

アレクサンドロスに同行してインドに渡った人物のなかに、エリス出身のピュロンという哲学者がいた。彼はそこで「裸の修行者たち」に出会ったという。[20] その修行者たちが崇拝していたのがヒンドゥー教なのか仏教なのか、あるいはまったく別の宗教だったのかはわからない。だが、ともかく彼らと話をしたことで、ピュロンは人生の崇高な目標とは心の穏やかさを保つことだと考えるようになった。ギリシアに帰国した彼は、その考えを軸に哲学の体系を構築した。彼は、自分が経験したことだけを受けとめてそれ以外のことを拒否すれば、ささいな事柄に悩まず平常心で生きられると考えた。いわゆるピュロニズム《ピュロニズム》の懐疑派である。ストア派はそれとは少し異なるが、ニルヴァーナナ――おっと失礼、アタラクシアを探求する点ではとてもよく似ている。

ストア派やピュロニズムなど、紀元前三世紀ごろに誕生した心の平静を重んじる哲学的な生き方は、仏教のギリシア風分派と言えるかもしれない。だが、確実なことは誰にもわからない。ピュロンとインドの裸の修行者たちとの出会いが記された一次資料は、ディオゲネス・ラエルティオスの『ギリシア哲学者列伝』〔下巻、加来彰俊訳、岩波文庫、一九九四年〕だが、この書物は、ピュロンたちが出会ってからおよそ六百年後に書かれたものである。はっきりしているのは、ピュロンが突然、ストア派などギリシア哲学のほかの学派と同じく、仏教徒のような考え方をしはじめたことだ。誰が誰に影響を与えたかはわからないが、聖パウロはストア派の感情の見方を理解していた。ここで、アレオパゴス評議所での演説に話を戻そう――パウロがとてつもない笑いを引き起こした例の演説だ。彼の話のいったいどこがそんなにおかしかったのか?

パウロ流の冗談

演説に笑いの要素を取り入れたわけではない。パウロはまず、聴衆に自分なりの賛辞を述べることから始めた。「アテネの皆さん、あらゆる点においてあなたがたが信仰のあつい方であることを、わたしは認めます」[21]。彼はここへ来る途中で見かけた「知られざる神に」と刻まれた祭壇について話し、それを利用して、聴衆が神について何も知らないことを彼らが理解できる言葉で示した。「世界とその中の万物とを造られた神が、その方です。この神は天地の主ですから、手で造った神殿などにはお住みになりません」[22]。神は彫像や祭壇のような無価値なものには関心がないことを、評議所にいたストア派に訴えたのである。

ここまでは順調だ。彼は続けた。「また、何か足りないことでもあるかのように、人の手によって仕えてもらう必要もありません。すべての人に命と息と、その他すべてのものを与えてくださるのは、この神だからです」[23]。これもまた、ストア派に訴えるためのものだった。もし全知全能の存在があるなら、どうして人間の手を借りる必要があるだろうか。それは神にとって〝どうでもいいこと〟にエネルギーを費やすことになるのではないか。

パウロは続ける。「神は、ひとりの人からすべての民族を造り出して、地上の至るところに住まわせ、季節を決め、彼らの居住地の境界をお決めになりました」[24]。パウロは、この時点ではまだギリシアやローマの信仰から逸脱してはいなかった。聴衆は古代ヘブライ人と同じように、人間は一柱《ひと》の神──ギリシア人の場合はプロメテウス──によって、土くれから創られて地上に散らばっ

たと信じていた。

パウロはギリシア人の思想をより深く、より明瞭に掘り下げた。「これは、人に神を求めさせるためであり、また、彼らが探し求めさえすれば、神を見出すことができるようにということなのです。実際、神はわたしたち一人ひとりから遠く離れてはおられません」[25]。これは、パウロが古典的なギリシア哲学を演説に落とし込むためのいわば前置きだった。彼は続ける。「皆さんのうちのある詩人たちも、〝我らは神の中に生き、動き、存在する〟〝我らもその子孫である〟と、言っているとおりです」[26]。最初の言葉はソクラテスよりも古い時代の哲学者、エピメニデスの詩からの引用であり、ふたつ目はストア派の哲学者、アラトスの言葉である。パウロはギリシア人の世界へ入り込

み、彼らの言葉で語りかけた。

ついで、ハッとするような言葉が彼の口から飛び出した。「わたしたちは神の子孫なのですから、神である方を、人間の技や考えで造った金、銀、石などの像と同じものと考えてはなりません」[27]。きっとストア派の人々も同じように思っただろう。石は石にすぎず、金もまた金にすぎない。はかなく、無価値なものである。穏やかな心を願うなら欲するべきものではない。その場にいたストア派の人々が身を乗り出して聞き入るようすが目に浮かぶようだ。

だが、そのあとパウロは誤りを犯した。ギリシアのストア派の人々が集まった部屋で、彼は自分の信仰体系に浸りすぎてしまったのだ。「さて」と彼は言った。「神はこのような無知な時代を、大目に見てくださいましたが、今はどこにいる人でも皆悔い改めるようにと、命じておられます。それは、先にお選びになったひとりの方によって、この世を正しく裁く日をお決めになったからです」[28]。この言葉はユダヤ人としての思想傾向に由来している。彼は神に嫌悪感をいだかせたことへの赦しを請おうとしたのである。おそらく、うまく話をつなげたと思ったことだろう。ストア派に〝どうでもよくない〟ことはただひとつ、神の意志であると説いたのだ。真の意味で有徳を保ち、パトスや悲しみを避けるためには信仰が必要だと言いたかったと思われる。

パウロには聴衆を説き伏せる自信があった。なにしろ、「神はこの方を死者の中から復活させて、すべての人にそのことの確証をお与えになった」[29]のだから。

だが、彼の思惑は外れてしまった。死者が歩いたと主張したことで、聴衆たちの信頼を失ってしまったのだ。当時も今と変わらず、人が処刑を乗り越えてみずからの役目を果たすなど信じがたいことだった。満座の笑い者となったパウロは、その場を立ち去るしかなかった。だが、すべてが水泡に帰したわけではない。笑ったのは、全員ではなかった。現に、「それについては、いずれまた聞かせてもらうことにしよう」と言う者もいた。[30] 彼の言葉は少なくとも何人かの心には響いたようだ。そのうち、とくに興味を示した男が、アレオパゴス評議所の裁判人だったディオニシオである。彼は丘を降りるあいだ、パウロに質問をしつづけた。ディオニシオはのちに熱心なキリスト教徒となる。もうひとりの改宗者は、ダマリスという女性だ。ほかにもいたかもしれないが、今となってはわからない。わかっているのは、パウロがギリシアの思想、とりわけギリシア人の感情の見方を利用して自分の考えを述べたことだ。彼はキリストを信じることがエウパテイアへの道であると主張した。あなたが歩く死者の話に笑わないなら、この新しい至福への道に魅力を感じるかもしれない。

キリスト者パウロの感情

聖パウロの感情に対する認識は、世界に計り知れないほどの影響を与えた。現代のキリスト教の信仰の多くは、パウロから始まるふたつの感情観が融合して生まれたものだ。ひとつは、神に嫌悪感をいだかせないために罪を犯すことを避けるという古代ヘブライ人の考え方。たとえ罪を犯したとしても、信仰があるかぎり、その罪はヤハウェに捧げる血の犠牲を受け入れることで赦される。現在、その犠牲はおもに、キリストが私たちの罪のために受けた苦しみと磔刑《たっけい》のことを指すと解されている。血の犠牲という要素はすっかり忘れ去られた。もうひとつは、パウロの利用したストア派の考え方である。幸福は真の意味で有徳なものに集中することでしか得られない――この場合、罪が赦されることをいくらかでも願うことで赦される。

二〇一五年のある調査によると、世界には二十三億人のキリスト教徒が存在するという。キリスト教は名実ともに世界最大の宗教となった――これはもとを正せば、聖パウロがイエスへの思いについて、ヘブライ人としての思いと、ストア派としての思いを融合させたからだ[31]。おかげで、ギリシア語圏の人々の多くがキリスト教を信じるようになった。その結果、聖書の言葉が広まり、いつしか時のローマ皇帝たちもキリスト教を信仰するに至ったのである。

しかし、キリスト教の世界観に大きな影響を与えた人物はパウロのほかにもうひとりいる。その人物は、ある感情について画期的な発想をもたらすことでそれをなしとげた。その感情とは〝愛〟である。次章では、愛とはまったく無関係と思われる歴史上のエピソードを挙げることとしよう。十字軍という残酷で暴力的なエピソードを。

第4章 十字軍の愛

一〇九五年、フランスの都市クレルモンにて、ローマ教皇は教会会議で演説を行うための準備を着々と進めていた。教皇の求めで招集されたこの会議には領主、司祭、郷紳といった権威ある人々が集まっており、彼が用意した演説は中世でもっとも重要なものとなるはずだった。しかし、ウルバヌス二世は唯一の教皇ではなかった。彼のほかに、もうひとり教皇がいたのだ。先代の教皇グレゴリウス七世は、司祭や司教などの任命権は皇帝や国王ではなく教会だけが持つべきと訴え、多くの有力者をいらつかせた人物だった。神聖ローマ皇帝ハインリヒ四世はこれに反発し、教会から破門される。この騒動をきっかけとして、両陣営間で五十年近くに及ぶ激しい争いが起こった。世に言う聖職叙任権闘争だ。争いの当初、ハインリヒ四世はみずからも破門に近いことをして教皇側にやり返した。グレゴリウスの廃位を宣言し、かわりに自分の息のかかったラヴェンナのギルベルトを対立教皇クレメンス三世として擁立したのである。

ウルバヌスはグレゴリウス七世の後継だったので、つねにグレゴリウスの側についたものの、この対立関係には頭を悩ませていた。しかも、悩みの種はそれだけではなかった。一〇五四年にキリスト教会は数多くの意見の相違から、ふたつに分裂してしまっていたのだ。対立した意見のなかには、聖餐《せいさん》式で供するパンの種類をどうするかという一見ささいな問題もあれば、何世紀にもわたって続く重大な論争もあった。たとえば、聖霊は父と子から生じるのか、あるいは父からのみ発するのかといった問題がそうだ。これは、イエスは神そのものか、それとも神の息子にすぎないのかという問いに相当した。結果的に、教会はカトリック教会と東方正教会として別々の道を歩むこととなる。ウルバヌスは、自分が教会をふたたび統一できるかもしれないと考えていた。

幸いにして、ウルバヌスは一石三鳥を実現できそうな手紙を受け取っていた。第一に、対立教皇のクレメンスを支持する司教たちを自分の側に引き込むことができる。第二に、ヨーロッパの諸侯たちに役割を与えることで自分がグレゴリウスから受け継いだ改革をつつがなく進めることができる。第三に、カトリックと正教会の分裂によって生じた溝を修復することができる。

手紙は正教会が支配する世界の一部、ビザンツ帝国（東ローマ帝国）の支配者である皇帝アレクシオス一世コムネノスからのものだった。彼はウルバヌスに援軍を求めていた。一〇七一年にセルジューク朝トルコにエルサレムを奪われて以来、キリスト教の巡礼者は聖地への立ち入りを禁じられ、聖地に入ろうとした者は脅迫や暴行を受けるありさまだった。さらに、セルジューク朝はビザンツ帝国の領土を徐々に侵食していた。

ウルバヌスは、教会会議で行う予定の演説がキリスト教徒を共通の敵に向けて団結させるよい機会になると見ていた。そのためには、感情に訴えるような力強い表現を用いなければならない――人々が奮い立って武器を持ち、聖地に向けて行進したくなるようなメッセージを送る必要があったのだ。そして、それは達成された。教皇ウルバヌス二世は、第一回十字軍を開始することに成功したのである。
世界史には、私たち歴史学者を困惑させるような事例が数多く存在する。エトルリア語はどんな言語だったのか？　紀元前一二〇〇年に地中海の都市を消滅させたのはいったい何者なのか？　なかでも、とくに不可解な出来事が十字軍だ。その正確な定義については歴史学者のあいだでも意見が分かれるが、ここでは私は多くの人と同じようにとらえようと思う。それは鎧《よろい》を身にまとい馬にまたがった屈強な戦士たちで、イスラム軍を打倒、いや虐殺すべく聖地に乗り込んだのだと。

十字軍に対する見方のなかには、暴力をともなう一連の巡礼というものがあるが、戦士たちのなかにもそう考える者は多かった。巡礼とは、神の栄光を拝むために信仰の中心地に向けて発《た》つ旅のことである。十字軍は一〇九六年の開始以来、百七十六年にわたり計七回敢行された*。そのなかには、少なくとも戦士たちからしてみれば、驚くほどの成功を収めたものもある。だが、第五回十字軍（一二一七年〜二一年）や第七回十字軍（一二四八年〜五四年）のように、惨憺《さんたん》たる結果に終わったものもあった。また、休戦というかたちで決着したこともある。第三回十字軍（一一八九〜九二年）ではイングランド王のリチャード一世がエジプトとシリアの初代スルタンであるサラディンと休戦を交渉、第六回十字軍（一二二八〜二九年）でも交渉によって一連の政争が解決している。一方で、（悪名高い）第四回十字軍（一二〇二〜〇四年）のように、戦士たちがベネチア人の船を奪って聖地《パレスチナ》ではなくコンスタンティノープルに攻め入るという蛮行を働き、全員が破門されたこともある。しかし、コンスタンティノープル攻略に成功し、カトリック国家であるラテン帝国が建てられたとた

＊　実際は、八回か、九回か、もっと多かったかもしれない。ことによると、一回もなかった——ヨーロッパの拡大戦争の一環にすぎなかったとも考えられる。あるいは、それよりはるかに多かった可能性もある。ヨーロッパは一〇九六年よりもずっと前からイスラム諸国を攻撃していたからだ。また、当初は十字軍とは呼ばれていなかったため、最初のふたつは数に入れるべきでないとの意見もある。答えはどの歴史家に訊くか、また、訊いたときのその人の気分によって変わる。

ん、破門は解かれることとなった。このように、十字軍といっても実態はさまざまであり、なぜ起きたのかはいまだに多くが謎に包まれている。ただ、私が思うに、十字軍が扇動された理由についてはそれほど不可解な点はない。そこには〝愛〟が関係している。そう、愛が。

愛とは何か？

現代の神経科学では愛について研究するとき、いくつかの段階とそれを構成する化学物質に分けるのが主流だ。初めに性欲がある。性欲は私たちの生殖器でつくられるホルモン——テストステロンとエストロゲン——によって引き起こされる。これらの性ホルモンは、脳の視床下部がそろそろ繁殖の時期だと判断することで生成される。〝生殖〟という進化におけるごく当然の役割を担っているのだ。

ついで、あなたが性欲をいだいた相手を好きになった場合、視床下部は別の化学物質であるドーパミンを分泌して、その人に魅力を感じさせる。ドーパミンは〝報酬系〟ホルモンとして知られ、薬物《ドラッグ》を摂取したり、スカイダイビングをしたり、チョコレートを食べたりなど、気分のよくなることをしたときに分泌される。大量に分泌されたドーパミンが闘争・逃走ホルモンであるノルエピネフリンと混じり合うと、あなたは興奮してエネルギーに満たされる。人類学者のヘレン・フィッシャーがｆＭＲＩで分析したところ、人は好きな人の写真を見ると、脳の報酬系がクリスマスツリーのように点灯するという[1]。

最後に、愛着へと至る。愛着はおもにオキシトシンによって生じる。オキシトシンが分泌されるのは人と人が密着するとき、具体的には出産や授乳、セックスなどによってである。また、ペットも飼い主が帰宅するとオキシトシンが分泌されることがわかっている。うちのザジィのように、一見ドライに見える猫でもそうなのだという。[2] オキシトシンは、生きるうえで欠かせない物質だ。私たちを「リマレンス」という恋愛初期の性欲や執着に満ちた状態から、長期的な信頼関係をともなったつながりへ移行させてくれる。だが、オキシトシンは単なる愛情ホルモンではない。

オキシトシンについて考えるときは、あるものの燃料としてとらえるのが適切だ。私はそれを「帰属意識エンジン」と呼んでいる。帰属意識は人間のような高度に社会的な生物にとって重要なものだ。お互いに引かれ合う——集団のなかに自分の居場所があると感じることは、人間が生きていくにあたって水を飲むのと同じくらい大切なことである。人は同じ考えの人から隔てられると、精神に大きなダメージを受けたり、場合によっては死に至ったりすることさえある。[3] 帰属意識エンジンは人間の生存にとって非常に重要なので、脳内のオキシトシンの分泌だけでは十分でない。私たちは大切な人と交流し、身体的な接触を経験し、語り、笑い、共通の活動に加わらなくてはならない。そうすれば、お互いへの帰属意識（愛情）も強くなる。とはいえ、必ずしもよいことばかりではない。あるグループと強いつながりを持ちながら、ほかのグループにあまり魅力を感じない場合、暴力的なふるまいへ結びつく可能性も生じる。また、魅力を感じすぎるのも問題だ。とくにオキシトシンが脳内を駆け巡っているのに魅力の対象が手に入らないとか、恋心が報われない場合、孤独感や危険な強迫観念といったものすらいだきかねない。

現代哲学は愛について語るとき、科学とは異なる道をたどるが、その道は科学と矛盾しない。哲学者のなかには、愛とはお互いに引かれ合い、何かしらの絆で結ばれた状態だと考え、「人と人との結びつき」と表現する人がいる。[4] また、「強い関心」と言い表す人もいる――誰かの幸福を自分の幸福以上に積極的に願っている状態だ。[5] これもまた、なんらかの魅力や絆を必要とする。愛は相手に一定の価値を付与することとも考えられ、それは「価値の評価」として知られている。[6] 対象となる人や物の価値を認めれば認めるほど、そうしたものへの愛が深まる――というか、愛の神経化学物質が放出されるのだ。

しかし、この議論にはひとつ別の側面がある。一部の哲学者によれば、愛は感情ではない。彼らいわく、愛とは「感情の複合体《エモーション・コンプレックス》」であり、あなたが人や物に対して、時間をかけて結びつけるさまざまな感情の総体だ。それは性欲、魅力、愛着、思いやり、いら立ちが混じり合ったものかもしれない。人の気持ちの複雑な絡み合いが、その人への愛を形作るのである。こうした考えは、同じ愛がふたつとない理由の説明となる。私の妻への愛が母親やザジィへの愛と異なるのは、感情の構成がそれぞれ異なっているからだ。

とはいっても、上記の見解はいずれも相対立するものではない。私たちが人を愛するのは、その人が自分にとって価値があるからであり、その人の幸福を願っているからであり、その人といっしょにいたいからだ。愛はさまざまな気持ちが混じり合ってできたもので、そのような気持ちが存在するのは特定の神経化学物質が役割を果たしているからである。

しかし、十字軍の戦士たちが拠りどころとした愛は、現代の科学や哲学にはあまり見られないものだ。それは、ウルバヌスが演説をする七百年以上も前に描写された愛であり、十字軍の時代にヨーロッパを支配していた感情体制の根幹となったものだった。この感情体制の理解のためには、それを作り上げた人物、聖アウグスティヌスについて知らなくてはならない。

アウグスティヌスの涙

紀元三八六年八月、ひとりの男がミラノの書斎で人知れず涙を流していた。とめどなく流れる涙が机を濡らすのは、彼がある書物を読んでいたからだ。それは彼の人生と、おそらく私たちの人生をも変えることになった。男の名はアウレリウス・アウグスティヌス。一二九八年の列聖後は、聖アウグスティヌスと呼ばれている。

アウグスティヌスは故郷の北アフリカを離れて以来、いやもっと前から、マニ教という宗教を信奉していた。マニ教は今でこそ廃れてしまったが、かつてはキリスト教やイスラム教に匹敵する人気を誇った信仰で、その影響力はヨーロッパの大西洋岸から中国の太平洋岸にまで及んでいた。マニ教徒は、世界には神のような力がふたつ存在すると考えていた。光をもたらす力と、闇をもたらす力だ。ふたつの力はつねに戦っていて、世界や人間の魂も戦いの一部である。世界に昼と夜があり、晴れと雨があるのもそのためだ。一方で、過ちを犯したときに気分がよくなったり、善行を施したときに気がとがめたりする理由もここにある。すべては均衡《バランス》と関係があった。アウグスティヌスは青年のころ、果物を盗むことに格別な喜びを感じていた。マニ教の信仰は当時の彼にとって、まさしく腑に落ちるものだった。

だが、三八六年、アウグスティヌスはそうした教えに疑問を持ちはじめていた。悪いことをしているのになぜ気分がよくなることがあるのか、もはやわからなくなってしまったのだ。窃盗に喜びがともなうべきでないことは彼にもよくわかっていた。彼はマニ教の熱心な信奉者ではなかったため、もっとも博学な信徒のひとりだったにもかかわらず、その地位は厳格な序列構造の最下層である「聴聞者」（在家信徒）にとどまっていた。彼は周囲よりも熱心に勉強し、マニ教の教義だけでなくギリシアやローマの哲学を細部まで吸収した。しかし、それがかえって疑問を深めることになった。探求を通じプラトンに心酔した彼は新プラトン主義（プラトンの思想に立脚するギリシア哲学の一派）に傾倒し、神に至る道はほかにもあるのではないかと考えるようになった。[7]

三八六年、部屋でひとりすすり泣く彼は信仰の危機に直面していた。十五年にわたって続いていた愛人（彼女とのあいだには息子もひとりいた）との関係が、実の母から資産家の娘との結婚を命じられたことで、突如終わりを迎えてしまったのだ。さらに、新皇帝テオドシウス一世はキリスト教原理主義者で、マニ教の信徒を見つけしだい殺害するよう命令を下していた。アウグスティヌスはマニ教徒ではないかと尋ねられるたび、それを否定しなければならなかった。彼の人生は闇ばかりで光がなかった。バランスがとれていなかったのである。

運命のその日、アウグスティヌスのもとを親友のポンティキアヌスが訪ねてきた。ポンティキアヌスは机上に聖パウロの「ローマの信徒への手紙」の写本が丸めてあることに気づき、微笑んだ。彼は皇帝と同じ敬虔なキリスト教徒で、新しい改宗者を見つけるのに熱心だった。アウグスティヌスは親友と部屋を出て、友人たちと夕食をともにした。しばらくして、ポンティキアヌスがある書物を朗読しはじめた。それは「砂漠のアントニウス」という修道士について書かれたものだった。

アウグスティヌスはそれをいたく気に入り、内容にどこか共鳴するものを感じて、みずからの人生に思いを巡らせた。彼の言葉を借りれば、次のように。

主よ、あなたは彼が話しているあいだ、私が自分を見たくないばかりに隠れていた背後から私を引きずり出し、私自身の眼前に立たせ、私がいかに汚く、いかにねじ曲がり、不潔で、けがらわしいできものにまみれた人間かを見せつけようとなさいました。[8]

アウグスティヌスは自分自身と、自分のふるまい、生き方、信念に嫌悪感をいだいたのである。そのころ興《おこ》った宗教のほとんどは、ヘブライの信仰の中核にあるような嫌悪感を抱えたものだった。アウグスティヌスは、かつて光の神に「私に高潔と自制の心をお与えください。ただし、しかるのちに」と祈った自分を責めた。その祈りは、肉体的な快楽を求めて生きることへの許可を求めるものだった。[9] アウグスティヌスは情事を求め、美食を求め、外見的な美しさを求めた。彼は「内心が責めさいなまれ、おぞましい羞恥心に激しくかき乱されていた」と語る。[10] 自分がなぜこうもたやすく罪深い性《さが》に屈してしまうのかと悩み、こんなふうに問いかけた。

このような怪異は、いったいどこから、そしてなぜ起こるのでしょうか。心が身体に命じれば、身体はたちどころにしたがいます。ですが、心が心に命じると、それは逆らうのです。心が手に動くよう命じれば、手はたやすく動きます。あまりのたやすさに、命令と服従の見分けがつかないほどです。しかし、心は心、手は身体です。心がそれ自体に意思を持つよう命じたところで、実際にそうなることはありません。[11]

アウグスティヌスの目に、思わず涙があふれだした。彼は友人たちに弁解し、胸を詰まらせたまま別れを告げると、自分の部屋へ向かった。しばらくのあいだ、彼は悲しさと恥ずかしさにむせび泣いた。罪、劣情、利己心――それまでの人生の負い目が、いちどきにその身にのしかかった。彼は別の自分になりたいと思った。変化を望んだのである。

そのとき、声が聞こえた。それは予言を告げるたぐいの厳《おごそ》かな声ではなかった。また、パウロの聞いたような、イエス本人の穏やかでいてどこか激しい口調でもない。アウグスティヌスが聞いたのは、子どもが歌を口ずさむような、やわらかく落ち着いた声だった。少年の声は「取りて読め、取りて読め」と言った。アウグスティヌスは机の上に新約聖書の巻物があることに気づき、その子の言うとおりにしようと思った。彼は巻物を広げ、最初に目にした部分を読み上げた。「行って持ち物を売り払い、貧しい人々に施しなさい。そうすれば、天に富を積むことになる。それから、わたしに従いなさい」（マタイによる福音書一九章二一節）。アウグスティヌスは興奮に打ちふるえた。教えは彼の心に響くものであり、深く納得のいくものだった。彼は机の上にあった別の巻物「ローマの信徒への手紙」を手に取ると、急いで友人たちのもとへ戻った。そしてたどり着くなり、やみくもに選んだ文章を読んで聞かせた。

日中を歩むように、品位をもって歩もうではないか。酒宴と酩酊《めいてい》、淫乱と好色、争いとねたみを捨て。[12]

その瞬間、感情が解き放たれた。アウグスティヌスはキリスト教に回心し、のちに歴史を通じて屈指の影響力を持つ哲学者兼神学者になった。彼の著作はそれから千年以上にわたってキリスト教の思想に影響を与えた。彼は主要な教義をいくつも発展・拡大させた――アダムとイブの原罪、聖母マリアの重要性、人間の自由意志の概念。とりわけ重要なのは、彼が〝恩寵《おんちょう》〟という概念を確立したことである。アウグスティヌスにとって、よきキリスト者の目標は、若き日の自分を誘惑したような罪を捨てて神の恩寵を求めることだった。そのためには、より崇高な、魂の内なる自己に目を向けなければならない。こうした考えはさほど目新しいものではなかった。肉体的な欲望を制御し、崇高な目標を追求しようと訴える人物はそれまでにも数多く存在した。彼はエロスを追求するプラトンであり、涅槃《ニルヴァーナ》を目指すブッダだった。そのちがいは、プラトンやブッダが欲望に焦点を当てた一方で――彼らにとってはそれをどう利用し、抑制し、乗り越えるかが大事だった――、聖アウグスティヌスはビートルズのように、何よりも愛が大事と考えたことだった。

愛こそはすべて

前述したように、アウグスティヌスはギリシア人、とくにプラトンの影響を色濃く受けていた。彼はプラトンの魂の三分説を信奉していた。プラトンと同じように、理性的な魂が私たちの純粋なイデア、つまり肉体を持たない超自然的かつ完全な姿を表しているのと考えたのである。しかし、その構造については独自の見方をしていた。かつてマニ教徒だったことも少なからず影響してか、彼はプラトンの考え方を少しだけ簡略化し、人間の魂はふたつに分かれていると考えた。一方は闇、もう一方は光である。自分で考えることができず、本能的にふるまう部分は外側の暗い魂、つまり私たちの肉体だ。その半面、みずから思考でき、判断や思索によって行動する部分は内側の明るい魂である。どちらの魂が自分を導いてくれるかは私たちしだいだ。アウグスティヌスはマニ教徒とは異なり、魂の光と闇の部分が二神の争いによって分裂したとは見なさなかった。分裂が生じたのは、私たち自身がエデンの園で神に背いたからだ。「創世記」一章二七節に「神は御自分のかたちに人を創造された。神にかたどって創造された。男と女に創造された[13]」とあるが、ここでいう〝かたち〟とは、内なる光の魂だ。私たちの神聖な部分、私たちの真の姿である。だが、それはアダムとイブが神の命令に背き、「善悪の知恵の木」のリンゴを口にしたことで汚れてしまった。彼らはその後、楽園から追放されることになるが、楽園とは単に物理的な場所を指しているのではなく、精神的な場所でもある。原罪を犯したことで作られた暗い外側の自己が、私たちを肉体に封じ込めているのだ。

アウグスティヌスもパウロと同じように、人はキリストとその犠牲への信仰に精神を集中すべきだと考えた。しかし、自分の感情を見極めようというストア派の意見には賛同しなかった。たしかに、気持ちは激しく混沌としたものであり、人々を堕落させかねない。だが、彼にとって大切なのは、自己の奥底に隠れた神の像《ヴィジョン》をふたたび見られるようになるまで内面に注目する方法を見つけることだった。それによって、肉体の世界の混沌（彼はそれを「地の国」と呼んだ）を拒み、やがて来る実体なき世界、「神の国」に意識を集中できる。

アウグスティヌスにもそれは容易ではないとわかっていたが、彼には秘策があった。イエスがしたようにふるまうという秘策が。アウグスティヌスは「取りて読め」という声を聞いたとき、愛に圧倒された感覚を覚えた。彼は愛を通じて知識を得た――それが報酬だった。アウグスティヌスにとって、イエスは愛と知恵の体現者だ。父なる神は記憶と想起を、聖霊は意志を、そして神の子イエスは知恵と愛と理解を表していた。イエスはこの知恵をもとに、ソクラテスのように死に向かう最中でも自分の精神と意志を制御することができた。イエスは、神の完全なる姿に似せて作られた真の内面を思い出させてくれる存在だ。イエスの完全性のカギを握っていたのは、万人に対する彼の愛と、その愛を表現するための恩寵に満ちた行為、すなわち十字架の上の磔刑だった。

アウグスティヌスは、神の探求は正しい種類の愛にもとづく感情的なものと考えていた。それは、イエスの述べた〝黄金律〟に関わるものだった。

> 心を尽くし、精神を尽くし、思いを尽くし、力を尽くして、あなたの神である主を愛しなさい……隣人を自分のように愛しなさい。このふたつにまさる掟はほかにない。[14]

アウグスティヌスにとって、愛はアリストテレスが真理へ通じる道と述べた情念だった――アウグスティヌスの場合は神による恩寵と真理だったが。彼は、魂が内と外に分かれているように、愛にもふたつの種類があると推測した。

ひとつ目の、そして一般的な愛のかたちは、ラテン語の「クピディタス」、すなわち「自己愛」である。これは以前から宗教的思想家たちが避けるべきと考えていたたぐいの欲望とさして変わらない。世俗的な願いを真理や美と履きちがえた、身勝手で好色で高慢なかたちの愛だ。また、決して満たされない願いでもある。堕落を生じさせるのはこうした愛で、すべての罪の根源であるとアウグスティヌスは考えた。

ふたつ目は、先ほどの〝黄金律〟でイエスが語っていたような愛だ。アウグスティヌスはラテン語で「カリタス」と呼んだが、英語では「チャリティ」（慈愛）と訳されることが多い。神の愛であり、神のために務めを果たす愛である。ここには、アウグスティヌスの感情理解の中心をなす特徴がふたつ含まれている。

ひとつ目は「フルイ」といって、それ自体のために「享受」する愛だ。この概念が当てはまるのは神、それも唯一神だけである。人は神のために神を愛さなければならない。なぜなら、神は愛だからだ。「享受《フルイ》」は天国と神に至る道である。アウグスティヌスいわく、目的は天国そのものではなく神に到達することだ。主は「フィニス」（終わり）にして「テロス」（目的）である。主はたまたま天国におられるにすぎない。

もうひとつは「ウティ」だ。神や天国に到達するために誰かや何かを愛すること、すなわち「使用」の愛を表す。隣人への愛は、こうした愛の典型である。隣人を愛することも、あるいは敵を愛することも、神への奉仕として行われる。なぜなら、愛するとは無私の行為、少なくとも無私であるべき行為だからだ。隣人を神や天国に到達するために利用するなんてどうかと思われるかもしれないが、大切なのは、他人への愛を神にたどり着く手段として用いることである。隣人を愛するのは、自分がそうしたいからではなく、神がそう望んでいるからだ。ちょうど、イエスが磔刑を利用して人々を自分のもとへ近づけたと神が考えたように。アウグスティヌスにとって、隣人を愛するとは、イエスが私たちのために捧げた犠牲を愛することだった[15]。

何より大事なのは、「使用《ウティ》」の愛は、神への愛に集中し、現世よりも来世に目を向けることにより内なる自分を見つけるための手段ということだ。イエスがそうであったように、人は愛を通じて自分の意志を制御できるようになる。愛は人を知恵の道へといざない、一人ひとりの内側に埋もれた神の像《ヴィジョン》を見るための力を授けてくれる。

愛と知恵が関係しているというと、いささか奇妙に思えるかもしれない。しかし、これもまたアウグスティヌスがプラトンの読者だったことに由来している。プラトンは愛を梯子《はしご》のようなものと見なしていた。一番下の段は、美貌や肉体への愛だ――これはいわば性欲である。中段にあるのが、人間の魂すべてに対する愛。現代科学で言うところの愛情である。そして、一番上にあるのが、アウグスティヌスのいう「享受《フルイ》」の愛だ。物質に対する愛ではなく、知恵や美徳、神――真の善に対する愛であり、人をエロスに導いてくれるとプラトンが考えた愛だ。哲学者のなかにはエロスとは愛のことだと主張する者もいるが、私にとっては、エロスは人が到達すべき場所であって、そこへ導いてくれるものではない。

アウグスティヌスの愛は複雑に思えるが、プラトンの梯子よりはシンプルだ。プラトンは、彼自身の愛の種類を梯子の段にふりわけた。あなたがいるのは、たぶん梯子の段のあいだである——相手の身体と魂の両方を愛しながらも、どちらかに比重が偏った状態だ。一方のアウグスティヌスは、プラトンの神への見方をもとにその概念を作りかえた。あいまいさをなくし、極端な部分に焦点を当て、愛を「カリタス」と「クピディタス」、光と闇という二元的なものに分けたのである。

こうした二項対立化のプロセスは、愛だけにとどまらなかった。愛とは感情の複合体であり、それはあらゆる感情を光と闇に分けるものだ——だが、善か悪かという意味ではない。アウグスティヌスにとって、すべての感情は、プラスとマイナス両方の面があるものだった。一方は人間を地の国へいざなうが、もう一方は神の国へ連れ戻してくれる。たとえば、怒りはときとして破壊的なものとなる。抑えがたい激昂《げきこう》が殺人につながることもあるだろう。だが、イエスがエルサレムの神殿を穢した両替人に怒ったように、愛と正義に満ちたものにもなる。また、恐怖は活力を奪うこともあれば、あなたを危険から守り、罪から遠ざけてくれることもある。財産を失って生じる身勝手な悲しみは、罪人を代表していだく愛情深い憐れみや、自分の犯した罪への後悔に置きかわることもある。アウグスティヌスだけでなく、彼よりも前に生きた多くの人にとって、感情は本来、肯定的なものでもなければ否定的なものでもなかった。その道徳的な価値は、どのように使われるかによって決まった。どんな感情も、それが神への奉仕に使われるなら善であり、個人的な利益のために使われるなら罪深いものだった。

今日でも、キリスト教のほとんどの宗派はアウグスティヌスの愛を信仰の中心に据えている。神が愛であるという発想はアウグスティヌスに由来する。また、イエスの磔刑は初期のキリスト教徒が考えたような血の犠牲ではなく、純粋な愛と恵みの行為であるとの考えも、アウグスティヌスから生じている。それは、神による赦しの行為だった。神は意志を制御するのが難しいことを承知しており、そのうえで、たとえ過酷な状況においても意志が強力なものであると示すため、この地に現れたのだ。多くのキリスト教徒が述べるようなイエスを受け入れるためのプロセスは、アウグスティヌスが示した瞑想や内なる旅とはかなり異なっている。しかし、自己よりも偉大なものを見出すことを目的としている点では同じだ。アウグスティヌスの感情に対する認識は、キリスト教圏全体を包み込む感情体制を構築することとなった。よきキリスト教徒にふさわしいふるまい方や感情の表し方、祈り方のルーツはアウグスティヌスの著作にある。アウグスティヌスの愛は真の意味で世界を変えた。だが、必ずしもよい方向へ変えたわけではなかった。

「使用」の愛としての十字軍

アウグスティヌスの回心から七百年後、教皇ウルバヌスはクレルモンの混み合った大広間に立っていた。広間には大司教や修道院長、騎士、貴族など、ヨーロッパでも屈指の権力と影響力を持った人々がひしめいている。彼らを突き動かすなら、今がそのチャンスだった。当時は、アウグスティヌスによる愛と感情に関する考え方がまだキリスト教を支配しており、弁論術に長けたウルバヌスはその使い方を熟知していた。彼は演説を始めた。

愛する兄弟たちよ。神の許可により全世界の大司教を務める私、ウルバヌスは必要に迫ら

れ、神の僕《しもべ》である諸君への神聖なる勧告をたずさえ、使節としてこの地にやって来た。[16]

少なくとも、シャルトルのフーシェが記録したものにはこのように記されている。演説の記録はいくつかあるが、いずれもその場にいた人物が書き残したものとされる。しかし、実際のところそのほとんどはごく少数の一次資料の焼き直しであり、自己の主張のために脚色されたものである可能性が高い。とはいえ、どの記録もまったく内容が異なるというわけではない。ウルバヌスはほぼすべての演説記録において、仲間のキリスト教徒に〝愛する兄弟たち〟と呼びかけている。[17] この言い回しはフーシェの記録だけでなく、修道士ロベール、ノジャンのギベール、ドルのボードリらの記述にも登場する。

肝心なのは、〝愛する兄弟たち〟という呼びかけが、どの記述でもみなに同じ考えを持たせる手段として用いられたことだ。ウルバヌスと記録者たちは、共通の敵に立ち向かう仲間のキリスト教徒たちに聴衆がいだく兄弟愛、すなわち「使用《ウティ》」の愛を利用していた。その最たる例が、ドルのボードリの記述に見られる。ウルバヌスは、イスラム軍がビザンツ帝国の辺境に住む仲間のキリスト教徒にもたらした恐怖を述べたあと——彼らは笞《むち》で打たれ、家を追い出され、奴隷にされ、教会を奪われた——、聴衆にこう語りかけたとされる。

今こそ、兄弟たちよ、今こそキリスト教徒に対する暴虐にその身を震わせるときだ。サラセン人に剣を振りかざすのは、邪悪なふるまいではない。これは唯一無二の正しい戦いである。なぜなら、兄弟のために命を懸けるのは慈愛深き行いだからだ。[18]

ほとんどの一次資料で使われている〝慈愛〟という言葉はカリタス、つまりアウグスティヌスの訴える正しい種類の愛を示している。しかし、ウルバヌスと記録者たちは、本来キリストにいだくべき直接的かつ強力な「享受《フルイ》」の愛も利用している。修道士ロベールは、聴衆を地上の愛する人々から引き離すため、ウルバヌスにこう語らせている。

もし諸君が子や両親、妻への愛にほだされているなら、主が福音の書で述べていることを思い出してほしい。「わたしよりも父や母を愛する者は、わたしにふさわしくない……わたしの名のために、家、兄弟、姉妹、父、母、子供、畑を捨てた者は皆、その百倍もの報いを受け、永遠の命を受け継ぐ[19]」［新共同訳「マタイによる福音書」一〇章三七節、一九章二九節］

神の前で永遠の命を受け継ぐという点がポイントだった。彼はそれをキリストと仲間のキリスト教徒への「享受《フルイ》」の愛と結びつけ、強力な効果を生み出した。

十字軍を呼びかける記述の多くは、聖地そのものへの「使用《ウティ》」の愛を利用している。とかく物議を醸しがちなドルのボードリは、「詩篇」七九章を引用し、ウルバヌスにこう語らせている。

兄弟たちよ、われわれは詩篇の作者［イスラエルのダビデ王とされる］のように、心の底で泣きわめいている。哀れで不幸なわれわれには、例の預言が成就している。「神よ、異国の民があなたの嗣業《しぎょう》を襲い　あなたの聖なる神殿を汚し　エルサレムを瓦礫の山としました。あなたの僕《しもべ》らの死体を空の鳥の餌とし　あなたの慈しみに生きた人々の肉を　地の獣らの餌としました。彼らは、エルサレムの周囲に　この人々の血を水のように流します。葬る者もありません」[20]〔新共同訳　詩篇七九章一～三節〕

聖地への「使用《ウティ》」の愛は、十字軍の記録者がこしらえた伝説ではなかった。現に、十字軍に関するイスラム側の記述でも、同様の言葉が十字軍戦士の口から発せられている。一一八七年のイスラム軍によるエルサレム再征服をつづったペルシアの学者、イマードゥッディーン・アル＝イスファハーニーによれば、十字軍は恐怖におののきながらこんな言葉を口にし、最後の戦いに備えたという。

われらはこの地を愛するとともに、この地に結びつけられている。われらの名誉はこの地を敬うことにある。その救いはわれらにあり、安寧はわれらにあり、存続もまたわれらにある。もし遠くへ逃げ出そうものなら、必ずや恥辱の烙印を押され、しかるべき誹《そし》りを受けるだろう。なぜなら、ここはわれらの目指した磔《はりつけ》の地、祭壇を設《しつら》えた犠牲の地なのだから。[21]

十字軍の原動力は、アウグスティヌスの言う「使用《ウティ》」の愛を心から感じたことにあったと思われる。しかし、アウグスティヌスが言わんとしたのは「汝と考えを同じくする隣人のみを愛せ」ということではない。とすると、十一世紀の人々は他者への暴力と隣人愛をどう両立させたのだろうか。少なくとも十字軍からすれば幸いなことに、アウグスティヌスはその答えを用意してくれていた。「正義の戦争」という概念だ。

アウグスティヌスは、戦争とはある種の懲罰であり、悪いことをした子どもをしつけるような行為だと考えていた。彼はこう語る。

神の命にしたがって、または神の法にのっとって戦争を遂行した人々は、その身をもって公の正義と叡智を体現し、その立場で悪人を死に追いやった。このような者たちは決して「汝殺すなかれ」という戒律に背いたわけではない。[22]

個人的な利益や憎しみのためではなく、正当な目的、つまり神のために戦うかぎり、戦争は正しいのである。それどころか、「使用《ウティ》」の愛を体現しているとさえ言える。罪人を殺すことは地上から罪を一掃することであり、それはアウグスティヌスにとってよいことだった。まして、十字軍にとってはなおさらである。

神の愛を用いる

だが、それでも問題は残った。十字軍のしたことは周知のとおり、神や隣人、聖地への「使用《ウティ》」

の愛の行使などではなかった。そこには相当な憎しみもあった。教皇ウルバヌスが一〇九五年に書いた勅書には、「野蛮なる怒りが神の教会をひどく苦しめ、荒廃させた」とある。[23]イスラム教徒を野蛮人、反キリスト、「悪魔を崇拝する救いがたい連中」となじっているが、憤《いきどお》りの言葉は同時代の十字軍に関する記述にもちりばめられている。[24]十字軍の戦士たちは、敵を深く憎んでいた。彼らにとってイスラム教徒は単なる敵ではなく、脅威であり、危険な存在だった。アウグスティヌスの見地からすれば、敵は罪人の集団だ。〝野蛮なる怒り〟を抱えた悪魔を崇拝する連中には頑として抗うべきであり、それは神への愛から生じる正当な憎しみである――アウグスティヌスなら、そう考えただろう。十字軍について記録したキリスト教徒たちにとっては、異教を広める人々（彼らからすれば罪人）を殺すこともまた、「使用《ウティ》」の愛の行使だった。十字軍の戦士や記録者たちは、決して聖人ではなかった――たとえ、自分たちの拠って立つ愛の認識を示した男が聖人だったとしても。

　教皇ウルバヌスはアウグスティヌスの愛の概念を利用して、第一回十字軍を焚《た》きつけ、唯一の正統な教皇としての地位を固め、さらにはカトリックと正教会を再統一させようとした。最初のふたつはそれなりの成功を収めたが、あとのひとつはうまくいかなかった。両教会はその後も別々の道を歩み、第四回十字軍が正教会の本拠地を侵略しようとしたことにより後押しされた。しかし、ヨーロッパの人々の「使用《ウティ》」の愛を表現したい――神の名のもとに、恵みへの途上にいる人々を助けたいという思いは、ウルバヌスの想像をはるかに超えていた。もちろん、煉獄《れんごく》での時間を免除してもらったり、戦利品を分配してもらったりすることも魅力的だった。このように、「使用《ウティ》」の愛を表現することは本当に〝有用〟だとわかったのである。

血の犠牲から愛の恵みへ

「神は愛である」とキリスト教徒が語るのをあなたも耳にしたことがあると思う。そんなとき、彼らは聖アウグスティヌスの言葉を無意識に引用しているのかもしれない。この言葉はアウグスティヌスがつづった愛、すなわち神への温かな愛情を要約したもので、神への尊重や慈しみ、そして神と一体化したいとの願いにもとづいている。現代のキリスト教では、神の愛は双方向的なものと見なされ、神とイエスはあなたが彼らを愛するのと同じくらいの深さであなたを愛してくれるといわれる。ここからわかるとおり、アウグスティヌスの作った感情体制は、当時から今に至るまで相当な強靭《きょうじん》さを誇っている。彼はキリスト教の愛の理解を確立したが、そうした理解はキリスト教が最盛期にあってもなお教義の中心をなしている。隣人を愛するとは神やイエスのために自己の気持ちを用いることであり、気持ちはそれ自体がよいものでも悪いものでもなく、使い方によってその価値が決まる――このような概念は、今も多くのキリスト教会の回廊に響きわたっている。アウグスティヌスによる愛の考察がなければ、今ごろ世界はまったくちがったものとなっていたことだろう。彼の影響がなければ、キリスト教は今も神の慈悲や恩寵ではなく、救世主による血の犠牲にもとづくものだったかもしれない。アウグスティヌスがいなければ、現在キリスト教徒を名乗る二十三億人のうち、どれだけの人が信者になっていたかはわからない。

ここで、時代をさらに下ってみよう。ウルバヌスによる愛の理解が本人の想像を超えて歴史を作ったのは、何も十字軍にかぎらない。一連の衝突の余波として、ヨーロッパのキリスト教国と中東のイスラム国家とのあいだで、三世紀にわたる凄惨な戦争がくり広げられた。結果的に、一三九六年のニコポリスの戦いにおいて、そのうちのひとつが強大な統一勢力として台頭し、虐殺のはてに新たなイスラム帝国であるオスマン帝国を建国した。次章では、オスマン帝国があらゆるものを変えた瞬間に迫りたいと思う。ただしそれは、偶然の結果生じたものだった。

第5章 オスマン帝国が恐れたもの

一四五三年（イスラム暦八五七年）、五月二十八日の夜。偉大な都コンスタンティノープルの城外で、ひとりの男がオスマン軍の隊列を縫って歩いていた。頭巾を被ったその男は兵士たちの集団を部隊から部隊へと渡り歩き、ひとつの大隊が終わるとその次へ移動していった。軍は六週間にわたって町を包囲し、城壁に砲弾を撃ちつづけていた。どれもふつうの大砲とは一味ちがっていたが、なかでも長さ八メートルのウルバン砲はとびきりの代物で、一日に七回しか発射できない巨大で強力な砲台だった。だが、兵士たちにとって、この六週間は過酷でストレスも多く、戦果も芳しいとは言いがたかった。部隊内の士気も低下しはじめている。しかし、君主《スルタン》であるメフメト二世は彼らの自信を高めることに長けていた。そして、その日の彼の手腕はことのほか重要だった。翌日にはコンスタンティノープルに最後の攻勢をかける手筈になっていたのだ。スルタンがこの日、贖罪と祈りを呼びかけたことで、兵士たちは戦う意欲を取り戻した。自分たちがその場にいる理由と、コンスタンティノープルを征服して得られるものの大きさを思い出したのである。

実際のところ、記録上の財宝はそれほどのものではなかった。少なくとも、外部の人間からすればたかが知れていた。かつてのビザンツ帝国の至宝コンスタンティノープルの輝きは、十字軍が始まってからというもののすっかり色あせ、戦争の口実や、偉大な栄光へ向かう疲弊した騎士たちの通過点と化していた。ときには、一二〇四年の第四回十字軍のように、コンスタンティノープルそのものが略奪と征服に見舞われたこともある。さらに、セルジューク朝やオスマン朝が登場してからは、事態は悪化の一途をたどった。ビザンツ帝国の領地は少しずつ削られ、首都の人口は減少し、軍事力と影響力は弱まる一方だった。

だが、城門を攻めつづけるオスマン兵にとって、コンスタンティノープルは深く象徴的な意味合いを持っていた。イスラム勢力によるビザンツへの攻撃は今回が初めてではない。最初は六七八年、ウマイヤ朝のカリフだったムアーウィヤ一世がコンスタンティノープルを手に入れようとして始まった。しかし、その過程で預言者ムハンマドと親しかった兵たちを失ってしまう。また、メフメト二世の父で当時スルタンだったムラト二世も、一四二一年に町を包囲して城壁を打ち破ろうとしたことがあったが、折しも自身の帝国で内紛が起こり、襲撃を断念せざるを得なくなった。都市側としては幸運だったが、オスマンの兵たちにはある信念――もしくは、思い、意識、感情――があった。コンスタンティノープルはアッラーにとって特別な場所であり、神自身がイスラムの手に渡ることを望んでいる、というものだ。オスマンにとってこの都市は「繁栄の門」であり、ムラトの息子、メフメトにとっては残された務めだった。

頭巾の男が陣営を通過するとき、聖職者たちが六七八年の攻囲戦で亡くなった預言者ムハンマドの教友《サハーバ》たちの名を朗唱するのが聞こえた。加えて、彼が出会う者たちのあいだでは、次のような伝承《ハディース》が少しずつ口にされるようになっていた。

ムハンマドは尋ねた。「一方を海で、もう一方を陸で囲まれた都市のことを聞いたことがあるか」。かれらは「はい」と答えた。ムハンマドはついでこんな預言をした。「七万人のイサクの息子たちが到着し、町を征服するまで、最後の日は訪れない。かれらは矢も武器も放たずに入ってくる。かれらが最初に〝アッラーのほかに神はなく、アッラーはもっとも偉大である〟と唱えるとき、都市の海側はかれらのものとなるだろう。二度目に同じ言葉を唱えるとき、陸側が落ちるだろう。三度目にそれを唱えるとき、救いが訪れ、かれらは都市に入って戦利品を手に入れるだろう」[1]

これはおそらく、コンスタンティノープルへの攻撃にあたって創作されたものだ。しかし、その点は重要ではない。このハディースには侵攻前夜、兵士たちの心を集中させたものを伝える精神が示されている。彼らにとってもスルタンにとっても、コンスタンティノープルの侵攻はメフメト二世率いるオスマン帝国の力を誇示するためだけのものではなかった。アッラーに仕え、その愛と慈悲を得るための行為でもあった。彼らは、感情的な衝動に駆られていた。八百四十三年前、コーランの思想の中心から生まれた衝動である。それは恐怖だが、悪い恐怖ではなく、偉大な精神を奮い起こしてくれるものだった。

恐怖とは何か？

現代科学では、恐怖は脳のさまざまな領域、とりわけ扁桃体という側頭葉の奥にある細胞群が脅威を感じることで生じるとされる。扁桃体は、かつて一部の心理学者が「トカゲの脳」と呼んだ箇所の一部だ――脳のなかでも原始的な部分で、刺激に対して考える前に反応してしまうからだ。最近の研究では、脳は奇妙で複雑な進化を遂げたことがわかっているため、トカゲの脳説を支持する人はほとんどいなくなった。しかし、問題は扁桃体が即座に反応してしまうことである。あまりにも早いので、飛び上がったり逃げたりしたあと、ようやく自分が反応したのに気づくこともあるくらいだ。

専門家は恐怖について「防衛行動や逃避を引き起こす特定の刺激に動機づけられた状態」と表現する。[2] いわゆる「戦うか、逃げるか、凍りつくか」反応だ。だが、恐怖とはそれだけではない。恐怖と結びつく行動のすべてをこうした反応だけで説明することはできないのだ。たとえば、ネズミに恐怖心を持っている人がいるとする。彼らのなかには、ネズミを見たとたん、威嚇する、逃げ出す、硬直する、椅子に跳び乗るなどの衝動に駆られる人もいる。一方で、角を曲がったところにネズミがいるのではと始終怯えながら暮らしている人もいる。こうした怯えは激しい嫌悪感から筋金入りの恐怖症までさまざまだ。後者の場合、たいていはなんらかの心的外傷《トラウマ》が原因であり、過覚醒と呼ばれる反応につながることもある。過覚醒は恐怖と同じようにあなたの命を救ってくれることもあるが、うまく制御できなければ生活は耐えがたいものとなってしまう。

パニックなど、病的嫌悪《フォビア》と結びついた恐怖は、脳の青斑核《せいはんかく》と呼ばれる部分に由来する。脳幹の一部である青斑核は、ドーパミンと混じり合って愛情を生じさせる神経伝達物質、ノルアドレナリンを大量に生成する。とはいえ、愛情とパニックが結びついているわけではない（結びつくこともあるにはあるが）。両方とも震えや緊張、逃げ出したくてたまらない気持ちを引き起こすが、恐怖によって分泌されたノルアドレナリンはドーパミンと混じることはない。

嫌悪や愛と同じく、恐怖にも進化の過程で生まれた神経化学物質が起源となっている可能性がある。しかし、恐怖の経験は文化的なものでもある。もちろん、崖から落ちるとか命に関わる病気に罹るといった、誰にとっても恐ろしいケースはあるだろう。だが、恐怖を普遍的な言い回しで定義するのは非常に難しい。クモを毛嫌いする人もいれば、（私のように）クモが大好きという人もいる。あるいは、巨大なタランチュラをペットとして飼っている人もいる（私は飼っていない）。また、普遍的とされる恐怖を抱えた人のなかにも、岩壁をフリー・クライミングするのに幸せを感じるという人もいる。

恐怖には文化や生育環境、教育を通じて学ぶものがある。それは地獄や天罰、宇宙人の脅威といったわかりやすいものばかりではない。日常の健康や安全など、普遍的と思えるような恐怖も含まれる。たとえば、私たちの多くは幼いころ、動く乗り物は怖いと教わって育つ。成長してからは、車の多い道路を用心もせずに渡るなんてとんでもないと思うだろう。だが、世界の文化圏には私たちとはちがい交通事故を恐れず、平然と交通量の多い道路を渡る人々もいる。インドを旅したことのある人や、イタリアで運転したことのある人ならわかってもらえると思う。ひょっとすると、私たちが学ぶ恐怖は生得的な恐怖とはまったく異なるのかもしれない。たぶん〝非生得的〟な恐怖は愛と同じく、感情の複合体なのだろう——怯え、不安、心配、パニック、過度の警戒、純粋な懸念が複雑に絡み合い、私たちを怖がらせるものすべてとつながっている。

実のところ、恐怖は必ずしも悪いものではない。科学的な見地からすると、自分が傷つかないための感情はよいものであり、進化にとっても欠かせない要素である。熊が茂みに隠れていないか怖がる人は、熊に食べられずにすむ可能性が高い。だが、現代の科学者はある感情がよいものか悪いものかを、私たちがどう感じるかによって定義する傾向がある。これは比較的新しい考え方であり、どのように生まれたのかについてはのちほど取り上げたい。恐怖が悪いものだという発想は、オスマン人や彼らが出会った人々にとってはおそらく理解しがたい考えだ。ある感情がよいか悪いかは、その感情がどのように使われるか、どのような目的に向けられるかで決まる。こうした発想は、ギリシア人のエロスとアタラクシアの概念でも取り上げたとおりだ。ほかの宗教の歴史に存在したよき恐れについても、あまり注目はしていないがすでに触れている。古代ヘブライ人は自分たちが神に嫌悪感をいだかせているかもしれないと恐れていたが、アウグスティヌスにとって神への恐れは神や天国に導いてくれるものだった。オスマン人にとっての恐怖もこの種の肯定的な恐怖である。信仰を守り、偉大なことをなしとげる原動力としての恐怖だったのだ。こうしたアッラーへの肯定的な恐怖は、彼らの信仰の創始者であるムハンマドへとさかのぼる。

ムハンマドを動かした山

神への恐れを理解するには、西暦六一〇年に時を戻さなくてはならない。そのころ、アブ・アルカシム・ムハンマド・イブン＝アブドゥッラーフ・イブン＝アブドゥル・ムッタリブ・イブン＝ハシム——通常は「ムハンマド」とのみ呼ばれる——という四十歳の男が、現在のサウジアラビアにあるヒラー山の頂上へと登っていた。少し前、彼は聖アウグスティヌスと同じように「読め」という声を聞いた［「ここでの「読め」は「唱えよ」の意味に近い」］。だが、その声は子どもの声ではなく、この世ならぬ強大な力を持った存在による命令だった。それはムハンマドの目の前に現れると、彼の視界を隅から隅まで覆いつくした。ムハンマドが命令を拒むと、それはふたたび読めと命じた。彼は幻影の正体がわからないので、もう一度拒んだ。悪魔が自分を惑わすために、魔神《ジン》のような妖怪じみた存在を送り込んだのではないかと思ったのだ。またしても声が命じたが、ムハンマドは頑《かたく》なに拒んだ。すると、それはムハンマドの身体を包み込み、耐えがたいほどの力で彼を締めつけはじめた。ムハンマドは自分の口から啓示が流れ出るのに気づいた。のちにコーランにおける最初の啓示となるものだった。

読め、「創造なされる御方、あなたの主アッラーの御名において。一凝血から、人間を創られた」。読め、「あなたの主は、最高の尊貴《そんき》であられ、筆によって書くことを教えられた御方。人間に未知なることを教えられた御方である」[3]。

ムハンマドはぞっとした。とうとう悪霊や魔神《ジン》に取り憑かれてしまったと思い込んだ彼は、山道を駆けのぼった。肉体を支配するものから逃れるため、山頂から身を投げようとしたのである。彼の目の前を、それまでの人生が駆けめぐった。

ムハンマドはさまざまな信仰が混在する土地で育った。彼の部族は地域でも人気の高いセム系の一派を信奉しており、アッラートと呼ばれる豊穣の女神を始めさまざまな神々を崇拝していた。とくに重要なのは、最高位の父なる神アッラーだ。しかし、ムハンマドの知っている神々はそれだけではなかった。故郷メッカの中心部にある「カアバ」と呼ばれる神殿には、漆黒の美しい隕石《いんせき》が飾られていた。もちろん、当時の人々はそれが隕石だとは知らなかったが、異界を思わせる見た目はとても魅惑的で、神々の住まいにふさわしいと感じられた。カアバ神殿は地域に住む部族が奉じる神々の祠《ほこら》としての役目を担っており、そこでは当時も今も、人々が神殿の周りを七回歩いてから礼拝する習わしとなっている。

ムハンマドはアラビア半島を股にかけて活動する貿易商だった。彼は誠実さとたゆまぬ努力によって周囲からとても尊敬されていた。おそらく、外来の信仰や思想を自分の土地のものと同じくらい熱心に取り入れていたはずだ。だが、それがある種の信仰の危機を招くことになる。中年になった彼はヒラー山の洞窟にこもり、何週間も精神修行《タハンヌス》に明け暮れるようになった。ひとりきりで祈りに集中し、瞑想をやめるのは貧しい人々に施しに行くときだけだった。ムハンマドは、最高神であるアッラーはキリスト教やユダヤの商人から聞いた唯一神と同じではないかと考えはじめていた。

彼が恐ろしい存在に自分の声を支配されたのは、こうした儀式の最中だったとされる。もちろん以前にも幻影を見たことはあり、儀式ではそうめずらしいことでもなかったが、ここまで鮮明で強力なものは初めてだった。自分が何か邪悪なものに取りつかれたと確信したムハンマドは、身体を完全に乗っ取られ、愛する人々に危害を加える前に、山頂に登って身を投げようと決意した。

山を登っているうちに、ふたたび幻影が現れた——今までよりもさらに恐ろしい姿だった。ここでようやくそれは正体を打ち明けた。「ムハンマドよ。汝は神の使徒であり、わたしはジブリール（ガブリエル）である」[4]。ムハンマドは恐怖に凍りついた。そのまま身動きがとれなくなった彼は、最初の妻であるハディージャが派遣した捜索隊に発見されるまで、山から下りられなかったという。

それからも、ムハンマドから困惑と恐怖が消えることはなかった。幻影は何度となく現れ、そのたびに彼は妻に救いを求め、震えながら腕にすがりついて「（毛布に）くるんでくれ」と懇願した。ムハンマドは唯一のまことなる神アッラーのとてつもない力をじかに味わった。彼はその力を恐るべきものと感じたが、やがてそうした恐れが善のために使えることに気づいた。こうして彼は、神の預言者となったのである。恐ろしい幻影につきまとわれながらもムハンマドが身をもって学んだことがあった。それは、人の心をあやつるために情念が利用できるということだった。彼が人々に語った言葉は、のちにイスラム信仰の中核をなす聖典、コーランとして結実する。

神への美しき恐れ

コーランの文章はそれ自体が美しい。六五〇年にアブー・バクルによって現在の形に編纂《へんさん》されてから内容に加わった感情的な側面は、読む者に敬意をいだかせる。イスラムの信仰をもつ者に訊けば、きっと誰もがアラビア語の原文は美しく、完璧だとさえ答えるだろう。なかには、コーランのアラビア語は非の打ち所がないので、神の霊感を授かって書かれたにちがいないという人もいる。そこには不自然な表現も、不適切な単語も、文法上の誤りもいっさいない。少なくとも『ハムレット』を演じるときと同じくらいの、いやそれ以上の感情をこめて読むべき作品である。実際、俳優が偉大な詩人《シェイクスピア》の言葉にいかなる称賛を浴びせようとも、コーランの信奉者がこのとりわけ神聖な書物に捧げる賛辞とは比較にならない。シェイクスピアの作品は読むだけでなく演じるものだが、コーランは朗読するにせよ黙読するにせよ、書いてある内容と同じようにふるまうべき書物である。

ハディースの一節にはこうある。

このコーランは悲しみをもって啓示されたのだから、詠むときは泣きなさい。もし泣けないなら泣いているふりをして、歌うように詠みなさい。歌うように詠まない者は、われわれの仲間ではない。[5]

コーランは時間をかけて読むものだ。必要ならば、全体を読み通すのに何日かけてもかまわない。泣くべきところでは泣き、美しいことを伝えるところは美しい調子で、必要に応じて声を張り上げ、抑制する。読者は書かれたことについてよく考え、それにしたがって身体を反応させなければならない。信者たちは、コーランとは才能あふれる劇作家や使徒の言葉ではなく、アッラー自身の言葉と考えている。

コーランは読む者の人生を変えつつアッラーへ近づけるため、意図的に感情を呼び起こす書物である。私たちが泣き、声を張り上げるよう考えられているのだ。特定の章《スーラ》や啓示は、読者を直感的かつ感情的に反応させる。多くの教典と同じように、コーランは感情に影響する作用を持ち、人々がイスラム教に帰依し、その信仰をますます深められるよう意図されている。イスラム教への帰依のカギを握るのはある種の恐怖だが、それはあなたが考えているような恐怖とは異なるものである。コーランはふたつの部に分かれている。[6]前半のメッカの章《スーラ》には、とても感情的な内容が多く見られる。記録されたのはムハンマドが六二二年にメディナに遷《うつ》る前のことだ。この聖遷《ヒジュラ》は、彼が新しい信仰にみなを改宗させて回るのを快く思わない人たちからの迫害を避けるためのものだった。のちにメディナで得られたような表立った説教の自由がなかったからか、または覚えやすくするためか、このメッカの章《スーラ》は短くリズミカルで、地域のほかの信仰にも焦点を当てている。また、アーダム（アダム）やムーサー（モーセ）、イブラーヒーム（アブラハム）、イーサー（イエス）といった歴代の預言者について言及が多いのもこの箇所である。さらには、道徳の重要性、異なる神々を崇拝することの危うさ、天国に行く方法、地獄を避ける方法などが強調されている。ムハンマドが後年、メディナを征服したあとに書かれた章《スーラ》よりもはるかに厳しく、陰鬱なものが多い。後半の章《スーラ》が感情に欠けるわけではないが、ムハンマドによる感情、とくに恐れに対する認識がはっきりと表現されているのは前半の短い章《スーラ》なので、まずはここから始めることにしよう。

　メッカの章《スーラ》でムハンマドは信者に対し、熱心さと専心をもって信仰に励むよう説いている。それも当然で、これらの章《スーラ》は彼が信者を増やし、教えを広めはじめた時期に唱えられたものなのだ。内容も簡潔で歯切れがよく、暗記しやすいものでなければならなかった。信仰を広めるために、まずは力強い口伝《くでん》が不可欠だったからだ。なかには、布や骨のかけら、革の切れ端など、当時のムハンマドの支持者にとって身近なものに記録された章《スーラ》もあるとされる。現在、これらの短い章《スーラ》のほとんどが、コーランの終わりのほうに配置されている。章《スーラ》の順番が入れ替えられ、長いものから順に掲載されているのだ。そのため、若き日のムハンマドが初期の信者たちに語ったことを読むには、本の終盤に目を向ける必要がある。ここには聖アウグスティヌスの思想の影響がほのかにうかがえる。

ムハンマドがアウグスティヌスの著作を知っていたかどうかは定かでないが、可能性としてはおおいにありうる。先に述べたように、ムハンマドは貿易商であり、さまざまな文化や伝統に強い関心をいだいていた。ほかの商人や仕事で出会った聖職者を通して、キリスト教とユダヤ教についてかなりの知識を得ていたことは十分に考えられる。彼はみずからの文化なりの見方ではあるが、こうした信仰について百科事典なみの知識を蓄えていた。キリスト教思想への造詣の深さに加え、アウグスティヌスの多作ぶりと知名度を考えれば、少なくとも名前くらいは耳にしていたはずだ。ともかく、ムハンマドがアウグスティヌスのことを具体的に知っていたかどうかは別にして、ふたりは驚くほど似通った考えを持っていた。

コーランはアウグスティヌスの多くの著作と同じように、神の愛と自己愛のちがいを強調している。そして、前者のほうが後者よりも高潔であると説く。また、コーランはアッラーが人間に考える力と感じる力の両方を与えたことをくり返し思い出させる。あなたがアッラーを愛すればアッラーもあなたを愛してくれるが、愛さなければ文字どおり地獄を見ることになる。さらに、コーランの愛の概念はアウグスティヌス同様、単なる慈悲でもなければ、個人的な利益のために人を愛することでもない。大切なのは、積極的にアッラーの愛を求めることである。「あなたがたが利殖のために高利で人に貸し与えても、アッラーのもとでは何も増えはしない。だが、アッラーの愛を求めて喜捨する者には報償が増加される」[7]。つまり隣人を愛することは、アッラーの名のもとに無私無欲で行われなくてはならないのだ。

しかし、愛はアッラーが無償で与えてくれるものではなく、自分で獲得すべきものだ。同じように、慈悲も神の求めに応じなければ手に入らない。愛と慈悲を得るには、コーランの教えにしたがって、イスラム教徒にふさわしい行動をとらなくてはならない。コーランがアウグスティヌスの著作と異なる点はここである。ムハンマドの新しい信仰にとって、ある種の恐怖は重要だった。それが、たとえアウグスティヌスのように愛にもとづいていたとしても。

古代ギリシアから現代科学に至るまで、「恐怖」は幅広いながら互いに関連するさまざまな気持ちを含む包括的な言葉だった。たとえば、ネズミ嫌いについて考えてみよう。あなたはネズミが一般に不快な生き物だから嫌っているのか、それともネズミのことを考えただけで極度に警戒するほどの筋金入りの恐怖症なのか。これは、単なる程度の問題ではない。各種の学術文献や哲学書、宗教書を読んでも、恐怖の定義には微妙なちがいが見て取れる。コーランは十種類の恐怖に言及しており、そのなかにはたとえば、ハウフ（やがて来ることがわかっている、備えるべき危険への恐怖）やハシヤ（何かがあなたに及ぼしかねない危険への恐怖）、タクワ（家に鍵をかけたり、感染爆発《パンデミック》のときにマスクをしたりするような用心へと導いてくれる恐怖）などがある。これらの恐怖はアッラーに仕える際にいだくこともあれば、利己的な理由からいだくこともある。コーランには、アッラーのこんな言葉が引かれている。「かの悪魔は、かれの追従者たちを、恐れさせるだけである。だからあなたがたが真の信者ならば、かれらを畏れずわれを畏れなさい」[8]。アウグスティヌスは、自己愛と神に焦点を当てた愛とを区別した。神への愛は罪への恐れを生む――この考えは、ヘブライ人が神に嫌悪感をいだかせるのを恐れていたこととつながる。コーランも同じ傾向を持っている。現世の恐ろしいものへのありふれた恐れと、正しい種類の恐れ――神そのもの、いやむしろ、神を失望させることへの恐れ――を区別しているのだ。

　コーランの翻訳では、「神への恐れ」という言葉が使われることが多いが、正確にはアラビア語の原文にそのような意味はない。これもまた、ほかの言語に訳すのが難しい感情である。アラビア語の「神への恐れ」[9]は本来、「神の意識」とか「神を守る」といったことを意味しており、アッラーのとてつもない力を見失ってしまうことへの恐れを表している。さらに、神に対して嫌悪感を募らせてしまうこと、イスラムを嫌う人から信仰を守れなくなること、または自制心を失いイスラム教徒にふさわしいふるまいができなくなることへの恐れが含まれている。喪失の気持ちを避けるには、人生のすべて（財産、家族、自分の命さえも）をアッラーに捧げることだ。この喪失（クスル）もまた、コーランの感情構成において不可欠な要素である。コーランの終盤、非常に短い章《スーラ》のひとつにこんなものがある。

時間にかけて（誓う）。本当に人間は、喪失の中にいる。信仰して善行に勤しみ、互いに

真理を勧めあい、また忍耐を勧めあう者たちの外は。[10]

コーランによれば、イスラム教徒にふさわしい行動をとらないことは、アッラーの愛と慈悲を失うか、あるいはそもそも受け取らないことと等しい。それは永劫の罰、地獄へ至る喪失だ。
神を恐れることで、信者たちはアッラーに専心し、教えを守りつづけることができる。自然の衝動に逆らい、感情を抑制し、私利私欲のためでなくアッラーのために正しいふるまいができるようになる。そうした専心はあなたを繁栄させ、戦いに勝利させ、天国で報酬を受け取らせてくれる。[11]メッセージは明快そのものだ――あなたがアッラーを失望させることを恐れるなら、あなたはコーランの教えを受け入れ、自分の感情を抑えて報酬を得ることだろう。

コーランの感情面におけるもうひとつの重要な要素に、心の果たす役割がある。コーランには「心《ハート》」を表す単語が四つ出てくる。カルブとファアードは文字どおり「心（臓）」を意味する。ルブは「内なる心」や「精神」を表し、サドルは「胸」や「乳房」を表す。これらの単語はあわせて二百八回、本文に登場する。[12]コーランは、人の感情の中心を心に置いている。また、アクル（理性や理解を意味する語）の座も心臓にあるとされる。[13]ラースは単純に「頭」を表す単語だ。初期イスラム教の文脈では、考えることと感じることが区別されていなかった。コーランによれば、帰依しない人々の心が頑ななのは、イスラムのメッセージを理解していないからだけでなく、それを感じていないからである。心が感情の源であるという考え方は、数多くの古い文献に見られる。現代でも「心で感じる」という言い回しが残っていること自体、こうした概念が多くの精神的・文化的伝統に根ざしていることの証だ。これはおそらく、オスマン時代のイスラム教が感情をどう見ていたか知るうえで欠かせない要素である。したがって、ここからは医学的な視点から感情の概念を取り上げるため、イスラムでも屈指の知識人について語っていきたい——その名は、アブー・アリー・アル＝フサイン・イブン・アブディッラーフ・イブン・シーナー・アル＝ブハーリー。西洋ではアヴィセンナの名で知られる、イブン・シーナーである。

たっぷりのユーモア

イブン・シーナーは西暦九八〇年ごろ、現在のウズベキスタンにあるブハラ近郊の町で生まれた。官吏の息子だった彼は、十歳になるころにはコーランをすべて暗唱し、十代前半にはインド式算術やイスラム法、古代哲学の大半を学んだという。その後まもなく、彼とアリストテレスの著作との関わりが始まった。彼は『形而上学』を一言一句わかるようになるまで読み返した。注目すべき点として、彼は理解を深めるにあたり、偉大なイスラム思想家アル＝ファーラービーのつづった論評を参考にしたという。十六歳のとき、彼は医学を学ぶことを決意する。一説によると、簡単だからという理由だったらしい。その医療技術は広く知られるようになり、彼はのちに医学を主題とした二冊の本、『治癒の書』と『医学典範』を著した。

インドの西部からアイルランドの海岸に至るまで、イブン・シーナーを始めあらゆる医師に多大な影響を与えた人物がいる——古代ギリシアの医学者、ガレノスである。医学的な見地からすると、ガレノスは西欧文明史においてもっとも影響力のある思想家だろう。彼の思想は千年以上にわたって医療界を席巻した。実際、ガレノスは重要な人物だった。神学や哲学の崇高な思想が一般の農民にとっては無意味な一方、ガレノスによる治療への見解は、王から農夫まですべての人々に影響を与えた――もっとも農夫の場合、医師に診てもらうよりも彼の教えにしたがって自己治療するほうが多かっただろうが。歴史においてはよくあることだが、彼がほぼすべてに関して間違っていたことは、たいした問題ではなかった。

ムハンマドの死後まもなく誕生したイスラム帝国で、学者たちはガレノスの言葉をときには装飾や脚色を交えながら翻訳し、保存した。十二世紀、彼の教えはヨーロッパへと伝わり、一八〇〇年代に細菌説［伝染病の原因を微生物とする説］が主流となるまで、西洋や中東の医療の根幹を支えつづけた。

ガレノスはギリシアの医師ヒポクラテス（「ヒポクラテスの誓い」の由来となった人物）の知見を多く取り入れている。ヒポクラテスは、人間は四種類の体液《ユーモア》からできていると考えていた。それぞれの体液は、特定の温度や粘度を持っている。心臓の周りには温かく湿った血液《ハイマ》が流れている。脾臓《ひぞう》には冷たく乾いた黒胆汁が集まっていて、胆嚢《たんのう》では温かく乾いた黄胆汁が作られる。そして、脳からは冷たく湿った粘液が生成される（ちなみに、粘液《ブレグマ》といっても痰《フレム》のようなものではなく、身体のなかの透明な物質全般を指す）。ガレノスは、身体が効率的に機能するには四種類の体液のバランスがとれていなければならないと考えた。健康的な食事、十分な睡眠、さらには定期的な運動を心がけること。それが、ガレノスの医療行為の中心を占めていた（先ほど、彼が〝ほぼすべて〟間違っていたと述べたが、正しい部分もあったのだ）。

本書のテーマである〝感情〟について言えば、重要なのはそれぞれの体液が「気分《ムード》」と結びついていることだ。多くの言語では、これら四つの言葉を微妙に変えることでその日の気持ちを表現している。たとえば、血が多ければ「多血質《サングイン》」、すなわち話し好きで活発、外向的な状態と結びつけられる。黒胆汁は、英語の「メランコリー」の語源となった言葉で、もたらされる効果はそのまま憂鬱だ。黄胆汁が多すぎると、人は短気で怒りっぽくなり、ストレスがたまりやすくなる。英語の「バイル」（胆汁）が、「不機嫌さ」や「かんしゃく」を意味するとおりである。また、粘液の過度な分泌は、怠けぐせや無気力、活気のなさといった不活発《フレグマティック》な状態を引き起こす。しかし、ガレノスにとって、体液だけではどうしても限界があった。体液の乱れを治療する唯一の方法が、正しい行動をとり、それを制御することだけだったからだ。[14] だが、ガレノスとイブン・シーナー双方には同じくらい重要なものがもうひとつあった。呼吸である。

ガレノスは、魂は精気《プネウマ》によって肉体を動かしていると主張した。精気には三つの種類がある。第一に、自然精気は肝臓に存在し、栄養や代謝、生殖といった私たちの植物としての自己を調整する。第二に、動物精気は脳に存在し、知覚や運動といった生きるうえでの、動物としての側面をつかさどっている。第三に、生命精気は心臓に存在し、体温や血流、体液の流れをコントロールしている。[15] イブン・シーナーはこの概念にもとづき研究に取り組んだ。彼は、呼吸は生命の息吹であり、心臓に由来するものと考えた。アッラーがアーダムを創造する際に吹き込んだ空気そのものである。魂の息吹は身体中に染みわたり、体液と相互作用し、臓器が役目を果たすことを可能にする。彼の考えでは、体液の目的は身体の各部分を形成して相互作用することだった。場合によっては、抑えきれない感情を表明するなど、行動の変化を引き起こしてしまう。呼吸の流れが妨げられたり変わったりすると、体液のバランスが崩れ、情念の病などを生じさせる。

イブン・シーナーは、感情を体系的に分析した本を執筆することはなかった。だが、患者の呼吸と脈拍の組み合わせを用いて情念を判別する方法をつづっている。彼によると、深い呼吸と激しく活発な脈拍は、怒りを示す。同様に、小刻みな呼吸と急速で不規則な脈拍は、恐怖を表す（そのような状態が表れる早さは、恐怖の度合いと相関する）。弱い呼吸と検出できないくらいの弱い脈拍は、悲しみにともなう。穏やかな呼吸と緩慢ながら力強い脈拍は、患者が喜びやうれしさを感じていることを意味する。[16] 喜びを感じている患者は身体も温かい。熱く湿った血液が体内で支配的な体液となるからだ。

イブン・シーナーは、人の気持ちを身体のなかに位置づけていた。彼にとって情念は医学的な問題であり、抑えがたい感情を治療するにあたって、もはや宗教的な懺悔《ざんげ》や祈り、悪魔祓《ばら》いに頼る必要はなかった。体液のバランスを整えることで、適切な治療法が見出せるのだ。それはまた、感情の源である心を観察して気持ちを制御し、アッラーが定めた道を歩むことを意味していた。こうした考えはイスラムの教えとも一致する。あなたの感情は、思考と気持ちという最初の聖なる息吹と調和していなくてはならない。それによって脈拍は治まり、心は穏やかになり、神への服従《イスラム》に至る。

一四五三年五月二十八日の夜、コンスタンティノープルへの攻撃に備えていたオスマン軍が信じていたのは、おそらくこのようなことだった。

戦争という共同体

コンスタンティノープル市外の包囲網に話を戻そう。十六世紀のオスマン帝国の歴史家ネシリによれば、スルタンのメフメト二世は次のような演説を行ったという。

この苦難に立ち向かうのは、ほかならぬ神のためだ。イスラムの剣は、今われわれの手中にある。もし、苦難に耐えることを選ばなければ、われわれは戦士《ガージー》と呼ばれるにふさわしくはない。復活の日に、アッラーのみもとに立つことを恥ずかしく思うだろう。[17]

おそらく、これはメフメトが行った数多くの演説のひとつである。メフメトはこの数日間、最後の攻勢に向けて多忙の極みにあった。馬に乗って陣地を駆けまわり、部下や指揮官たちと語り合った。また、襲撃を指揮し、自身が遠く離れた天幕のなかの存在でなく、戦争という大規模な共同体の一部であることを部下たちに知らしめた。

感情の共同体《エモーショナル・コミュニティー》

オスマン帝国の軍隊は、ミレットまたはターイファ（地域集団）と呼ばれるさまざまな共同体の兵士たちによって構成されていた。それは、民族によって分けられることもあれば、信仰によって分けられることもあった。オスマン帝国のために戦う者は大多数がイスラム教徒だったが、全員が全員信者というわけではなかった。一つひとつの共同体には、戦いの最中にすべての兵士をまとめ上げる包括的な「感情の共同体」が存在した。そうした共同体の基盤をなしていたのが、「リザ・ヴェ・スクラン」という考え方だ。自分の役割を果たし、求められたことを遂行し、集団に不快感を与えないよう配慮する人々への感謝や賛意である。とくに重要なのは、最後の部分だ。トルコ語で「不快感を与えない」という意味の「ケンディ・ハリンデ・オルマーク」は、訳すと「ひとりきりでいる」となり、一見ちぐはぐな印象をいだかせる。しかし、この場合の「ひとりきり」とは、人を怒らせないように集団から離れるという意味ではない。歴史学者のニル・テギュルによれば、「無害さを強調し、不快感を与えないようにする」[18]ことを表す。面倒を起こしたり、己を誇示したり、人に迷惑をかけたりせず、ただひたすらに自分の仕事をこなすことを意味するのだ。

もちろん、コーランでも共同体は重要な役割を果たしている。ウンマはアッラーの定めた共同体の一種であり、イスラムの信徒たちを結びつけるものとされる。

あなたがた使徒たちよ、善い清いものを食べ、善い行いをしなさい。われはあなたがたのすることを熟知している。本当にあなたがたのこのウンマは、唯一の共同体である。われはあなたがたの主である。われを畏れよ。[19]

ターイファのなかで、さらにターイファどうしで共有されるウンマは、感情を構成する一部であり、オスマン軍そのものの感情も構成していた。

メフメトはスルタンとして、そうした共同体の絆を強化しなくてはならなかった。彼は部下たちがやろうとしていることに賛意と感謝を示す必要があった。さらに、彼自身もアッラーを恐れ、正しくふるまいたいと願っているようすを見せなければならなかった。兵士たちをまとめあげ、別々のターイファからなる一個の偉大なウンマにするためには、そうすることが欠かせなかった。彼は兵士たちと同じように、集団での戦いに身を投じ、仲間として感謝を示そうとしていた。兵士たちのアッラーへの恐れを利用することで、内心の神の息吹をしずめ、それに集中できるよううながし、コンスタンティノープルを手に入れる準備を整えていた。それもこれも、アッラーの命令を実行に移し、慈悲と愛と栄光に報いるためだった。スルタンには兵士たちみなに語りかけ、彼らの繁栄の手助けをすることが求められていた。

メフメトはきっと、自分の軍がアッラーの庇護のもとにあると信じていたのだろう。彼には保護の掟と思いやりの掟にしたがう義務があった。スルタンとして、部下の豊かな心と安らぎを保たなければならなかった。部下をできるかぎり幸福にするのが、スルタンの役目だったのだ。[20]たとえ戦時であってもこれは重要なことだった。だからこそ、スルタンは年若き兵たちと笑い合い、語り合うことで、自分も彼らの一員であることを示そうとした。彼は支配者として、また感情の共同体の一部として、臣民への思いやりを体現していた。

それが功を奏したことは言うまでもない。一致団結したオスマン軍は翌日、コンスタンティノープルの制圧に見事成功した。ビザンツの城壁は破壊され、軍隊は倒され、帝国は崩れ落ちた。かつて西欧世界を席巻したローマ帝国の最後の痕跡が露と消えた。もちろんカトリック教会は別だが、それはまた別の話。大切なのは、スルタンであるメフメト二世が、これまで多くの人が果たせなかったことをなしとげたことである。コンスタンティノープルはその後イスタンブールと名を変え、スルタンにとってもっとも大切な財産となり、新しい首都となった。かつての栄光を取り戻し、ふたたび美しく生まれ変わったのだ。オスマン帝国は、もはやアッラーを恐れる必要はなかった。彼らの心のなかで輝く生の火花が、主の名にかけて彼らを勝利へと導いたのだ。アッラーが気を悪くすることもないだろう。

オスマン帝国によるコンスタンティノープルの侵攻が歴史に与えた衝撃はあまりにも大きい。トルコは今なお、コンスタンティノープル陥落をめぐる神話の多くに憧憬をいだいている。メフメト二世の部下たちの胸には、アッラーの慈悲を求める原動力となった恐怖が波打っていた。それがなければ、今日トルコは存在していなかっただろう。オスマン軍のコンスタンティノープル侵攻は、戦術的な理由から決行されたのではない。メフメトとその部下たちの感情的な衝動に駆り立てられたのだ。神の名にかけて、自分の父祖たちが始めたことを終わらせたいという願いが彼らにはあった。それを可能にしたのは、部下たちの感情の共同体だった。

コンスタンティノープルの陥落は、メフメト自身が思いもしないほど大きな影響をもたらすことになる。オスマン帝国がシルクロードの通行を支配することになり、当然ながらメフメトはシルクロードを行き交う商人たちに過酷な税を課した。人々はそれまで二千年以上にわたって、この道を通って中国からヨーロッパへ、ヨーロッパから中国へと移動していた。シルクロードはヨーロッパの経済にとってなくてはならないものだった。だが、貿易商たちはもはや旅費をまかなえなくなった。その影響は地図を塗り替え、ヨーロッパと世界全体を永久に変えることになる。

現在ヨーロッパと呼ばれる世界の一部が形成されたのは、シルクロードを通じた商業が衰退したためといっても過言ではない。かつてあいまいだったキリスト教世界の境界線は、明白で鮮明なものとなった。新しいヨーロッパ人は、東に向かおうとすれば、その明白な境界線を迂回するため、想像を絶するような危険を冒さなければならなくなった。彼らが旅をしたときに起こったこと、そして、それによって解き放たれた感情が近世を形作ったのである。

第6章 忌まわしき魔女騒動

あなたが十七世紀のヨーロッパに住む年老いた女性だとしよう。あなたは孤独だ。子どもはいないし、夫にはしばらく前に先立たれている。ひとりで生きていくには、村人たちの情けにすがったり、ときおり彼らのために薬を調合したりしなくてはならない。幸いにして、あなたは村人から「賢い女性」だと思われている——白魔術のまねごとをする、ちょっと変わっているが無害な人物だと。しかし、一六一〇年代半ばのある日、あなたに失礼な態度をとった人の牛が病気になって死んだことで、あなたの立場はたちまち賢い女性から魔女へと変わってしまう。[1]

それから何カ月、あるいは何年ものあいだ、村人はことあるごとにあなたを魔女と呼んで嫌がらせをする。やがて、あなたはとうとう壊れてしまう。村人に怒鳴り、毒づき、復讐心をいだくほどに激怒する。怒りのあまり、復讐のためなら神に背を向けることも辞さない覚悟だ。すると、そこへ一匹の犬が現れてあなたに話しかける。あなたは少しぞっとする。なにしろ犬が目の前でしゃべっているのだから。しかも、その犬が「自分は悪魔の化身だ」と言うので、恐怖はいやがうえにも高まる。だが、悪魔の犬はどうか落ち着いてほしい、あなたを愛しているので「傷つけたり怖がらせたりはしたくない」と語る。孤独で、憎しみを抱え、傷ついた自分に、しゃべる犬が愛していると言ってくれた。何年も愛されることのなかったあなたは、内心とてもうれしく感じる。悪魔の犬は、あなたを虐《しいた》げたすべての人に復讐する力を与えようと持ちかける。見返りはあなたの肉体と魂だ。ちょっとした血の復讐のために不滅の魂を差し出すなんて、とあなたが迷っていると、悪魔の犬はダメ押しとばかりに、もし断れば「［あなたの］身体を細切れにする」とつけ加える。あなたならどうするか？

一六二一年ごろ初演された「よく知られた実話」にもとづくとされる戯曲によれば、主人公のエリザベス・ソーヤーが直面したのはまさにこうしたジレンマだった。劇中、不当に扱われる毎日にうんざりしたソーヤーおばあさんは、悪魔の申し出に飛びつき、隣人たちに狂気と自殺と殺戮をもたらしたあげく、捕まって絞首刑に処される。[2]この話は一見誇張しているように思えるかもしれないが、人間が魔女になるまでのほかの事例とくらべると、さほどおかしなものではない。

十六世紀から十七世紀にかけて起こった魔女騒動は、古今を通じて、女性に対する暴力のうち最悪の例のひとつである。一五六〇年から一六三〇年のあいだに殺された人の数は五万人前後と推定されるが、数字には異論もあり、もっと少ないという人もいれば、もっと多いという人もいる。[3]なかには数百万人という人もいるが、さすがにそれは考えにくい。

一五八一年から一五九三年までの十三年間、ドイツにある古代ローマの植民市トリーアで、最大規模の魔女騒動が勃発した。カトリックの冷酷無比な大司教、ヨハン・フォン・シェーネンベルクが、町のプロテスタントやユダヤ人、魔女を一掃すると決め、魔女と疑われる人々を千人近くも殺害したのだ。大司教は大衆の恐怖心を煽り、それを世俗の検察官が支援した――恐怖心を広めることで、金を儲けようとたくらんだのである。教会は裕福で、魔女裁判はおいしい商売だった。やがて、魔女と疑いをかけられた人々が家から引きずり出され、拷問を受け、生きたまま炎に焼かれた。その結果、さらなる告発がなされ、集団ヒステリーに発展することもしばしばだった。

あなたは今、長いあいだ歴史家の頭を悩ませてきたのと同じ疑問をいだいていることだろう。なぜこのようなことが起きたのか？　何千もの人（ほとんどは女性）が、犯してもいない罪で処刑されるような状況がどうして生まれたのか？　答えの多くが、感情と関わっている。

当時の人々が魔女に対して持っていたさまざまな感情のなかで、とりわけ重要なものがふたつある——ひとつは「恐怖」、もうひとつは嫌悪感の一種である「忌まわしさ」だ。これらの感情は、今までの章でも、少なくとも似たものを取り上げた。そこには、数多くの人々が殺された理由を解くカギが隠されている。

魔女騒動の時代のヨーロッパ人が恐怖と忌まわしさをどうとらえていたかは、非常に古い感情体制、キリスト教の教えと古代ギリシアの思想を組み合わせた感情体制と関わりがある。これは、聖アウグスティヌスの作ったものではない。アウグスティヌスの思想を発展させ、四百年にわたってキリスト教圏を支配する知的勢力へと昇華させた人物が作り上げたものだ。その人物とは、聖トマス・アクィナスである。

感情に関する最初の本

十二世紀は、これまで「十二世紀ルネサンス」や「十二世紀の危機」といった文脈で語られてきた。はっきりしているのは、十二世紀にヨーロッパで激しい変化があったことと、そのような変化の多くが十字軍の帰還によってもたらされたことである。形式主義の広まりは少し味気ないが重要な事例だ。十二世紀には、物品目録や棚卸し帳の数が飛躍的に増加した。また、アリストテレスの著作を始めとする古代ギリシア文献のラテン語翻訳も、この時代急激に流入している。

十二世紀、ヨーロッパ人の知的生活にアリストテレスが舞い戻ったときの衝撃は計り知れない。アリストテレスの著作にもとづく思想はその後五百年にわたって、教育や議論の場を席巻した。かつて歴史家の多くは、私たちが暗い小道に迷い込んだのはこのせいだと考えていた。アリストテレスの論理で濾過《ろか》された教会の思想が私たちの進歩を五百年間妨げ、いわゆる暗黒時代へ導いたというのだ。もちろん、話はそう単純ではない。この時期には、数多くの偉大な知識人や発明家も存在した。また、農作業に革命をもたらした馬用首輪《ホースカラー》が普及したのも、驚異の法典であるマグナカルタが書かれたのも、およそこのころのことである。さらに、優れた哲学者たちも深遠で影響力のある作品を書き残している。ドミニコ会士のトマス・アクィナスもそのひとりだ。

十三世紀になると、過去百年のあいだに起こった重大な変化が社会に定着しつつあった。トマス・アクィナスがそのころ世に送り出した数多くの著作のひとつに、『神学大全』という未完の作品がある。長さも対象とする範囲も膨大なこの書物では、思想が一つひとつ順を追って取り上げられる。まず、アクィナスがある主張を掲げる。ついで、その主張に対する反論がいくつか提示される。続いて、それらの反論が分析され、最後にようやく結論が出される。そして、その結論が次に提示される主張となり、同じ過程がくり返される。読み進めるうちに混乱してしまうのも無理はないし、文脈を無視して議論の不適切な部分を引用してしまうのもきわめてありがちだ。

私たち感情史を学ぶ者にとってとくに重要なのは、『神学大全』の第二部前半、問二二〜四八の部分である。これらの問いは、感情について初めて本格的に論じたものと言えるだろう。アリストテレスも『弁論術』で感情を体系的に取り上げているが、それは作品の主たる目的ではなかった。アリストテレスによるパトスの記述は、議論の方法を説明するものにすぎなかった。一方のアクィナスは、章全体を丸ごと感情に捧げている。私はここで感情と述べているが、アクィナスがつづっていたのは厳密には情念という種類の気持ちで、本文では「魂の情念」と表現されている。これは身体から生じて心に影響を与える気持ちであり、パトスとよく似た概念だ。また、アクィナスは愛着も取り上げているが、こちらは情念とは方向が逆である。精神が、何かについてしばらく、あるいは長時間考えることで、しかるべき反応が身体に生じる。情念とは端的に言えば、プラトンやストア派が民衆に制御させたいと考えていた気持ちだ。アウグスティヌスのいう自己愛と、それによって生じる罪の原因でもある。他方、愛着は抑制された意識的な善の気持ちであり、プラトンによればエロスに導いてくれるもの、アウグスティヌスによればカリタスから始まるものだ。ストア派のように、情念と愛着は相互に置きかえられると考えた人たちもいる。

アクィナスはプラトンとアリストテレスを大いに参考にして個々の情念をリストアップした。リストを構成するのは一次的な情念であり、それらが混じり合うことで二次的な情念が生まれる。彼は一次的な情念をふたつのグループに分け、プラトンの言葉を借りて各グループを「欲望的な情念」と「気概的な情念」と命名し、対立するものどうしを組み合わせた。しかし、それぞれのグループを構成する気持ちは、プラトンやアリストテレスとは異なるかたちで挙げている。

欲望的情念は次のとおりだ。
・愛と憎しみ
・欲望と忌避または忌まわしさ
・快楽または喜びと苦痛または悲しみ
ここで挙がった情念はプラトンが考えたのと同じく、よいものと悪いもの、報酬と罰への反応から生じる単純な気持ちである。愛はよいものによって生まれるが、憎しみはひどく悪いものによって生まれる。欲望は心地よいものに向かいたいという思いであり、忌避または忌まわしさは不快なものから逃げようとする衝動である。喜びは美しいものを受け取ったり、それに近づいたりしたときに感じる気持ちだが、悲しみは恐ろしい状況に陥ったときにいだく気持ちだ。

一方、気概的情念は次のとおりである。

・希望
・絶望
・勇気
・恐れ

・怒り

これらの情念もまた、困難な状況に至ったときに生じる。欲しいもののために努力するには、希望や勇気といった情念が欠かせない。また、邪悪なものと戦うには、怒りや恐れ、絶望といった情念が必要となる。

欲望的情念と同じように、気概的情念も対立するものどうしがペアとなる。だが、こちらは少し構造が複雑だ。希望が絶望の反対になり、勇気が恐れの反対になることもあれば、勇気が絶望の反対になり、希望が恐怖の反対になることもある。例外は、怒りだ。気概的情念の代表格だが、反対の情念は存在しない。[4]

さらに、アクィナスは情念を「欲望」と「気概」に分けるだけでなく、それらがいつ起きるかによっても分けている。喜び、悲しみ、勇気、恐れ、怒りといった情念は、現時点で自分の身に起きていることと関係がある。勝負に勝てばその時点で喜びを感じるだろうし、負ければ悲しみを感じるだろう。かたや、欲望、忌避、嫌悪、希望、絶望といった情念は、あることがいつか自分に起きると知ったときに感じる。欲しいものが今後手に入らないと知ったら、あなたは欲望か希望をいだくだろう。例外は、愛と憎しみだ。アクィナスによれば、このふたつはいついかなるときも存在する。

前述したように、アクィナスの言う恐怖と忌まわしさは、ヨーロッパにおける魔女騒動のおもな原因となった。人々は魔女と思しき女性（または男性）を忌み嫌っていたし、恐怖は当時のヨーロッパ人に際限なくつきまとうものだった。こうした概念を解き明かすため、まずは当時の人々に浸透していた恐怖という感情について考察し、十六世紀から十七世紀にかけて人々が恐怖に悩まされた理由を考えてみたい。

恐怖の時代

前章で述べたとおり、オスマン帝国は一四五三年にコンスタンティノープルを征服すると、シルクロードを通過するあらゆる品々に法外な税金を課した。香辛料や陶磁器、絹など、いずれもヨーロッパ人が愛好した品々に。当時、ヨーロッパ商人の多くは東洋との交易によって財をなしていたので、仕入れ先への新たなルートを見つけなくてはならなかった。一四八八年、バルトロメウ＝ディアスは、「アフリカの角」〔アフリカ大陸北東部、インド洋と紅海に向かって突き出た地点〕と呼ばれる地域の周辺を航海した。当初は実現不可能だと言われていた。あまり南へ行くと、暑さで頭が破裂すると考えられていたのだ。さらに一四九二年には、ジェノバ出身の経験豊富な船乗りのクリストフォロ・コロンボ（英語名クリストファー・コロンブス）が、香料諸島を目指して西へ発った。世界が丸いことは何千年も前からわかっていたので、これは十分合理的な試みに思われた。だが厄介なことに、当時のヨーロッパ人は知らなかったが、航路上にはまるまるひとつの大陸が存在していた。コロンブスがそれと知らずに北アメリカへ到達したことは知られた話である。ヨーロッパの人々は新たな大陸が発見されると、控えめにいって度肝を抜かれた。自分たちの知識や信念すべてが、根底から揺さぶられたのである。もちろん、すべての人が同じように驚いたわけではなかった――ふつうの村人なら、知ったところでそれほど気にはとめなかっただろう。だが教養ある人々は驚き、混乱し、少なからず恐怖を覚えた。自分たちには、まだほかにも知らないことがあるのではないかと恐れたのだ。

それから二十五年後の一五一七年、人々がまだ、世のなかは自分たちが思っている以上に広いということを理解しようとしていたころ、この騒ぎを神の啓示と見なしたひとりのアウグスティノ会修道士がドイツのヴィッテンベルクにある全聖人教会に向かって歩いていた。伝説が正しければ、彼がそのとき手にしていたのは金づちと釘、さらに九十五の論題が書かれた羊皮紙である。それは全聖人教会だけでなく、カトリック教会全体に対する九十五の批判だった。修道士の名はマルティン・ルターといった。彼はアウグスティヌスの厳格な「使用《ウティ》」の愛を実行に移すつもりだった。

ルターはもともとカトリック教会に不満をいだいていたが、とりわけ我慢ならないのが贖宥状《しょくゆうじょう》（免罪符）だった。十字軍に兵士たちが参加したのは、煉獄にいる時間を短くしてもらうためでもあったと述べたのを覚えているだろうか？　十六世紀になると、もはや十字軍に参加する必要はなくなっていた。教会にお金を支払えば、自分のために祈りを捧げる修道士を割り当ててもらえるようになったのである。お金を払えば払うほど、祈ってくれる修道士の数も増えていった。実際、贖宥状とは、十字軍の時代の金持ち貴族が、煉獄にいる時間を少しでも短くしたいが、聖地《パレスチナ》へ行って死ぬかもしれないのはイヤだという理由から作られたものだった。十字軍に参加するかわりに、自分たちのために祈ってくれる修道士のいる教会にお金を払うようになったというわけだ。こうして、ルターの時代には贖宥状の販売が盛んに行われるようになっていた。ルターは、こんなものはキリスト教にふさわしくないと考え、その理由を書き連ねた九十五カ条の論題を教会の扉に釘で打ちつけたとされる。

扉に打ちつけたのが真実かどうかはわからない――おそらく作り話だろう――が、ルターが論題を書いたのは本当だ。彼はそれを発明されたばかりの活版印刷を使って広く普及させた。その結果、九十五カ条の論題は人気を博し、史上初のベストセラーとなる。だが同時にヨーロッパを根底から揺るがすことにもなった。カトリック教会に対する民衆の幅広い反発を巻き起こし、プロテスタントと呼ばれる諸宗派を生み出したのである。カトリックとプロテスタントの対立は熾烈《しれつ》を極め、宗教上の憎しみは長きにわたる抗争の拠りどころとなった。どちらの宗派も相手側の指導者を終末をもたらす反キリストと非難した。一四八〇年から一七〇〇年のあいだ、ヨーロッパの列強は百二十四回も戦火を交えた。なかには死傷者の割合が第一次世界大戦に匹敵するものもあった。こうした宗教戦争は全体をひとつとしてとらえると、史上一、二を争うほどの破壊的な争いといえる。当時を生きたヨーロッパ人はみな、人生のどこかしらでおびただしい流血を目撃したことだろう。[5]

加えて、それまでたえずつきまとっていた恐怖がいっそう深まった。一二五〇年ごろから地球全体の気候が変わりはじめ、一五五〇年には小氷期と呼ばれるこの期間のなかでも極端に寒い時期が到来したのだ。[6] 一二五〇年から一六五〇年のあいだに平均気温は二℃ほど下がり、気候変動が激化し、飢餓が何年にもわたって続いた。

病気もまた拡大の一途をたどった。ペストはヨーロッパでくり返し発生し、一五六三年から一六六五年の有名な大流行までに計六回もロンドンを襲った。さらに、十四世紀のヨーロッパで猛威を振るった病はペストだけではなかった。麻疹《はしか》や天然痘、コレラ、赤痢などが、異常気象とそれにともなう飢饉《ききん》によって悪化し、死をさらに身近にした。

その後、新たな大病も多発した。おもに帰還兵が国外の紛争から持ち帰ったものが原因だった。スペイン兵たちは、イベリア半島のバザという町をイスラム軍から奪回するために戦っていたとき、仲間の身体が赤くただれて発熱し、しまいには発狂や死に至ることに気づいた。この発疹《ほっしん》チフスで犠牲となったキリスト教兵士の数は、ムーア人に殺された者の数より多かった。チフスはまたたく間にヨーロッパ中へ広まり、各地に壊滅的な打撃をもたらした。また、同じく新しい病気の粟粒《ぞくりゅう》熱《ねつ》は、震えやめまい、頭痛、首・肩・四肢の激しい痛み、疲労感のほか、（病名が表すとおり）大量の粟粒《あわつぶ》状の汗を引き起こし、罹患者はたいてい死に至った。[7] 一四八五年にイギリスで初めて発生した粟粒熱は、一五〇〇年にはヨーロッパ全土を呑み込んだ。

イギリス人にできることはなんでもフランス人のほうがうまくこなしたが、今度ばかりはそうとも言えなかった。一四九五年にフランス軍がイタリアに侵攻した際、兵士たちの手足や口、性器に吹き出物のような潰瘍《かいよう》ができはじめた。それは耐えがたいほどの苦痛をもたらしたが、痛みはすぐに治まった。しかし、よくなったと思ったのもつかの間、今度は身体中に柔らかい腫瘍のようなものができ、激しい心臓発作や精神の錯乱が起こった。そして、最終的には慈悲深い死が訪れるのだった。この「フランス病」と呼ばれた病気は、現在では梅毒として知られている。当時の人々は、それが性行為によって感染する「罪深い病」であることを承知していた。[8]

十六世紀から十七世紀の魔女騒動の時代になると、誰もが不安に陥っていた――病気や飢饉、夜間の激しい冷え込みに加え、聖書を執筆した人々を含む古代人が世界について何も知らなかったことがわかったのだ。そうでなければ、巨大な大陸の存在について書きもらすはずがない。人々は震え上がった。

　十六世紀のヨーロッパに住む人々が直面した恐怖はただでさえひどいものだったが、こうした出来事が「黙示録」、カトリックで言うところの「聖ヨハネの黙示録」の内容にぴったり重なっていることが事態をさらに悪化させた。病気？　チェック。戦争に次ぐ戦争？　チェック。火災？　チェック。疫病？　チェック。反キリストの到来？　チェック。世界について知っていると思っていたことが覆《くつがえ》された？　チェック。これによって、終末の日が迫っていると訴える千年王国説《ミレナリ》信奉者《アン》の声が日に日に大きくなっていった。自分たちが終末の時代に生きているという考え方は、当時も今もさほどめずらしいものではない。しかし、歴史上、地球が最終戦争《ハルマゲドン》の苦しみにもだえているように見えた時代があるとすれば、それはまさにこのときだった。唯一欠けていたのは悪魔の遣わす雑兵で、そこに魔女や忌まわしさが当てはめられるようになった。

忌まわしき存在

　アクィナスの情念に関する考察は、魔女騒動が起きた当時のヨーロッパ人が暮らす感情体制の基盤を作り上げた。もちろん、アクィナスに反論を寄せる者もいたが、彼らはアクィナスの考えに微妙な修正を加えるだけで、その影響がかぎられた読者層を超えることはなかった。当時書かれた文書のなかで、感情について直接的にせよ間接的にせよ論じたものは、分野を問わず（アクィナスの学説である）トマス派の枠組みに収まる傾向があった。人は恐怖を描写しようとするとき、恐怖に関する彼の記述を参考にした。

シェイクスピアの作品にも、アクィナスの情念に関するヒントがうかがえる。かの詩人は『ルークリース陵辱』のなかでこうつづっている。

極度の恐怖は戦うことも逃げることも許さない。
ただ震え上がった臆病者のように死んでいくのみ。[9]

トマス派の考えでは、恐怖とは逃げること――彼らの場合、忌避という情念――ができないときに生じる葛藤だ。これは重要なポイントである。アクィナスもシェイクスピアも、恐怖と逃避を分けて考えていた。すでに述べたように、現代の心理学では、逃げることは戦うことや凍りつくことと並んで、恐怖の本質的な構成要素と見なされている。だが、アクィナスやシェイクスピアにとって、危害を避けるチャンスが去るということは、逃げるチャンスがなくなったことを意味していた。あなたは危機の真っただ中にある。恐怖が芽生えるのはそうしたときだ。かつて恐怖は、逃げることとは関係がなかった。アクィナスやシェイクスピアによれば、恐怖とは勇気の対極にあるもの、人を怖気づかせるものだった。アクィナスの言う恐怖はある意味、現代の私たちが〝恐慌《パニック》〟と呼ぶ感情に近い。歴史上の人物が〝恐怖〟という一見わかりやすい言葉を使ったときは、その意味をたしかめることが大切だ。思いのほか、単純でない場合が多いのである。

トマス派の情念について私たちが探求すべきものがもうひとつある。「忌避または忌まわしさ」だ。少し奇妙に思えるかもしれないが、この〝または〟が示すとおり、情念はひとつでなくふたつ存在する。〝忌避〟とは先ほど見たように、恐怖と結びつくものからどうにかして逃れたいという切なる願いだ。怖いものに追いつかれないようにするための一種の逃避である。その一方、〝忌まわしさ〟はとにもかくにも逃げ出したいという願いで、忌避よりも少しだけ複雑な情念である。

忌まわしさ《アボミネーション》は現代の嫌悪とまったく異なるものではない。嫌悪と同じように、すごくまずいもの、恐ろしいもの、見るに堪えないもの、道徳的に間違っているものに反応して生じる。今なら「キモい《グロス》」、当時のイギリス人なら「フィ、フォ、フォム」〔童話『ジャックと豆の木』でイギリス人（ジャック）が近くにいるのを感じ取った巨人が口ずさむ言葉〕と言いたくなるものによって引き起こされる（余談だが、今度誰かに『ジャックと豆の木』を読んであげるときは、「おえっ」とか「うげー」と言う感じで「フィ、フォ、フォム」と口ずさんでみよう。がぜん雰囲気が出る）。〝忌まわしい〟とは触れた人を汚したり、傷つけたり、堕落させたりするものを指す言葉であり、一般に嫌悪をもよおすものは忌まわしさと同一視される。

だが、忌まわしさと現代の嫌悪には重要なちがいがふたつある。ひとつは、忌まわしさ《アボミネーション》の語源はラテン語の「アボミナトゥス」であり、英語以外のヨーロッパ言語でも同じ意味で使われていることだ。古代ヘブライ人の章でも触れたように、〝忌まわしさ〟とは本来、人間が罪を犯したときに神がいだくさまざまな嫌悪感を示すヘブライ語を、ラテン語のウルガタ聖書が恣意的に訳した言葉だ——これは、聖パウロが熟知していた気持ちでもある。ウルガタ聖書はカトリックの主要な聖書として千年以上の歴史を誇り、十六世紀から十七世紀の多くのヨーロッパ人の信仰を支える書物だった。ほとんどの魔女裁判はプロテスタントの村や町で行われたが、忌まわしさという概念はカトリックでもプロテスタントでも大きな意味を持っていた。

もうひとつのちがいは、こちらのほうが大きいが、忌まわしさに対する聖書の理解である。私はこの時代の文書を何千ページとひもといたが、〝忌まわしさ〟という語はほとんどの場合、神、主、罪といった言葉といっしょに、あるいはそのすぐ近くで用いられていた。それは宗教的な文書にかぎらず、当時書かれたあらゆる文献でも同じだった。中世ヨーロッパの人の目に映る忌まわしさは、古代ヘブライ人にとってそうだったように、神の目から見て不快なものを表していた。中世の忌まわしさと現代の嫌悪にはこうしたちがいがあるが、両者には共通する部分もある。忌まわしさと嫌悪は、どちらも伝染するものと見なされているのだ。

忌まわしさと嫌悪の両方と結びつく伝染は、「共感呪術」の名で知られている。共感呪術は人類学者のジェームズ・フレイザーが一八九〇年に『金枝篇』［吉川信訳、ちくま学芸文庫、二〇〇三年］において初めて提唱した概念で、二種類の法則を持つ。ひとつは、「類似の行為は類似の効果を生む」という類似の法則。もうひとつは、「一度接触したものどうしは、物理的な接触がなくなったあとも離れた場所でお互いに作用しつづける」という感染の法則だ。心理学者のポール・ロジンはふたつの法則の効果をたしかめるべく、一九九三年にある実験を行った。同僚のキャロル・ネメロフとともに被験者に対し、ヒトラーが着ていたセーターを着ることができるかと尋ねたのだ。ほとんどの人はできないと答えた。それは、たとえセーターが殺菌消毒されていようと、お金を提示されようと、マザー・テレサも着たことがあると言われようと変わらなかった。邪悪きわまる人物がセーターを着ていたという事実は、被験者たちにある感覚を与えた。持ち主の悪しき本質《エッセンス》がセーターに宿っていて、たとえ糸と綿でできたものだとしても、着た人はなんらかのかたちで感染してしまうように思えたのだ。[10] 私たちの脳はどうやら、道義的なふるまいと物理的な汚染を切り分けるのが苦手らしい。どちらの脅威も同じように扱ってしまう傾向がある。

世界各地で行われた実験によると、就学前の子どもはお気に入りのおもちゃやテディベアなど自分が大切に思っている物や人には（先ほどと似ているが、こちらはプラスの）本質《エッセンス》があると考えているという。[11] それは成長しても変わらない。幽霊を信じたり、何十年も同じサッカーチームを応援したりするのも、私たちがそう考えているからだ――子どものころ応援していた選手と現在の選手に共通するのは、チーム名やロゴ、ユニフォームだけにもかかわらず。また、有名人がマジックで走り書きしたサインに大枚をはたく心理もここから来ている。[12] 重要なのは、本質《エッセンス》はつねに感情と結びついているということだ。結びつく感情が好ましい場合もあるが、そうではない場合も多い。[13] 魔女騒動において、共感呪術は魔女たちの忌まわしい性質を強化する役割を果たしてしまった。

魔女になる方法

十六世紀から十七世紀にかけて魔女を見つけ出そうと思ったら、あなたに忌まわしい気持ちをいだかせる人物を探せばよい。その人が女性であれば、なおさら好都合だ。ヨーロッパで処刑された魔女のおよそ八十パーセントは女性だった（ロシアなど、一部の地域では男性のほうが多かったと言われている。はっきりとした理由はわからないが、ひょっとすると正教徒が魔術に対して異なる見方をしていたことが関係しているのかもしれない)。その背景には当時、というより歴史を通じて、女性蔑視の風潮が蔓延《まんえん》していたことが挙げられる。悲しいかな、それは今でも消え去ってはいない。

キリスト教では長いあいだ、世のなかの悪はすべてイブが神の命令に背くという大罪を犯したために起こると信じられていた。「善悪を知る木」の実を最初に食べたのはイブだった。アダムに同じことをするよう誘ったのもイブだった。人間が服を着るようになったのも、楽園から追い出される羽目になったのも、原因はすべてイブにあった。月経(それ自体が忌まわしいものとされた)と出産という重荷を命令に背いた罰として負わされたのもイブだった。なかには、アダムはイブの誘いを断ることも、責任の一端を負うこともできたのではないかと考える人もいた。しかし、そういう人たちも結局は、蛇にそそのかされたのはイブであり、責任はイブ——つまりは、すべての女性が負うべきだという主張に賛同した。

一方、もっとたくみに女性を擁護した人たちもいた。彼らは、これまでに生きた人間のなかでもっとも優れた人物は女性だったと指摘した——聖母マリアである。だが一般の女性は、現代にもはびこる悪しき女性観の典型のような見方をされていた。弱く、感情的で、自分を抑えられない存在と見なされていたのだ。代表的な魔女に関する手引き書である『悪魔崇拝』(*Demonolatry*)を世に送り出したフランスの治安判事ニコラ・レミは、「(女性は)邪悪な甘言に惑わされやすい」と述べている。彼によれば、悪魔が女性を魔女にするのは男性を魔女にするよりもたやすいという。なぜなら、女性はえてして熱くなりやすいからだ。当時は血が熱くなることで生じる体内バランスの乱れが、悪行の原因になると考えられていた。そのため、魔女を探すときは女性、それもなるべく情熱的な女性を探すのが望ましかった。

加えて、その女性が貧しく（当時の基準に照らして）年老いていればさらに都合がいい。魔女として告発されるのはたいてい四十歳以上で社会の片隅に住む〝好ましからざる〟人物だった。なかでも、子どものいない寡婦や、物乞いをして糊口《ここう》をしのぐ素性の知れない人間は恰好のえじきとなった。

魔女に対する嫌悪の念は「不潔さ、悪臭、腐敗」のほか、「彼女たちの放つ危険性」から生じるとされた。[14] しかし、実際の原因はあまりにも身近なものだった。女性の身体の客体化である。アルブレヒト・デューラーが一五〇〇年ごろに制作した版画「山羊に後ろ向きに乗る魔女」は、数多くの客体化のほんの一例だ。そのころの魔女の描写は、だいたいどれも同じようなものだった――老いさらばえ、障害を抱え、衰弱した身体をもつ女性だ。それはとりもなおさず、男性画家が性的魅力を感じない女性の姿だった。魔女が忌み嫌われる過程の中心には、現代で言うところの〝男性目線〟があったのだ。

とはいえ、魔女のなかには若い人々もいた。若い魔女になるためには、神が嫌悪するような行動をとる必要があった。この時代の別の絵画、ハンス・バルドゥング・グリーンの「裸の若い魔女と魚型のドラゴン」には、若く愛らしい魔女が忌まわしい行為に及ぶようすが描かれている。ここでは獣姦や肛門性交、鼓腸《こちょう》、体液の交換、「不自然な」かたちでの挿入など、聖書でもっとも忌まわしい生き物である黙示録のドラゴンと魔女が行う性行為の数々が表現されている。[15]

アルブレヒト・デューラー「山羊に後ろ向きに乗る魔女」版画、1500年ごろ

ハンス・バルドゥング・グリーン「裸の若い魔女と魚型のドラゴン」顔料を使用（白黒複製画）1515年

フランチェスコ・マリア・グアッツォ『悪行要論』に収められた木版画（Mineora,NY:Dover Publications,1988）

また、魔女は悪魔崇拝の集会《サバト》に参加しているとして非難された。サバトは、当時のキリスト教徒にふさわしいとされた行為をちょうど反対にした概念である。一六〇八年に出版された『悪行要論』には、魔女が十字架を踏みつけたり、まがいものの洗礼を行ったり、悪魔の尻に接吻したり、洗礼を受けていない子どもを料理して食べたりといった「考えうるかぎりの忌まわしい行為」が描かれている。[16]

忌まわしい姿や行為は、自分に邪悪さが伝染するかもしれないと人々に思わせる副次的な効果があった。忌まわしさと結びつく共感呪術は、魔女が触れたもの、出会った人、訪れた町すべてが汚れることを意味していた。実際に人に触れる必要さえなかった。横目でちらりと見るか、暴言を浴びせるだけで十分だった。

近世の人々は、侮辱的な言葉や目配せだけで伝染が起こると信じていた。魔女は自分が憎む相手だけでなく、裁判の判事にも悪しきまなざし、つまり邪眼で危害を加えようとしたと非難された。[17]今でこそむちゃな話に思えるが、当時の確固たる信念により、それは精神的な被害をもたらしうる強力な手段となったのだ。共感呪術に加えて、心理学にはノセボ効果というものがある。有名なプラセボ効果とは正反対の作用を及ぼす力だ。あるものが自分に害を及ぼすと確信している人は、身体や精神に変調をきたしかねないことが（少なくとも複数の研究によって）わかっている。[18]そのため、もし邪眼の力を心から信じていた場合、実際に傷つくこともあったかもしれない——ある意味では、自分で自分を傷つけているわけだが。

十六世紀から十七世紀の恐怖に支配された時代において、女性、とくに貧しく年老いた女性が忌まわしい魔女と告発されることはしばしばあることだった。世間一般の美の基準にそぐわなかったり、年老いていたり、当時の基準にかなうほど控えめでなかったり、妙な目つきで人を見たりすれば十分だった。魔女として告発される恐怖から逃れたい女性へのメッセージは明快だ。いつまでも若く、愛らしく、（恐怖や忌まわしさ、魔女を殺したいという衝動に満ちているときをのぞき）感情的にならず、従順でいること。

いつか私たちにも、そんなことを口にしなくなる日が来るのだろうか。

魔女騒動を終わらせるには

魔女騒動が歴史に与えた影響は複雑だ。まずは、拡大を続ける恐怖と激しい女性嫌悪の時代を浮き彫りにした。しかし、魔女裁判は決して過去の出来事ではない。現代社会にも光を浴びせているのだ。本書後半では、現代における比喩的な意味での魔女狩りとして、政治的立場の異なる人々が誹謗中傷を受け、仕事場やソーシャルメディアから締め出される状況を説明したいと思う。これは通常、嫌悪の一側面の帰結である――イデオロギーの純度との関わりから生じたものだ。だが悲しいことに、現代の魔女狩りはすべてが比喩的なものばかりではない。

インドやパプアニューギニア、アマゾン、サハラ以南のアフリカの諸地域では、魔女と疑われる人々の起訴、拷問、処刑が今なお行われている。タンザニアだけでも一九六〇年から二〇〇〇年にかけて、推定四万もの人々が魔女の疑いをかけられて殺された。イギリスでは二〇一〇年にクリスティ・バムという十五歳の少年が、姉とそのボーイフレンドから悪魔祓いと称する拷問を受けて殺害されている。遠い昔、魔女騒動の際にはびこったのと同じ感情が、現代を舞台に暴れ回っている。その背景には、魔女は他人に触れるどころか見ただけで害を与えられるという共感呪術の思想と、罪深い方法で敵対者に災いをもたらす偶像崇拝者への嫌悪がある。とりわけ痛ましいのは、世界の多くの地域で告発されるのは少年少女であり、ときには幼い子であることだ。

恐怖に満ちた時代、魔女騒動——そして、騒動を支えた抑えきれない恐怖——は最悪のかたちで結実することになった。それは、現代の世界をどう変えるのだろうか。もしかすると、その時代に生じた力を心にとめることで、現代の同じ力を緩和できるかもしれない。今も昔も、他人を（比喩的な意味でも文字どおりの意味でも）魔女と非難する人は、邪悪な人間とはかぎらない。彼らは恐れており、迷信にがんじがらめになっていて、恐怖をなくすためならなんだってするとの思いに至ってしまっている。私たちは、感情をめぐる過去の教訓を理解しなければならない。不安のあまり子どもを含む他人に牙をむくような人をどうすれば啓発できるか考えなければならない。ヨーロッパの魔女騒動は、私たちが心に刻むべき教訓を教えてくれる。それを記憶し、研究することで、今起きている比喩的な、さらには現実の魔女狩りについて、多くのことを学べるだろう。

第7章 甘い自由への欲望

サミュエル・アダムスはその日、暴動のような会合をなんとか抑えようとしていた。十二月の寒い日のことだったが、マサチューセッツ、ボストンのオールド・サウス集会所には熱気が充満していた。アダムスには、みなの不満が理解できた。彼自身も独立派の指導者として、嗜好品《しこうひん》に課される税には当初から反対の立場をとっていたからだ。しかし、イギリス議会はどうやら欲望の対象に重税を課すことは正当と考えているようだった。アメリカに住む多くの人々もアダムスに賛同していたが、彼らの反対はなかなか実を結ばなかった。何より腹立たしかったのは、この件について自分たちにまったく発言権がないことだった。

自分の好きな商品に法外な税を支払うことは誰だって避けたい。しかし、植民地時代のアメリカ人がイギリス本国から課せられた税に激怒した理由を知るためには、彼らが正義をどう考えていたかについて少しばかり知らなければならない。アメリカの建国者たちは啓蒙思想の影響を色濃く受けており、とくに十七世紀の哲学者トマス・ホッブズとジョン・ロックが提唱した自然権という概念に引かれていた。その原理は単純明快だ——自然権とは誰もが生まれながらに持つ権利である。神から授かるものでもなければ、王から与えられるものでもない。ロックは自然権を三つの「不可分の」権利と考えた——生命・自由・財産、つまり人間が生きていくうえで欠かせない所有権である。[1]実際、ロックの思想はアメリカの建国に多大な影響を与え、独立宣言の最初にも登場している（ただし「財産」のかわりに「幸福」という語が使われてはいるが）。

ボストンを含むアメリカ各地の指導者はみな教養深い人々だった。彼らはデイヴィッド・ヒュームらの思想を学んでおり、「あなた方は正義を無用の長物とすることでその本質を完全に破壊し、正義が人類に責務を負わせるのを妨げている」との主張に感化されていた。[2]また、ロックの著作も読んでいたため、自分たちの自然権がイギリス政府から侵害されていることを知っていた。ここに教養ある人々がいて、不道徳な抑圧が続く状況に彼らの心は燃え上がっていた。

しかし、彼らがついに我慢できなくなったのは、一七七三年に制定された茶法《ちゃほう》がきっかけだった。この法律の目的は、茶の輸入に新たな取り決めを定めて巧妙に税金を課し、かつその輸入をイギリスの一組織に独占させることだ——組織とは、イギリス東インド会社である。イギリス政府は、当時深刻な経営難にあった東インド会社の抱える余分な茶葉を処分しようとしていた［東インド会社は事実上の国営企業］。闇市場から密輸される茶葉を締め出すことで、余剰在庫を売却し、潤沢な利益を得ようという算段だった。問題は、茶を購入する人々がイギリス政府にさらなる税金を支払わなければならないことだ。アメリカ植民地の住民たちは、本国議会での代表権がないまま新たに課税されるのはあまりにも不当だと考えた。そこで、この税金に異を唱え、イギリスがますます自然権を侵害していることに怒りを表明しようとしたのである。

茶法が成立すると、ほとんどの植民地はイギリス東インド会社が輸入する茶を拒む姿勢をとった。

なかには、輸入を受け入れた役人を辞職させたところもある。だが、ボストンの住民たちはかなり厳しい状況に置かれていた。総督であるトマス・ハッチンソンが、自分の息子たちが茶の取引に関わっていたことから、不買運動への参加を断固拒否したのだ。ダートマス号という船がボストン港に到着すると、ボストン議会では船をイギリスへ送り返す決議が採択された。しかし、ハッチンソンは決議を無視した。二十日間持ちこたえれば、議会の承認がなくとも合法的に積み荷を降ろせることを知っていたのである。その後、さらに二隻の茶を積んだ船がボストン港に入った。

ボストンの住民は憤慨した。アダムスは、こうした経緯からオールド・サウス集会所での会合を呼びかけたのだった。呼びかけは聞き入れられた――それも、予想以上に。集会所には、ボストンの植民地に住む一万六千人のうち半数もの人々が詰めかけたという記録もある。[3]

その後起きたことについては、さまざまな意見がある。偶然そうなったという人もいれば、アダムスが見事な計略を立てたのだという人もいる。アダムスの意図はどうあれ、彼が「この会合はアメリカを救うためにもはや何もできない」と発言したとき、参加者の大半は帰っていった。彼らは激昂していた。諸説あるが、一説ではそのうち三十人から百三十人が、帰宅したあと先住民族のカニエンケハカ人(別名モホーク人)の扮装をして港へ向かったという。そして船に乗り込むと、三百四十二箱の茶葉を海中に捨てはじめた。数時間のうちに、大量の嗜好品と時間とお金が海のもくずと消えた。

しかし、イギリス側としても入植者たちにみすみす金の流れを断たせるわけにはいかなかった。国王ジョージ三世とイギリス政府は事件の報復措置として、のちに「耐え難き諸法」と呼ばれることなる一連の法律を可決する。彼らはマサチューセッツの自治権を剝奪し、市民が欲していたイギリス議会での代表権をますます遠ざけた。また、破棄された茶の代金の弁済を盾にボストン港を閉鎖した。さらに、裁判での告発費用を一般市民にはとても支払えないような金額に引き上げた。これにより、マサチューセッツでは犯罪の種類を問わず王室の役人を裁判にかけるのが難しくなった。加えて、イギリス兵に対し、総督が適切と判断した建物ならたとえ民家でも居住してよいとの許可を与えた（しかし、実際にそのようなことが起きたとは考えにくい）。植民地の人々は、これらの法律は自分たちの自然権への許しがたい侵害であり、イギリス側による直接的な抑圧行為だととらえた。アメリカの独立戦争はもはや待ったなしの状況だった。

たかだかお茶のためにずいぶんとおおげさなと思われるかもしれない。だが、重要なのは茶ではなく、税金とそれが象徴するものであった。この事件はまさに、むき出しの怒りのパワーを示す恰好の例だ。人々の怒りを引き起こすもの――ここでは、嗜好品に課された税――を軽んじてはならない。嗜好品への欲望がもたらす力については、前の章でも述べたとおりだ。オスマン帝国がシルクロードをふさいだせいで、ヨーロッパは東洋への別のルートを探さなければならなくなった。人がよりよいものを求める欲望がなければ、ボストン茶会事件の舞台となった大陸がいつ発見されたかはわからない。とはいえ、ここでは抑圧された人々の怒りという、重要ではあるが明白なものではなく、嗜好品への欲望がもたらした幅広い影響を見ていきたい。そうした欲望はきわめて強く、高額な税を課されたことから宗主国への反乱を引き起こし、結果として新しい国家の誕生、民主政治、ロックミュージック、深皿焼きのピザ、月面着陸、ハリウッド映画、その他諸々へつながった。

コンスタンティノープルがオスマン帝国に滅ぼされたことで、新たな交易路の探求につながったことはすでに述べたとおりだ。オスマン側の関税はもはや問題ではなく、新世界で発見されたお宝や、ポルトガルとオランダの東インド会社が利用した東洋へのルートは、かつてないほどの嗜好品の流入をもたらした。貿易が活性化して解き放たれた物欲は歴史を大きく動かし、近代西洋世界への道を開くこととなる。

鋭い味覚を身につける

物質的なものへの強い欲望、すなわち「強欲《グリード》」は当然のことながら、オスマン帝国がコンスタンティノープルに侵攻するずっと前から存在していた。十字軍に参加したキリスト教徒もアレクサンドロス大王もアショーカも、多かれ少なかれ、権力や名声、富への欲望から行動を起こしたといえる。世界を征服しようというとき、富と力を切り離すことは難しい。しかし、十字軍の時代であれアレクサンドロスの時代であれアショーカの時代であれ、人はたえず〝一次的な欲望〟に溺れないよう戒められていた。以前の章で欲望について考察したのを覚えているだろうか。一次的な欲望とは富や財産、個人的な豊かさを求める利己的な欲望であり、まさに「強欲」と呼べるものである。[4]私たちが取り入れるべきは二次的な欲望である〝欲したいという願い〟だが、仏教の教えにしたがえば〝欲したくない願い〟となる。二次的な欲望は自分の気持ちを制御するのに役立つ。また、物質的な利益より優れたもの、たとえば高潔な人生、善き精神《エウダイモニア》、涅槃《ニルヴァーナ》、天の褒美を得る助けにもなる。

だが、十八世紀の裕福なヨーロッパ人は、光り輝く上質な品も欲しいが、同時に天国にも行きたいと考えていた。哲学者たちはこうした無理難題を解決する方法をすぐに見つけ出した。「情操《センティメント》」、とりわけ「味の情操」という新たな種類の気持ちを利用したのだ。味覚《テイスト》は当時、気持ちの一種と見なされていた。くわしく理解するには味覚と情操の長い歴史をひもとく必要がある。

ヨーロッパで味覚にまつわる言葉が頻繁に使われ出したのは十六世紀初め、大陸に持ち込まれる嗜好品の数が増えはじめたころのことだ。人々は当然ながら、味覚がどんなものかを知っていた——それも、だいぶ前から。おなじみのアリストテレスの時代にさかのぼれば、味覚は低次の感覚のひとつと考えられていた。触覚や嗅覚と同じく、自然界のものに身体の一部で触れることを意味していたからだ。視覚と聴覚はそれよりも優れた高次の感覚である。アリストテレスは非常に聡明な人物だが、電磁放射線や音波についてはさすがにまだ理解していなかった。知ってのとおり、私たちが色を認識するのは、物体に反射した光が目に入り、それを脳が解読するからだ。だがアリストテレスは、色は物体の一部で、物体の表面にあるものと見なしていた。他方、音や映像はほかの物体に触れることなく、まっすぐ魂に届くと考えた。現に、人は目や耳で物体に触れなくても、見たり聞いたりすることができる。[5] 一方の味覚は口という穴で物に触れることを意味しており、私たち人間は身体の穴のことになると少しばかり潔癖になりがちである。[6]

味覚にはほかの感覚にできないことがひとつある。真実を伝えてくれるのだ——少なくとも、ある程度は。まずい味のするものはまずい。以上、おしまい。だが十世紀になっても、味覚はほかの感覚より低劣なものと決めつけられていた。このころカンタベリー大司教を務めたベネディクト会

ハンス・ホルバイン（子）『死と金持ち』、『王妃』（1523年～38年ごろ）木版画集『死の舞踏』所収

の聖アンセルムスは、「好奇心二十八の大罪」に味を楽しむことを含めている。さらに、味覚は大食や姦淫など、より非難を浴びやすい罪においても一定の役割を担っていた。どちらも、決まって口を使うからだ。[7] やがて、味覚の美徳と悪徳をめぐる議論が始まった。そこに登場したのが、人文主義者《ヒューマニスト》と呼ばれる思想家たちだった。

ここでいうヒューマニズム（ルネサンス・ヒューマニズム）は、世俗的ヒューマニズムとは別物なので注意してほしい。ルネサンスのヒューマニストは世俗的ヒューマニストとは異なり、神や教会を強く信奉していた。十四世紀にイタリアで始まった彼らの運動は、その名の元となったルネサンスの時代を活気づけるのに一役買っている。彼らを一集団として定義するのは難しいが、ばらばらな個性を持った人々を結びつけたものがあるとすれば、それは失われた知識を追い求め、古きよき時代に立ち返りたいという願望である。彼らは過去に戻りたかった。十二世紀東洋からヨーロッパへ渡ってきた、古代の哲学書に記されていたような過去に。そのため、彼らは人類が天地創造に近く、罪によって堕落していなかった黄金時代に書かれたと思われる書物を読み、それを翻訳した。

ヒューマニストたちは各種の原典を通じて、ローマ人が天国ではなく現世に重きを置いていたことを知った。彼らの文化運動は芸術にも影響を与え、「メメント・モリ」（ラテン語で「死を想え」）と呼ばれるモチーフを生み出した。それは、骸骨や死神など死を想起させるものだった。どれほど富や権力を築いても、死は必ず訪れると鑑賞者に思い出させる狙いがあった。

完璧に近く堕落からは遠い過去を再発見し、現代にそれを取り入れようとするヒューマニストの試みには、もうひとつ別の側面があった。道徳や食べ物、味覚に関する古代の信念を追究したのである。[8] 古代ローマでは、食べ物の生産に関わる活動――農耕や販売、塩漬け、乾燥、その他さまざまな加工処理（たとえば、ソーセージは古代ローマ人による発明）――は、肉や土に近い不名誉なものと考えられていた。洗練されたローマ市民が従事すべきこととは見なされなかった。現に、ヒューマニストたちが読んだ古代ローマの作品の多くには、魚売りや肉屋といった食品生産者の話とともに、劣情や情欲に満ちた不道徳な行為が記されている。[9] ヒューマニストはこうした見方を理解はしたが、ローマ人のように一度料理されたものや料理した人間を軽んじたりはしなかった。とくに、それが美味しい料理ならなんの問題もない。実際、ヒューマニストのなかにはプラティナの筆名で知られるバルトロメオ・サッキのように、美味しく調理された食べ物を健全な道徳生活と結びつける者もいた。

一四六五年ごろ、プラティナは現代の有名テレビシェフの先駆けといえるマエストロ・マルティーノが著した『料理の技法』（*Libro de arte coquinaria*）という本を購入した。[10]これは世界最古の料理本では決してないが、大勢の料理人が参考にした最初の料理本だ。お金に余裕のある主婦たちもこぞって買い求めたといわれる。およそ五年後、プラティナはみずからの本『正しい歓《よろこ》びと健康について』（*De honesta voluptate et valetudine*）のなかでマルティーノのレシピを利用している。彼はヒューマニストが味覚（というより、美味しさ）を健康や美徳と結びつけていたことを教えてくれる。

それから数年足らずで、味覚は神に近づくための暗喩《メタファー》として用いられるようになった。イギリスで一四八九年ごろに翻訳・出版されたギー・ド・ロワの著書『知恵の教訓』（*Le doctrinal de sapience*）には次のような警句がある。

キリスト教徒のなかには、聖職者であれ平信徒であれ、信仰や聖典でないものを通じて神を知る者がいる。彼らは罪によって味覚が麻痺している。それゆえ、神の味を享受することはかなわない。[11]

あなたが罪人なら、神はひどい味がするらしい。残念ながら、悪人にとって食べ物がどんな味だったのかを示す記録はない。しかし、プラティナの著作から、不誠実な人間の食べるものが本人の健康を害しただろうことは推察できる。

ヒューマニストにとって味覚は物事を知るための手段だったが、それは口のなかに入れるものにかぎらなかった。〝味《テイスト》〟は美術や詩、散文、言動におけるよし悪しを評価するのにも使われた。美しいものを味わう感覚を養うことは、よい人生を送るのに不可欠だった。趣味は、それまでにない正しい種類の欲望の象徴となった。選びぬかれた奢侈《しゃし》品と本当の美しさを認める眼力が、にわかに善の力と見なされはじめた。ヒューマニストは特定の奢侈品を所有・鑑賞することがまぎれもない道徳的善とまでは言わなかったが、そうした考えの礎を築いたことはたしかだ。こうした意識の変化がどのようにして起きたのかを理解するには、数世紀あとの啓蒙時代に目を向ける必要がある。

好《テイスト》みに説明はつけられるか？

ルネサンス期のヒューマニストたちが趣味のよさとはどんなものかと考えていた時代、奢侈品は概して高価で希少なものだった。胡椒や絹、陶磁器のお皿を所有できるのは一部の上流層にかぎられていた。だが十七世紀初頭になると、物価は下がり、人々の賃金も上昇した。さらに、教育の質も全般的に向上した。識字率も上がり、本も多くの人の手に届く価格になった。[12] だが、貴族たちは自分たちの所有する品が高価で希少だからこそ悦に入ることができたため、面白くなかった。下等と思われる連中に買えるほどヨーロッパ製の模造品の価格が下がったのには我慢ならなかった。

当時も現在と同じように、上流階級は貧しい人々と自分たちを区別したがった。だが、十七世紀初頭の哲学者バーナード・マンデヴィルは、そうした傾向は商業や技術革新においてむしろ望ましいと考えた。

その論拠はこうだ。ある金持ちの女性が最新流行の美しいドレスを買ったとする。おそらく、中国から輸入した絹やアフリカから輸入した金のモールを使用したものだ。そのドレスを見たさほど裕福でない女性が憧れをいだいて、ヨーロッパの仕立て屋からサテン地に黄色のモールをあしらった模造品を購入する。そうしたデザインはたちまち人気を博し、さらに安価なバージョンが作られ、最終的には最貧困層をのぞく女性たちが実物とてもよく似たドレスを着て街を歩きはじめる。さて、貧しい女性が自分の高価なドレスと同じ服を着ているのを見た女性はあるものに悩まされる――マンデヴィルがいうところの〝悪しき虚栄心〟だ。だが、それは全体的に見ればよいことである。金持ちの女性は新しい服を買い求め、デザイナーは新たなスタイルを打ち出すようになるからだ。このサイクルはたえずくり返され、[13] 現代に至るまで続いている。有名人が何千ドルもする高価な服を着ると、数週間後にはチェーン店に模造品が並んでいることもめずらしくない。近年では、こうしたサイクルは流行《ファッション》と呼ばれている。

当然ながら、教会はこれを快く思わなかった。ほとんどの聖職者はヒューマニストではなかったため、〝趣味〟がよいものという発想には至らなかったのだ。きれいなドレスや光り輝く装飾品、豪華な食器を欲しがる風潮は、もっとも大切な神への道から人々を遠ざけているように見えた。聖職者にとって悩ましいことに、現世の物への欲求は死後の世界への欲求を上回っているようだった。だが、人々は神や来世のことを忘れてしまったわけではなかった。彼らは、アメリカの巨大教会《メガチャーチ》によくいるフェラーリを乗りまわす牧師さながらに、信仰心と所有欲を両立させる方法を模索していた。そして、幸いなことに、当時はマンデヴィルのような哲学者がたくさんいた。彼らは信心深さという四角い栓を虚栄心という丸い穴にはめ込む方法を見つけ出してくれた。

十八世紀初頭、イギリスの哲学者たちは〝洗練された趣味〟という考え方を打ち出した。彼らは、ルネサンス期のヒューマニストを始めとする歴史上の誰よりも、趣味という概念を発展させていった。その先駆者のひとりが、第三代シャフツベリー伯、アントニー・アシュリー＝クーパーである。彼の趣味に関する見解は、その後百年にわたって趣味や美学について執筆する人々の主要な論点となった。シャフツベリー伯（大半の歴史家はこう呼ぶ）は一七一一年の著書『人間、作法、意見、時代の諸特徴』（*Characteristicks of Men, Manners, Opinions, Times*）のなかで、美は一定の質――つまり、調和、秩序、対称性、均整、意匠、数（けばけばしく見せないように、あまり多くを持ってはならない）を備えたものから生まれると語っている。[14]

一七二九年から一七四六年に亡くなるまでのあいだ、グラスゴー大学で道徳哲学の教授を務めたフランシス・ハチスンは、シャフツベリーから多大な知的影響を受けていた。ふたりは同時代人でありながら一面識もなかったが、思想に関しては切っても切れない関係にあった。ハチスンの研究はシャフツベリーとほぼ同じで、道徳と趣味の観念を組み合わせたものだ。その手法があまりに似通っていたため、共同研究でないにもかかわらず、初期の作品のいくつかにシャフツベリーの名を共同執筆者として記載したほどである。ハチスンにとって趣味のよさとは、それを構成する要素がちょうどいいバランスで成り立っていることだった。問題は、ある人にとっての〝ちょうどいい〟がほかの人とは異なることである。世のなかにはまったく洗練されていない人たちがいるのだ。彼はこうつづる。

悪い音楽は、それ以上のものを聴いたことのない粗野な人間を喜ばせる……乱雑に積み重なった石の山は、美を期待される建築において異彩を嫌う者になんら不快感を与えない。[15]

ハチスンいわく、貧しく教養のない人々は騒々しい民謡や野暮ったい住居を好むという。なぜなら、それ以上のものを知らないからだ。では、趣味のよさを身につけるにはどうすればよいか。彼は、教養を高めることでみずからの趣味に磨きをかけ、本当に美しいものに適切な反応を示せるようになると考えた。何より大事なのは、目の前の芸術品にいだく感覚を養うことである。

余談だが、〝嫌悪《ディスガスト》〟という単語を使いはじめたのもこうした思想家集団だ。彼らにとって嫌悪とは趣味のよさに反するもの――醜いものや不快なもの、審美的におかしなものに対する反応だった。だが、ここでは趣味に話を戻し、それが情操《センティメント》という概念とどう結びつくのかを考えてみたい。

情操を身につける

啓蒙時代は理性の時代、すなわち気持ちよりも思考がはるかに重要な時代として描かれることが多い。啓蒙思想家は、気持ちは客観的な真実の追求を妨げるという考えに魅了されていた。なかには、神の存在や法律、政治、倫理といった多様なテーマを説明すべく、数式を考案する者もいた。[16]しかし、それは全体の一部にすぎない。啓蒙時代について理解を深めるにあたっては、それが世俗化の時代であったと考えるのが適している。[17]当時、宗教にすべての答えがあるわけではないとの認識が、そんなことを口にする勇気がなかった人々にも広まりつつあった。こうした変化をきっかけに、道徳に関する新しい考え方が生まれた。そのひとつに、啓蒙思想家が情操《センティメント》と呼んだ気持ちがある。

シャフツベリー伯は情操を「道義心《モラル・センス》」と表現した。たとえば、二〇二一年一月六日に起きた暴徒たちによる米連邦議事堂襲撃事件で、それを見た多くの人がいだいた怒りや嫌悪、憤りを想像してほしい。また、誰かが道を渡るおばあさんに手を貸しているのを見たときの清々しい気持ちを思い描いてほしい。今日、私たちは現代科学にもとづいて、これらの気持ちを「感情《エモーション》」と呼んでいる。だが、啓蒙思想家たちはそれを情操と表現した。自分が善または悪と見なす行為を、誰かが行ったときにいだく気持ちである。

情操がどう生じるかについては意見が分かれていた。啓蒙時代より前の哲学者は、情操を〝神〟という切り口でとらえていたと思われる。本書で取り上げた感情の理解は、私たちの気持ちを罪の概念に結びつけたものが多い。しかし、啓蒙時代にはそうした説明はなされなかった。シャフツベリー伯は、情操は趣味と同じように人間の基本的性質の一部だと考えていた。一方のハチスンにとって、情操とは均衡と不均衡という性質への反応だった。たとえば、若い人が道を渡るおばあさんを助ける行為は一種の均衡を表している――若さと老い、頑強と脆弱だ。同様に、米連邦議事堂を襲撃する人々は、アメリカ民主主義の繊細な調和を乱していると見なされる。デイヴィッド・ヒュームは、それを有益さという観点から説明した。もし私が道を渡るおばあさんを助けたら、その人は目的地に安全にたどり着くことができる。おばあさんを助けることは有益であり、私も助けてよかったと思えるだろう。だが、もし私がおばあさんを無視してその人が道を渡る途中で怪我をしたら、それは有益なことではない。私もつらい気分を味わうだろう。別の有名な情操主義者《センティメンタリスト》であるアダム・スミスは、情操を共感《シンパシー》という言葉で表した。彼によると、私たち人間のなかには「公平な観察者」がいて、ほかの人がいやな気分になれば自分もいやな気分になり、逆にほかの人がいい気分になれば自分もいい気分になる。[18] 現代では、「感情移入《エンパシー》」の感覚に近いかもしれない。

情操にはふたつの種類がある――と、私を含めた現代の歴史学者の多くが認識している。ひとつは、先に述べた道徳的情操。もうひとつは、趣味と結びついた美的情操だ。これらは私たちに美しくて趣味のよいもの、または不快で悪趣味なものを教えてくれる。二種類の情操は、一見するとお互いに関係がないように思える。ＢＭＷがいいデザインの車だと知っていることが、立派な人間の条件ではない。少なくとも、現代では。しかし、十八世紀の人々はこうした二項対立の分け方はしなかった。彼らが知っているのは〝情操〟だけだった。たとえば、アダム・スミスは「あらゆる種類の美しさ」についてつづっているが、そこには外見的な美しさだけでなく「行動の美しさ」も含まれていた。[19] 啓蒙思想家にとって、道徳的に間違ったものと見た目が不快なものへの情操は同じであり、それらは同じ気持ちを生み出していた。趣味のよさは、あなたが道徳的で健全な人間であることを表す。趣味の悪さはその反対だ。美しさは善で、悪は醜い。こうして四角い栓が丸くなり、物欲が美徳になっていった。正しい情操を持つかぎり、いくら物を欲しがってもかまわない。物質的な欲望は、趣味がよければ許されるのである。

趣味という情操を通じ欲望を道徳的な善と見なせるようになったことで、歴史に多大な変化がもたらされた。第一に、近代国家なるものの形成がうながされた。第二に、近代資本主義の発展にきわめて重要な影響が及んだ。まずは前者について理解するため、オランダに足を運んでみよう。

現金《キャッシュ》と大砲《キャノン》

いつか機会に恵まれたら、アムステルダムの町をぶらりと散歩してみてほしい。「皇帝の運河《カイゼルス・グラハト》」に沿った道を進めば、「頭像のある家《ハイス・メット・デ・ホーフテン》」という建物が見えるだろう。この美しい建物には、博物館が設置されている。名前の由来は外観を飾る神々（アポロ、ケレス、メルクリウス、ミネルヴァ、バッカス、ディアナ）の頭像で、もともとは一六三四年に武器商人のルイ・ド・イエールが購入した邸宅だ。また、市内にある別の運河クローフェニールス・ブルグワルのほとりにも、「トリップ邸《トリッペンハイス》」と呼ばれる美しい邸宅がそびえる。一六六〇年に建てられたこの家には、オーナーの典雅な趣味が反映されている。建物には兵器の装飾が施され、石造りのファサードには大砲や砲弾と並んで平和の象徴であるオリーブの枝が彫られている。ふたつの雄壮な邸宅は、企業家だった所有者たちの富を象徴する屋敷だ。どちらも、オランダ政府や東インド会社のために武器を製造・供給する武器商人の館だった。彼らの事業は世のなかに欠かせないものと考えられていた。武器なくして平和はありえない。戦時となれば、嗜好品の流通どころではなかったかもしれないが、それほど大きな賞品がかかっていては戦争が起こるのも必然だった。アメリカ大陸や香料諸島の富をめぐる各国の争いは熾烈を極めた。イギリスとオランダ共和国は、植民地の嗜好品が生み出す富をめぐって四回にわたり干戈《かんか》を交えた。まずは一六五二年から一六五四年、ついで一六六五年から一六六七年、さらに一六七二年から一六七四年、そして一世紀後の一七八〇年から一七八四年。オランダは初めの三回は勝利したが、最後の戦いではイギリスの強力な海軍に敗北を喫した。

商取引を守ることと、何よりそこから得られる税金を守ることは、戦争の理由として十分だった。だが問題は、当時ほとんどの国が陸と海の常備軍を持っていなかったことだ。どの国も必要に応じ貴族を介して徴兵するやり方に頼っていた。もっと組織的なものが必要だった——給料をもらって訓練し、いつでも陸と海で戦えるように準備を整えている軍隊が。財源は各国の税金であり、そこには一種のフィードバック・ループが生じていた。陸海軍は、自分たちの資金源（それだけではないが）となる税金を払ってくれる商人を守るためにあった。こうした租税と戦争がつながりを持つ国家は、のちに財政軍事国家と呼ばれる。私たちの多くは現在そのような国家に住んでいるが、それは本来、私たちが道徳的・哲学的な考え方を、欲望のあさましいかたちである〝強欲〟に調整したおかげである。

ふたつ目の近代資本主義の発展については、欲望と趣味が流行《ファッション》の誕生に果たした役割という観点からすでに説明したとおりだ。状況は今もそう変わらない。欲望と趣味は、そのときどきの消費者文化を現代まで変わらず支えつづけてきた。欲望が競争を駆り立てたことで、ヨーロッパに模造品店が建ちならび、社会の流動性が促進されたのだ。資本主義の歴史は長くとても複雑なので、ここでくわしく言及するつもりはない。だが少なくとも言えるのは、人々が隣人の持ち物を欲しがったり、装飾品を求めたり、そうすることでいい気分を味わう方法を思いついたりしなければ、こうした状況にはならなかったということだ。一次的な欲望と趣味の情操が商業主義を解き放ち、自由市場資本主義を幸福と結びつく道徳的な善に変えた。アメリカの論客で作家のマット・ディラハンティの言葉をもじって言うなら、アメリカは国民一人ひとりが「隣人の財産を欲してはならない」という神の戒めを破ってできた国である。

しかし、いつでもそうというわけではなかった。少なくとも、そんな単純な言葉で言い表せるものではない。ボストンで茶箱が海に捨てられたとき、人々の自由と自治への欲求は嗜好品への欲求を上回っていた。同様の動きは、北米のほかの植民地にも波及していく。イギリス政府は思いちがいをしていた。アメリカ人は紅茶であれなんであれ、自分たちが発言権を持たないものに税金を払うつもりはなかったのだ。ボストン茶会事件で明らかになったように、彼らは嗜好品なしで暮らすこともいとわなかった。彼らにとっては、自由こそが最上の贅沢だった。美であり、真理であり、道徳的な善を表すものだったのだ。

すでに述べたように、アメリカは独立宣言で三つの不可侵の権利をうたっている。ロックと同じように、すべての人に生命と自由の権利を保障するものだ。しかし、建国の父たちは、ロックの財産権を幸福という情念の追求に置きかえた。彼らからすれば、幸福と財産には多くの共通点がある。幸福の追求は、プラトンやアクィナスらが提唱した気持ちの体系を支えるものだった。そのため、幸福を追求する権利が新しい国家の礎となる文書に記されたのである。だが、幸福が欲望と密接に結びついたのはこのときが初めてだった。アメリカ合衆国を誕生させるきっかけとなったのは、趣味という情操と、自由、富、贅沢を求める気持ちだった。アメリカは幸福の追求を中心とした国家になろうとしていた。それは、豊かさへの欲望を燃料とする幸福だった。

第8章 人が感情をいだくとき

本書ではこれまで、私たち現代人の認識とは異なる種類の気持ちについて考察してきた。「パトス」は五感が喜びや苦しみを引き起こすものを感知して起こる魂の動揺だ。「情念《パッション》」はパトスによく似ているが、魂の敏感な部分が感じる気持ちであり、放っておくと理性的な魂に影響を及ぼす。「情操《センティメント》」は道徳的行為や美的判断を助けてくれる気持ちだ。いずれも現代的な「感情《エモーション》」の概念とは一致しない。これまでの章では、〝気持ち《フィーリング》〟という広い枠組みで特定の感情を論じてきたが、本章ではより大きな視点からとらえたい。現代の心理学では当たり前のように扱われている〝感情〟という気持ちがどうやって生まれたのかを見ていこうと思う。現代の感情が生まれた背景には、哲学と科学が少しばかり関係している。実際、気持ちという旧来の考え方が感情という現代的な考え方に変化したのは、ある著名な哲学者の研究がきっかけだった。

私は感じる、ゆえに私はある

一六五〇年、感情という概念が現代心理学における意味と同じ意味を持ちはじめる一世紀と少し前。スウェーデンはストックホルムの目抜き通り、ヴェステルロングガータン沿いにある寒くじめじめとした家で、五十三歳のフランス人が肺炎で死にかけていた。黒い巻き毛のかつらは外していたので、薄くなった白髪はむき出しだったが、この先何世紀にもわたっておなじみとなる鋭い口ひげと尖ったやぎひげは本来の黒さを保っていた。彼、ルネ・デカルトはほんの数カ月前、スウェーデン女王クリスティーナの家庭教師を引き受けるべく、それまで暮らしていたオランダからスウェーデンに移住してきたばかりだった。

　デカルトは当時ボヘミアの聡明な王女エリザベートとの往復書簡を出版しており、クリスティーナ女王はそれをとても気に入っていた。あまりに気に入ったので、デカルトを説得して『情念論』という本にまとめさせたほどだ（こちらについてはのちほどくわしく説明する）。クリスティーナがとくに興味を引かれたのは、デカルトが本人の言葉によれば「弁論家や道徳哲学者としてではなく、医者として」[1]気持ちの問題に取り組んでいたからだ。十七世紀の情念に関する本は、ガレノスによる感情や体液の思想をふまえつつも、アリストテレスの『弁論術』にもとづく傾向があった。弁論を主題とする本のように、気持ちを使って相手の心を変えさせる方法について論じていたのだ。『弁論術』の最新版のような内容でなければ、礼儀作法について書いた本が多かった。十六世紀後半から十七世紀初頭にかけて、道徳哲学者の多くはよきふるまいの指針として情念の制御を挙げていた。礼儀作法はおもに商談や外交の場でヨーロッパ社会を支配する感情体制の中心的な要素となった。儀礼が剣術に取ってかわった。そんななか、感情を多少なりとも科学的に解明しようとするデカルトの取り組みは非常に斬新といえるものだった。

　クリスティーナからはおおいに気に入られていたものの、女王の家庭教師を引き受けたことはデカルトにとってあまりいいめぐり合わせとは言えなかった。だが、当初はすばらしい仕事をまかされたように思えたはずだ。ヨーロッパは八十年にわたる戦乱からようやく抜け出し、移動もはるかに安全で容易に行えるようになっていた。仕事は高給だし、自分を敵視する者からも比較的安全でいられる。さらに、王室から意見を求められることさえあった。しかし、デカルトはクリスティーナに教えるのが人の気持ちについてではなく、無味乾燥な古典ギリシア語になるとは思いもしなかった。また、彼女と折り合いが悪くなることも想定外だった。ましてや、凍てつくような寒さの古城で講義をしたせいで、みずからが命を落とすことになるとは想像もしていなかった。

デカルトは死の床に横たわりながらも、みずからの人生を誇りとともにふり返ったことだろう。彼は若いころ、軍の技術者として勲章を授かったことがあった。また、座標と方程式を使って線分の長さを測る方法を編み出し、幾何学の分野を一変させた。さらに、虹ができるときの正確な図を作成したことも、アイザック・ニュートンに先んじてそれなりに正確な〝運動の法則〟を発見したこともある。こうした偉大な功績を残したあと、彼は基礎づけ主義と呼ばれるまったく新しい知的探求法を考案し、二千年近く続いた学問的思考を大きく揺るがした。彼は哲学と科学に革新をもたらした。ある種の超人といって過言ではなかった。

これまで膨大な量の紙幅が、デカルトの功績と彼に心酔する思想家への影響を記すことに割かれてきた。彼の業績をまとめようとすれば、本書の残りページが簡単に埋まってしまうだろう。幸いにして、私たちはデカルトの著作すべてに目を通す必要はない。だが、彼の感情の見方を理解するには、もっとも重要なふたつの考え方について考察しておかなければならない。

ひとつ目は、物質世界の性質への見方についてである。一六一八年、オランダ陸軍に所属していたデカルトは、イサック・ベークマンという男と知り合いになった。自然学者だったベークマンは「宇宙とそこに存在するものは、すべて時計じかけの機械のように動いている」というそのころ普及しつつあった説を支持していた。彼は、地球は宇宙の中心ではなく太陽を中心とした機械的な宇宙の一部であり、すべての物質は原子というごく小さな粒子によってできていると考えた。機械の宇宙が動くのは、原子がお互いにぶつかり合っているからである。だが、それは今日私たちが認識するような原子とはまったく異なっていた。ベークマンは電子《エレクトロン》や陽子《プロトン》を知らなかった。核力や電磁気についての知識もなかった。彼にとって原子とは、より大きな物体を構成するための、さまざまな形をした微小な物質にすぎなかった。デカルトはベークマンの思想を取り入れ、研究を推し進めた。それは後年、彼の研究の基盤となった。だが、私たちにとって重要なのはそこではない。肝心なのは、物理的な宇宙は本来機械的なものであり、宇宙は微小な粒子の運動によって動いているとの考えを彼が支持していたことである。

感情の起源に関するデカルトの信念のうちふたつ目は、もっとも有名な著書『省察』に描かれている。彼の思想は、非常によく知られた「私は考える、ゆえに私はある」という一節に集約される。デカルトがこのシンプルな言い回しを用いたのは、多くの哲学者の誤りを明らかにするためだった。その少し前、現在では懐疑派と呼ばれる人々が、あるものについてたしかな真理を知ることはできないと結論づけていた。人間の脳は神とはちがってかぎりがあるからだ。私たちは神の存在を始め、すべてのものをただそのまま受け入れるしかない。だが、デカルトは確実に知れることは本当にないのだろうかと考えた――基本的な信念や、ほかのすべてをその上に築けるような土台を知ろうとしたのだ。そしてたどり着いた答えが「私は考える、ゆえに私はある」だった。彼は「私は考える」と考えられる以上、どこかに「私は考える」という思考を持ったものが存在すると推測した。その〝考えるもの〟がガラス瓶のなかの脳であれ、夢を見ている生き物であれ、生身の人間であれ問題ではない。それは〝考えるもの〟すなわち〝私〟である。彼は、そうした基本的なことを知るために神を引き合いに出すことはないと結論づけた。

といっても、デカルトが無神論者だったわけではない。むしろ、その反対だ。彼は〝考えるもの〟の理論をもとに、神の存在を証明するべくいくつかの主張を打ち出している。デカルトは、神は宇宙を時計じかけで動くように作ったため、天地を創造したあとは干渉する必要がなくなったのだと信じていた。また、神を信じるには信仰だけではダメだとも考えていた。基礎づけ主義を利用すれば、みずからの存在証明から神の存在証明まで、いくつかの段階を経たあとたどり着ける。しかし、カトリック教会にとってそうした思想を持つ者は無神論者も同然だった。彼は教会の反発を恐れ、当時プロテスタントが優勢だったオランダに移り住んだ。

魂の情念

神の存在についてのデカルトの主張が正しいかどうかはさておき、彼はその主張の過程で私たちの感情のとらえ方についてきわめて重要なことを行っている。古代ギリシアの魂の三分説を排除したのである。彼は、人間は物質的な身体と非物質的な魂（精神）のふたつの部分からなると考えた。

前者はいずれ死にゆく機械的で生理的な部分、後者は〝考えるもの〟である。死後の世界を強く信じていたデカルトは、この理論をもとに、機械的な部分が死んだあとも〝考えるもの〟は残ると主張した。さらに——間違ってはいたが——ふたつの部分が相互作用する場所も指摘した。それは、松果腺という脳内にあるごく小さな器官で、脊髄の一番上、視床と呼ばれる部位のすぐそばに位置している。視床は現在、私たちの感覚を調整していることが明らかになっている。デカルトは、目、皮膚、鼻孔、内耳《ないじ》などの感覚器官に原子がぶつかることで体内の原子が動き出し、熱、空腹、のどの渇き、乾燥、湿り気といった概念を生んで松果腺を動かすと考えた。最終的に、魂または精神がその動きを触覚、視覚、嗅覚として解釈する。

ここで「ちょっと待った」という声が聞こえる。「さっき言っていた気持ちに関する本——『情念論』とかいうのはどうなったんだ？　くわしく説明するんじゃなかったのか？」と。ええと、そのとおり。だがその前に、デカルトがどのように考えていたのか知ることは、次の三つの理由で重要なのだ。第一に、デカルトはベークマンの編み出した機械論をもとに、気持ちとは機械的な身体の一部であると信じていた。第二に、デカルトが気持ちを理解する方法は、基礎づけ理論を通じて物事を知る方法と結びついていた。第三に、デカルトは気持ちに関する著書のなかで、比較的新しい「感情」という言葉を使って数多くの気持ちについて説明していた。

デカルトにとって、基礎的な情念（あらゆる情念の源となる情念）は「驚き」だった。お察しのとおり、デカルトの言う驚きとは、現代の私たちが認識するものとは異なっている。一六四九年のフランス語の「驚き《アドミラシオン》」は、あるものが存在することを認め、それについてどう感じるか判断することを意味していた。これは理にかなっている。何かを感じるには、それを感じる対象、つまり驚く対象が必要なのだから。私たちが判断を下す材料となる愛や憎しみ、欲望、喜び、悲しみといった気持ちは驚きのあとで生じる。デカルトがろうそくから落ちたろうのかたまりを手にとり、それについて考えるか〝驚く〟かしたとき（これは『省察』で彼が行ったことと関連している）、見た目が美しいので気に入るかもしれないし、やけどをして気を悪くするかもしれない。あるいは、自分の立派な口ひげとやぎひげを滑らかで尖った状態にしておくためにとっておこうと思うかもしれないし、自慢のひげをろうそく色にしたくないと捨ててしまうかもしれない。要するに、それは彼を喜ばせるか（美しい口ひげとやぎひげほど人を喜ばせるものはない）、悲しませることになる。

私たちにとって重要な点はここである。デカルトは、すべての情念は彼が感情と呼ぶものと結びついていると考えていた。十六世紀ごろから存在した「感情」という単語は、フランス語（エモシオン）でも英語（エモーション）でも身体の「動揺」や「混乱」を意味していた。しかし、デカルトはその意味をほんの少しだが大きく変えることになる。彼にとって、混乱は原子が感覚器官にぶつかることで生じるものだった。それが、体内の原子を心臓や血液、さまざまな体液へと移動させる。私たちの五感が何かに驚くと、心臓が「外に向かって動き出す」――「エ（外への）モーション（動き）」という字義どおりに。そして、心臓から原子が放出され、私たちの身体に特定の反応――赤面、笑い、震え――を生じさせ、何かを感じさせる。デカルトは「感情が収まるまで、（情念は）私たちの思考に存在しつづける」と語った。[2] このエモーションが松果腺にぶつかることで、私たちの魂は静かな池に小石が落ちるように動揺する。情念は魂（精神）で感じるように思えるが、実際には身体のなかのエモーションがもたらす動きにすぎない。こうした考えは、現代心理学による感情の定義とは明らかに異なってる。だが、これは感情と呼ばれるものへのひとつの見解である。デカルト流の感情観から、現代心理学で議論される感情へと至るには、彼と同時代のある人物に注目しなくてはならない。哲学者のトマス・ホッブズである。

リヴァイアサンを手なずける

一六五一年――デカルトの『情念論』が世のなかを騒がせた翌年――トマス・ホッブズは、『リヴァイアサン』という本を出版し、大きな話題を呼んだ。彼は著書のなかで、情念は原子が感覚器官にぶつかって体内に運動が引き起こされることで生じると主張した。たとえば、視覚を例にとってみよう。ある像《イメージ》が目に衝突すると、目は（デカルトが考えていたような）微粒子を脳に送り込み、脳は情報を処理するために動き出す。デカルト同様、ホッブズにとって大切なのは運動だった。すべては機械じかけの動きである。

ホッブズは、こうした運動は最初のうちは自分が経験していることに気づかないほど微細だと考えた――彼はそれを「始動」と呼び、ほかの動きによって引き起こされる緊張や強制を表す言葉としている。やがてあなたが認識するまで蓄積すると、ふたつの原始的な気持ちのうちどちらかが生み出される――「欲求」かその逆の「反感」だ。[3] いずれも本書で説明した気持ちと同じく、欲望的な情念というカテゴリーの中心に位置づけられることが多い。欲望的な情念には、欲望そのものや忌避、忌まわしさが含まれる。ホッブズはもちろんそのことを知っていた。おそらく、プラトンもアリストテレスもアクィナスも読んでいただろう。しかし、彼は欲求と反感を一次的な情念に分類することを選んだ。ホッブズは「快楽」と「苦痛」というふたつの欲望的情念が、アクィナスやアリストテレスにとってどれほど重要なものかを理解していた。だがこのあと見ていくように、彼はふたつの気持ちに別の役割を用意していた。

ホッブズの考えでは、欲求とは人間や動物をなんらかのものへ向かわせる力だ。反感はその逆である。どんな動物でも欲求と反感をいだきうるが、人間は洗練されればされるほど、教養や経験を積めば積むほど複雑な情念をいだくようになる。たとえば、あなたが「その対象のせいで害を被るとの判断をともなった」反感、つまりこちらに苦痛を与えるかもしれないものを避ける必要性を感じたとする。[4]ホッブズはそうした反感を「恐れ」と呼んだ。[5]だが、人間だけでなく動物もその種の恐れを学ぶことができる。人間の精神が必要となるのは、複雑な恐れ、たとえば未知なるものへの恐れが生じたときだ。ホッブズによると、このような複雑な恐れはふたつの種類に分けられる。社会に認められていれば「信仰」、そうでなければ「迷信」だ。恐れの対象が社会に疑いなく認められている場合、恐れは「真の信仰」と呼ばれる。[6]これがもとで、彼は数多くのトラブルに見舞われることになった。自身の見解に加え、『リヴァイアサン』のなかで神が実際に必要だと述べなかったことから、大勢の人に無神論者のレッテルを貼られてしまったのだ。

また、ホッブズは感情について一般の認識よりも画期的なことを語っている。彼の使った「快楽」と「苦痛」という言葉はここで効果を発揮する。これまで私は、感情はその使われ方によってよいか悪いかが決まると述べてきた。プラトンから仏教、アクィナスに至るまで、感情をめぐるほぼすべての議論にはひとつの共通認識があった。罪を犯したり、セックスやお金や所有物（趣味のよいものをのぞく）を過度に求めたりするのは、たとえ気分がよくても悪いことである。一方、イスラム教徒が神を恐れ、ヒンドゥー教徒が真の道《ダルマ》にしたがうように、神の命にしたがって行動し、高潔にふるまうのは、たとえ気分が悪くてもよいことである。だが、ホッブズは情念をそのように分けなかった。現代の心理学と同様に、人に何を感じさせるかで分類したのだ。彼は喜びを感じさせるものを「善」、痛みを感じさせるものを「悪」と呼んだ。罪を犯しているときに喜びを感じようと、祈りを捧げているときに痛みを感じようと問題ではなかった。[7]

ここで大事なのは、ホッブズは情念についての本を書いたわけではない点だ。情念の果たす役割は全体の構想の一部にすぎず、本来の目的は、民衆には国王かそれに類するものが必要だと証明することだった。彼はイギリス人として、生涯多くの出来事を経験した。女王エリザベス一世の逝去、火薬陰謀事件［一六〇五年に起きたジェームズ一世の暗殺未遂事件］、イングランド内戦へつながる動乱……。ホッブズは争いに巻き込まれるのを恐れ、パリに移り住んだ。彼は王党派だったが、おもな関心は自身の哲学と執筆中の本にあった。

私たちは結局のところ、ふたつのやり方で物事を判断するとホッブズは考えた。私たちが知ることのなかには、明らかな真実と呼べるものがある。たとえば、三角形に三つの辺があるといったことがそうだ。三角形に辺がいくつあるかなんてことについて誰も意見は持たない。だが、真実かどうか明らかでない場合、人は意見を持つ。ゆえに対立が生じる。真実かわからないものをめぐって下される判断は、理性的な思考というよりも、そうした判断にどれほどの快楽や苦痛を感じるかで左右される。だからこそ、人は自分の信念について頑なになり、やがては殴り合いに至ってしまう。さらに彼は、すべての戦争の原因は情念にあると考えた。争いを解決するためには、人々が最終的な裁定者を任命して支持しなければならない——最後の決定権を持つ人、その判断が最終的なものとなるような人を。彼は、神と王どちらの意味にもとれるよう裁定者を君主と呼んだが、実際に意図していたのは国王だった。

『リヴァイアサン』は、当時の政治情勢に少なからず影響を受けた本だ。ホッブズはプラトンと同じように、戦争の悲惨さから洞察をつかみとった。それが彼の知性を養い、心を開かせることとなった。また、多くの人と同様、アリストテレスが誤っていると気づいた彼はよりよい思想を導き、それを書き記そうと考えた。そして一六五一年、彼は作品を書き上げて世に送り出した。以来、『リヴァイアサン』は研究と分析と批判と非難の的になった。私にとって『リヴァイアサン』は感情について述べた本だ——感情に何ができるのか、どうすればうまく制御できるのか、制御できないときはどうなるのかを教えてくれる。

啓蒙思想の多くは、ホッブズに対する人々の反応を表したものといえる。意見が衝突したとき、絶対的な単一の権威者が裁定を下すよりもいい解決策を望んだ人々からは特に反応が大きかった。ホッブズは自分が情念をいだいていると判断する前に、まずは情念を認識すること、それについて考えることが大切だと主張した。しかし、もし情念に囚われずに意見を分析できたらどうなるだろうか。デカルトが魂と身体を分けたように、気持ちと思考も分けられるとしたら？　この疑問に答えるには、さらに百五十年の歳月が必要だった。

ブラウンの啓蒙思想

一八一〇年代、トマス・ブラウンという三十代のスコットランド人が数ある講義のひとつを始めようとしていた。同じ大学に勤める人気教授、ドゥガルド・スチュアートがたびたび体調を崩したため、かわりに難役に挑むことになったのだ。しかし、ブラウンはあまり心配していなかった。同時代人の多くがそうであったように、彼もまた幅広い分野に精通していたからだ。ブラウンは大学で法律、医学、道徳哲学、形而上学を学んでいた。エジンバラ大学に赴任してドゥガルドの後釜に座る前は、医師として働いていたこともある。ブラウンの講義は豊富な知識に裏打ちされていた。自信家で見栄えもよく、人前で話すのにも長けていた彼は、新しい物の見方を思いつくのが得意だった。彼の天性の才能は、学生たちを何度となく魅了することになる。

偉大な哲学者たちを研究してきたブラウンだったが、啓蒙時代をじかに経験するには生まれるのが数十年遅かった。だが、彼は影響力のある知識人たちが共有した思いを心に留めていた――理性は有用だが、気持ちはそうではない。西洋思考において、自分の気持ちを抑制することはつねに重要だった。気持ちが戦争を引き起こすと――突きつめればそうしたケースは多いのだが――悲しみと不幸しかもたらさない。だが、理性から起こる衝突は、悲しみと不幸を終わらせるためにある――少なくとも理屈としては。問題は、当時の哲学では気持ちと思考が結びついていることだった。デカルトの挙げた感情は、頭で考えることによって情念や情操となった。ホッブズの情念についても同じことが言える。気持ちは多かれ少なかれ、つねに思考に影響を与えていた。経験論のように、個人の脳の外にある思想を実験によって検証する近代科学の慣習は、気持ちを思考から切り離すべきという思いから生まれたものだ。しかし、学問において気持ちを完全に排除するなんてことが果たして可能なのだろうか？

ブラウンはもちろん経験論を知っていた。というより、彼自身が経験論者だった。また、ホッブズのことも知っていた。十九世紀、『リヴァイアサン』を読まずして道徳哲学者を自称することはできなかった。さらに、元内科医として、医学界が感情をどうとらえているかも知っていた。医師たちは、感情とはその人が感じている情念を示す外見上の変化や動作と見なしていた。しかし、そこにひとりの哲学者が現れた——啓蒙時代でも屈指の経験論者であるその人物は、ブラウンの感情観に対し、彼とまったく意見が合わないとの理由だけでほかの人々より大きな影響を及ぼした。

ブラウンはこの哲学者デイヴィッド・ヒュームの著作をいたく気に入っていたが、それは彼が同じスコットランド人だからというだけでなく、（その意地の悪い人種観を別にすれば）単純に優れた人間だったからだ。ヒュームは初の著作『人間本性論』を二十八歳の若さで書き上げた。その本のなかで彼はこう語っている。自分が感じたことを考えないようにしようとしているときにはなんらかの争いが起きているのだと思うよりも、そもそも考えはすべて気持ちによって支配されているのだと思うべきだと。彼によれば、「理性とは情念の奴隷であり、またそうあるべきであって、情念にしたがうことのほか、いかなる役目も装いえない」[8]。最新の科学を信じるなら、ヒュームの言い分は正しかったといえるだろう。後年の著作では、情念に対する考えについていくぶん調子をやわらげているが、どんなに努力しても気持ちから思考を切り離すことはできないという姿勢は断固として崩さなかった。「感情」という言葉について言えば、ヒュームはそれを情念や気持ち、情動といった語と区別せずに使うこともあったが、精神的な部分では「情念」を、身体的な部分では「感情」を使う傾向があった。

ブラウンはヒュームの思想のほか、自分が学んだ情念や感情に関する考えをすべてまとめ、それを新たな視点からとらえなおした。そして、直感的に、ヒュームが誤っていることに気づいた。気持ちから思考を分ける方法はあるのだ——それも、感情をもとにした方法が。ブラウンはおそらくこう考えた。「もしも、感情こそが気持ちだとしたらどうなのか」と。目が脳になくても脳が音を見て、耳が脳になくても脳が音を聞けるように、気持ちを引き起こすものが脳になくても、脳はそれを感じられるのではないか。見たり、触ったり、味わったり、匂いを嗅いだり、音を聞いたり、思い出したり、想像したりするだけで、思考にかかわらず感情が心に湧き立つとしたら。そうすれば、情念とか情動とか情操とか、そんな無意味なものはいっさい取り払って、「感情」という単一の、思考を必要としない概念を作り出せる。彼はこう述べている。

［感情について］定義ができるとすれば、〝生き生きとした気持ち〟となるだろう。そうした気持ちは知覚や想起や想像の対象について考えることで、またはほかの感情が先行することで突発的に生じる。[9]

ある日の午後、エジンバラ大学の（おそらく）寒く湿っぽい講堂で、感情という新しい精神的概念が発明されたのである。

感情とは何か？

ブラウンによる感情の定義は一般にも浸透したように思えるが、人々が必要としたのは「ある気持ちをいだいたとき、その気持ちを感情と呼ぶ」という考え方だけだった。チャールズ・ダーウィンなど影響力のある著名人たちが、ブラウンと同じように感情という語を使いはじめた。ダーウィンは一八七二年、感情に関する本も著している。『人間と動物の感情表現』（*The Expression of the Emotions in Man and Animals*）と題されたその本によれば、人間と動物の感情はどちらも脳や神経系が何かに反応し、身体に変化をもたらすことで生まれるという。このような変化には、驚いて眉を上げる、恐怖に震えるなど、本能と見なせる行動もあり、多くは人間と動物とで共通しているとダーウィンは考えた。彼にとってそれは、人間とほかの動物が共通の祖先を持つことや、感情になんらかの生物学的起源があることを裏づける根拠となった。

どちらの理論にもいくつか欠点はあったが、ブラウンとダーウィンは感情の物理的なメカニズムを描写することで新たな視点を切り開いた。しかし、感情とは結局何なのかという問いについては、彼らやほかの研究者をもってしても明らかにならなかった。ところが、一八八四年、状況は一変する。近代心理学の祖、ウィリアム・ジェイムズとカール・ランゲが独自に構想を打ち出したのだ。彼らの説はのちに、「ジェイムズ＝ランゲ説」として広く知られることになる。

ふたりの感情理論が生まれた背景には、それぞれの出自が関わっている。ジェイムズもランゲも裕福な家庭に生まれ、当初は医学を学んでいた。だが、似ている点はそのくらいだ。ランゲは生涯の大半を祖国のデンマークで過ごした。彼はコペンハーゲン大学で学んだあと、故郷の病院で内科医として働きはじめた。もともと頭脳明晰で、医学部を飛び級で卒業し、医師としてのキャリアを順調に積んでいった。彼は解剖学、なかでも脊髄の構造に関心を持ち、脊髄と痛みの関係に興味をひかれた。心理学や感情理論と関わりを持ったのは、尿酸過多によって生じた不快感を鬱病の症状と結びつけたのがきっかけだった。

一方のジェイムズは旅好きでヨーロッパ各地に長く滞在し、ドイツ語とフランス語に堪能だった。鬱病の発作に悩まされ医学部へ通うのが難しくなったことから、しばしば休学しては旅に出て頭のなかを整理したという。医学、生理学、生物学に造詣が深く、ときには教壇に立つことさえあったが、その鬼才ぶりは彼を哲学方面、とりわけ成長著しい心理学の分野へと導いた。ジェイムズはブラウンの熱烈な信奉者だった。当然ながらジェイムズもランゲもダーウィンの著作を読んでいた。というより、一八〇〇年代後半にダーウィンを読んでいない科学者などほとんどいなかった。ジェイムズとランゲはそれぞれ感情について一年足らずで同じ結論にたどり着いた——一方は研究、もう一方は実体験という道のりを通じて。ふたりの考えには専門上の細かなちがいはあるが、大切なのは意見が一致した大枠の部分である。

ジェイムズとランゲの発想は、実のところ単純そのものだ。ダーウィンを始めとする同時代の研究者たちは、感情は脳から生じ、身体に変化を及ぼすものと考えていた。だが、ジェイムズとランゲは逆に考えた——感情は脳が認識する前に、身体が反応して生じる。ジェイムズ本人の言葉を引用しよう。

> 常識で考えると、われわれは財産を失い、悲しくなり、涙を流す。熊に出くわし、怯え、逃げまどう。ライバルに侮辱され、怒り、殴りつける。しかし、私の考えでは、この順番は間違っている……われわれは泣くから悲しくなり、殴るから腹が立ち、震えるから恐ろしくなるのだ。[10]

ジェイムズとランゲにとって、身体と脳が何かを感じ反応する過程は、ほぼ同時に、無意識的に起こる。それが〝感情〟だ。脳は後になってようやく、集めたデータをもとに感情に名前をつけようとする。この時点では思考は必要ない。というのも、あなたがどんな感情をいだくか、脳に選択の余地はないからだ。自分の頬が火照《ほて》って真っ赤になっているのに気づいたあと、それが恥ずかしいからだと感じたことはないだろうか。ジェイムズとランゲが言っているのはまさにそういうことだ。ある状況に身体が反応したあと、その意味が判明する。あなたに選択肢はない。あなたの身体は、あなたが恥ずかしがっていることを告げている。怖いとか、うれしいとか、悲しいとか、興奮しているとかではなく、ただ恥ずかしがっていると。もちろん、興奮するのと同時に恥ずかしがることもあるだろうが。

ジェイムズは、『感情とは何か』（*What Is an Emotion?*）という論文でこの説を発表し、多くの読者を獲得した。心理学は当時、とくに彼の母国アメリカではようやく本格的な学術分野となりはじめたところだった。彼が論文を発表した一八八四年、アメリカやヨーロッパのあちこちで心理学の学部や雑誌が誕生していた。ジェイムズは読者を魅了し、その数を増やしたが、読者たちは彼の説を批判したくてうずうずしていた。ジェイムズの理論は、ここでは触れない細かな点から完璧とは言いがたかったため、一部の人から攻撃され、精査され、修正され、拒絶され、流用され、嘲笑された。しかし、科学分野ではよくあることだが、彼の論文は心理学におけるあらゆる議論の出発点となったことから、その正当性が認められた。彼の感情に関する見方はその後もくり返し言及された。これによって、英語の感情《エモーション》という概念が、情念、情動、情操といった旧来の発想に取ってかわることになった――それも、永久に。

感情的なものをすべて乗り越える

感情の起源をめぐる物語は、世のなかに驚くほどの衝撃をもたらした。ホッブズの著作は非常に大きな注目を集めた。「人々が争い合うのはみなが異なる見解を持っているからであり、すべてはその人の気持ちに起因する」という考えは、アメリカの連邦最高裁判所や欧州連合《EU》の国際司法裁判所、日本の最高裁判所など、世界の国々が今日なんらかのかたちで〝最終的な裁定者〟のいる法制度を持つ理由のひとつだ。また、ホッブズは、プラスの感情は気分をよくする一方、マイナスの感情は気分を悪くするという現代ではごく当たり前の発想を先取りしていた。さらに、彼は啓蒙思想の哲学者と相反する考えを持つ人々の代表的存在でもあった。思想家たちがホッブズの考えを検討し、疑問点や真実を探求したことで、現代の民主政治や司法制度、法律の形成に一役買った。すべてはひとりの人間と、その人による気持ちへの考察がもとになっているのだ。

ブラウンの新しい感情の概念についても述べておこう。あなたの使う言語がなんであれ、心理学や精神医学の参考書を見れば、現代英語による感情の理解が大方を占めていることに気づくだろう――少なくとも、感情をテーマとした本であれば。現在、この分野における研究のほとんどが英語圏の学者によって行われているか、英語の学術誌に掲載されている。だが、もしあなたが英語圏出身の人間だとしても、本書を読みはじめるまで、感情とは科学者がさまざまな気持ちを取捨選択して入れた箱にすぎないとは思わなかったはずだ。事実、「感情」という語は言語や文化に浸透するあまり、「腕」という語と同じくらい意識されることがなくなっている。ちがいとしては、腕は私が調べた時点では定義が正確にわかったことである。一方、感情は前回（一九八一年）集計された時点で、心理学者の用いた定義は全部で百一種類あった。[11] その後もますます複雑になっている。

あなたが誰かのことを感情的だといったり、感情面の健康が思わしくないといったり、エモい音楽が聴きたくなったといったりするとき、それはすべてトマス・ブラウンにさかのぼる――そう私は考えている。たった一度の講義で感情という新しい概念が発明され、思考と気持ちのあいだにある溝はそれまで以上に深くなった。

しかし、ヨーロッパは世界で唯一の地ではない。次の二章で見ていくように、世界にはブラウンはおろか、ホッブズやデカルトの名前さえ知られていない場所がたくさんあった。そこではもちろん、「感情」という新しい語も使われていなかった。感情は西洋の発想であり、アフリカのアシャンティ人や十九世紀の日本人にとってはほとんど意味をなさないものだった。

第9章

桜の国の恥ずかしさ

ブラウンによる感情への新しい考え方は熱烈な支持を受け、世界に広まっていった。だがそれはまたたく間に起きたわけではないし、あらゆる場所へ広まったわけでもない。十九世紀末、西洋以外の土地で感情という新しい概念について知っている者はほとんどいなかった。一八五九年、牢獄にいた吉田松陰《よしだしょういん》という二十九歳の日本人男性もそのひとりだ。彼は心に大望を秘めていた。未遂に終わったとはいえ、老中（幕府の重臣）を討ち取って日米間の条約締結を阻止しようと図ったこともある。

松陰は何かと厄介な存在だった。蘭学を学んで外国の思想に染まったあげく、士籍を剝奪されていた。また、海外渡航にもかねてから関心をいだいており、ついには外国の学問を肌で学ぶべく、港の沖合に停泊していたアメリカ船に小舟で乗り込もうとした。だが、船長に乗船を断られ、密航による死罪は免れたものの牢獄に入れられてしまう。翌年には出獄を許され（ただし幽閉処分）、しばらくは面倒事も起こさず日々を過ごした。しかし、老中暗殺計画に加担したことからふたたび投獄され、今度はより深刻な状況に陥ってしまう。

松陰自身は知る由もなかったが、彼はのちに人々から英雄視されることになる。だが、典型的な英雄像からはほど遠いタイプだった。友人の正木退蔵《まさきたいぞう》は、渡英先で知り合った作家ロバート・ルイス・スティーヴンスンに松陰のことをこう語っている。

その顔は痘瘡《とうそう》のあとのアバタで滑稽なほど醜かった……身の回りのことはだらしないと言っていいほどにおかまいなしだった。着ているものは粗末で、食事や洗面のときには、手を袖で拭ったりしていた。頭髪は二カ月に一回以上結ったためしがなく、しばしば見るに堪えないほど乱れていた。このようなようすを目にすれば、彼が結婚をしなかったことも容易にうなずける。言葉づかいははげしく乱暴だったが、ふるまいは穏やかで、立派な先生であった。吉田の講義は門下生の頭には難解だった。彼らがさっぱりわからずにぽかんと口を開けたり、ときおり笑い出したりしても、彼は平気でそのまま放置し、気にもとめなかった。[1]

この言葉が松陰のことを敬愛していた人物から発せられたものだということに驚かされる。

一八三〇年、下級武士の家に生まれた松陰（幼名・寅之助）は、当時の慣例として叔父である吉田大助の養子となった。しかし、大助はまもなく他界し、松陰はわずか五歳で吉田家の家督を継ぐことになる。松陰が初めての本格的な反抗に及んだのは二十一歳のときだ。できるだけ多くの世界を見てみたいと願った彼は、藩からの通行手形の発行を待たずに脱藩し、東北を遊学して回った。江戸に帰着後、彼は武士《サムライ》としての身分を剝奪された。そして、今後十年間はどこなりと好きなところで勉学に励むようにという、彼にとってはご褒美のような処分が下された。アメリカ人が日本に現れたのは、松陰が修行から一年経って江戸に戻ってきたころのことだった。

一八五三年、アメリカ海軍のマシュー・ペリー提督率いる四隻の艦船（通称・黒船）が浦賀湾に来航し、アメリカ政府を代表して日本に開国を要求した。日本はそれまで平和主義と鎖国政策を貫いていたが、科学技術の面では海外に遅れをとっており、アメリカの敵ではなかった。この事件をきっかけに、松陰を始めとする多くの人々は、日本が外国の攻撃から身を守る力を持たないことに危機感をいだきはじめた。国内が平和なのは結構だが、それはとりもなおさず日本が最新鋭の兵器も訓練された軍隊も持ち合わせていないことを意味していた。

こうした問題の種は、徳川政権の初期に撒かれたものだ。一六〇三年の幕府成立以来、徳川家は長きにわたって日本を支配した。それは一面から見れば、各地の武士団によるたえまない抗争に終止符を打ち、国内に平和をもたらしたとも言える。徳川は実権を握るとすぐに、日本を二百六十ほどの管理のしやすい小さな領地に分割した。それぞれの領地には大名が置かれ、ほぼ独自に運営が行われた。かつて戦場で刀を振るった武士たちの勇姿は、もはや過去のものと化していた。彼らは戦《いくさ》のための剣を筆に持ちかえ、事務方として大名に仕えはじめた。地方自治と国政は分離され、上級の武士や大名は地域のことに専念し、将軍とその顧問は国家規模の事案に取り組んだ。こうして、国内に平和が保たれたのである。

その一方、徳川家は長崎に築いた対オランダ向けの出島などをのぞき、日本を外の世界から切り離した。徳川幕府は日本が中国の属国と見られることに辟易《へきえき》していた。莫大な富と力を持つ国の沖合にある、桜色の小さな島国とは思われたくなかったのだ。さらに、海外との交易を通じて幕藩体制が弱体化することも避けたかった。幕府は異国の教えを学んだり、思想を持ち込んだりすることを固く取り締まった。それはおもにキリスト教の禁制を意味していた。西洋の教えのうち許可されたのは、蘭学というオランダを通じて入ってきた学問だけだった。

この国は平和で、独立精神もとても高かった。しかし、アメリカ人が来たことで状況は一変した。日本は自分で自分の身を守らざるをえなくなった。鎖国による安定はもはや望めず、なんらかの行動を起こす必要があった。武士《サムライ》としての魂にふたたび火をともさなければならなかったのである。

松陰は日本人の「恥《ハジ》」（現代英語の「シェイム」〔shame〕に当たる）を利用して、みなの心に火をつけようと考えた。[2] 松陰にとって恥ずかしさとは、ひとりで抱えこむ内なる気持ちではなく、集団で共有する社会的な感情だった。そもそも彼が老中暗殺を企てたのは、行動せずに恥ずかしさを感じるよりも、受け入れがたい状況を変えるために立ち上がったほうがよいとの信念に突き動かされてのことだった。一藩士が国政に立ち入るのは不遜だとわかっていたが、このまま手をこまねいていれば「恥」をかくことになる。それはなお悪いことだった。武士たちがみな恥ずかしさを感じるということは、日本全体に災いがふりかかるということだ。

先ほど「恥」をシェイムと訳すと述べたが、すでにおわかりのとおり、ふたつの単語の意味は必ずしも一致しない。「恥」は一種の集団的なシェイムだ。その意味と重要性について理解するには、当時の日本人が「恥」をどんなふうにとらえていたかを示す伝統の混淆について知らなくてはならない。まずは、恥ずかしさを学問の世界がどう理解しているのかを学んでおこう。なぜなら、現代における恥ずかしさの研究は、幕末時代に日本を支配していた感情体制を理解するうえで役に立つからである。

恥とは何か？

科学的にいえば、恥ずかしさは「調和崩壊」によって副交感神経が活性化することで生じる。調和崩壊とは、周囲の人々の感情に同調できなくなった状態を指す。別の言い方をすると、それはあなたが感情体制のルールを破ったと気づいたときに起こるもので、その役割は多分に共同体と関係がある。要するに、恥ずかしさとは道徳的な境界線を越えてしまったことを知らせてくれる社会的な感情である。[3]

また、恥ずかしさは、一九八七年にエドワード・トーリー・ヒギンズが提唱した「自己不一致論」という考えと結びつく。ヒギンズによると、私たちはみな内面に「理想の自己」を抱えている。あなたは自分のことを道徳的で、知的で、誠実な人間と考えていることだろう。だってそうじゃないか？ 車の運転は慎重で、人にはちゃんと「お願いします」「ありがとう」と言い、いつも礼儀正しく、品行方正な人物としてふるまっているのだから。「理想の自己」になるためにとるべき行動はいくつかあるが、そうした行動をとる自分は「義務の自己」と呼ばれる。「理想の自己」は私たちがこうありたい、こんなふうになりたいと願う自分である。一方、「義務の自己」は責任感を持ち、規則を守り、約束を果たす自分だ。人としてなすべきことを実行に移しているのである。「理想の自己」が慎重に運転するのはそれが適切な行動だからであり、そうしないと他人を危険にさらしてしまうからだ。そんなことは道義的に許されない。半面、「義務の自己」が慎重に運転するのはそれが法律だからだ。あなたは法律を破るような人間ではない。しかし、「理想・義務の自己」と「現実の自己」とのあいだにはつねにギャップが存在する。あなたが自分のことをどう考えていようと、現実のあなたは運転が乱暴で、暴言を口走るような人間かもしれない。「現実の自己」が「理想・義務の自己」と一致していないことに気づいたとき、あなたは〝恥ずかしさ〟を覚える。[4]そのとき、あなたの気分は変化し、筋肉、とくに顔と肩の筋肉が無意識に動いて弛緩《しかん》したようになる。内分泌系からはコルチゾール、アドレナリンに、オキシトシン少しというストレスホルモンのカクテルが分泌される。なかでも恥ずかしさを社会性と結びつけ、壊れた絆を復活させる役割を果たすのがオキシトシンだ。

恥ずかしさが及ぼす作用はほかにもある。「戦うか、逃げるか、凍りつくか」の反応、すなわち〝恐怖〟を呼び起こすのだ。私たちは一般に、人からどう思われているかを気にして身をすくませてしまう。他方、自分の恥ずかしさがほかの誰かによりもたらされたと思うと、戦う必要性を感じたり、怒りを覚えたりする。とはいえ、恥ずかしさは個々の気持ちにだけ関するものではなく、社会的な感情でもある。人類学者のルース・ベネディクトによれば、ある文化での恥と恐怖と怒りの比率は、その文化全体の感情体制を決定づけるという。

恥の文化？

ベネディクトは一九四六年に上梓した『菊と刀』のなかで、日本の文化の特色を「恥の文化」と規定した。その一方で、アメリカの文化を「罪の文化」と指摘し、日本とアメリカを対比して論じている。ベネディクトによれば、そのおもなちがいは、罪の文化は人々が自分のしたことに対し罪悪感をいだくことに焦点を当てている点だ。罪の文化に暮らす人々は刑務所や地獄などの個人的な罰を恐れるが、日本のような恥の文化に暮らす人々は、社会からの排斥や周囲の人の面目をつぶすことを恐れるという。彼女の考えでは、文化はもうひとつある。「恐怖の文化」だ。この文化に暮らす人々は、悪いことをすれば罰を受けて命を落とすと思っている。本書で紹介した魔女騒動をもたらした文化は、ベネディクトの見解からすれば、恐怖の文化に当たるだろう。

ベネディクトに向けられる批判の最たるものが、彼女が日本人全体ではなく一部のエリートだけに着目していることだ。加えて、ベネディクトが日本について書いていた時期は国家の激動期であり、日本の文化が急速かつ劇的に変化していたころのことだった。一例として、日本はこのころ鎖国の時代とは対照的に、海外での侵略戦争を始めていた。しかし、彼女が外国人であることを考えるといささか奇妙なことに、ベネディクトの考えはとても多くの日本人に受け入れられた。日本語に翻訳された『菊と刀』は一九四八年の刊行以来、国内で累計二百万部以上を売り上げた。これをきっかけとして、いわゆる「日本人論」に関する本の出版が盛んとなり、「恥の文化」「罪の文化」という概念が国民の精神に浸透していった。

もちろん、実際にはどんな文化にも恥、罪、恐怖の要素が少しずつ混じっている。あるいは、愛、欲望、勇気によって文化が定義されることもあるだろう。日本を「恥の文化」と呼ぶのはちょっと一面的に思えるし、実際そうした批判も多いのだが、日本人特有の恥ずかしさである「恥」という概念が、この国を世界へ連れ戻すうえで大きな役割を果たしたのはたしかだ。だが、日本の「恥」

を理解するには、現代の認知科学が恥ずかしさをどうとらえているか知るだけでは十分でない。幕末の日本では排外主義（攘夷論）が勢いを強めていたが、「恥」は恥ずかしさをめぐるさまざまな見方の集積にもとづいていた。そうした見方は古来千年にわたっており、まずは神道を通し日本人に伝わった。

神々の恥

日本神話によると、遠い昔、最初の神々である国之常立神《くにのとこたちのかみ》や天之御中主神《あめのみなかぬしのかみ》から数えて七代目に、イザナギとイザナミという二柱《ふたはしら》の神が生まれた。最初の土地を造る仕事を与えられた二神が、神の矛《ほこ》（天沼矛《あめのぬぼこ》）で天と地をつなぐ橋の下の海をかき混ぜると、矛からしたたり落ちた滴《しずく》が積もって始まりの島（淤能碁呂島《おのごろじま》）となった。出来栄えに満足した二神は、造ったばかりの島に住むことにした。彼らは淤能碁呂島に天を支える柱（天の御柱《あめのみはしら》）と広大な殿舎（八尋殿《やひろどの》）を建て、たくさんの神の子を産んでは育てた。そして、人間が住めるように日本列島の残りの島々を造っていった。

やがて、悲劇が二神を襲う。日本最古の皇室の書物『古事記』（七一二年）によると、妻のイザナミがお産によって死んでしまったのだ。イザナギは怒りと傷心のあまり、妻の死の原因となった子どもを殺してしまう。だが、心配はご無用。その子は神の子なので、殺されはしたが何十もの神々に分かれ天と地に散らばっていった。さて、悲嘆に暮れたイザナギは愛する妻を探すために冥界の国、黄泉《よみ》へと旅立つ。本来なら訪れてはいけないとされる場所だ。そこで妻を見つけたイザナギは、彼女にどうか戻ってきてほしいと懇願する。が、イザナミにはどうすることもできない。彼女はすでに死者の食べ物を口にしてしまっていたため、もはや生者の国では生きられないのだ。しかし、イザナギは愛する人と別れたくはなかった。妻の美しい顔をもう一度見たかった。だが、それも冥界の闇のなかでは禁じられた願いであった。

ある夜、イザナギは決心する。イザナミが眠っているあいだに櫛《くし》の歯を折って松明《たいまつ》を作り、暗闇を照らして妻を見ようとしたのだ。松明の光がイザナミを照らすと、そこにあったのは妻の美しい姿ではなく、肉が腐ってウジの湧いた異形の屍《しかばね》だった。イザナギは恐怖の悲鳴を上げ、生者の国に通じる洞穴へ向かって一目散に逃げ出した。イザナミは夫の仕打ちに恥ずかしさと怒りを覚え、彼を引き止めるべく必死に追いかけた。イザナギは洞窟から飛び出すと、巨岩を転がして穴をふさいでしまった。こうして、生者と死者の世界は永遠に分かれることになった。怒りに燃える妻は、夫に自分の姿を見られた「恥」に身を焦がし、生者を呪って人間界に死をもたらした。

イザナギは自分が見たものの穢れをすすぐため、「祓《はらい》」という清めの儀式を行った。古事記によれば、そうした穢れもまた「恥」だった。イザナミがわが身を見られ恥ずかしさを感じたように、イザナギもまた禁忌を破った自分自身を恥じたのだ。祓の儀式は、今なお神道の風習として残っている。

こうした日本古来の神話は、八世紀の日本が感情をどう理解していたか、また、それが現代科学での恥ずかしさの概念といかに符合しているかを教えてくれる。八世紀の日本人の感情は、ある状況にふさわしい感じ方やふるまい方にもとづいていた。妻を亡くして悲しみに暮れるのは適切なことだが、自身の利益のために禁忌を破ってはならない。それは理想の自己から遠ざかり、感情体制のルールを破る行為だ。さらに、「恥」を覚えることにもなりかねない——いや、覚えるべきだろう。一方で、八世紀の「恥」は嫌悪感という要素とそれをすすぎ清める必要性をともなっていた。その必要性はとても強く、今日でも清めの儀式として実践されている。

しかし、気持ちに関するこうした思想はもとをたどれば神道ではなく儒教に由来するものであり、そのことは日本が文化のるつぼであることを示している。日本の「恥」への影響を説明するため、ここでひとつ別の話をさせていただきたい。儒教の偉大な思想家、孟子の文章からの引用である。

「情」の井戸

紀元前三世紀のとある夕刻、ひとりの女性が近くの井戸へ水を汲みに向かっていた。井戸は深く、水量も豊富だが、そのぶん危険な場所でもあった。彼女はふだんから柵のない穴の周りで子どもたちが遊んでいることに不安を覚えていた。井戸の近くまで来たとき、ひとりの子どもが穴の縁へ近づくのが見えた——とたんに子どもの姿は消えてしまった。女性は思わず持っていた手桶を落とし、井戸に駆け寄った。穴をのぞき込むと、子どもの身体が身じろぎもせず水面に浮かんでいた。

そのとき女性がいだいたのは、危機感と苦悩だった。他人を気遣う心が彼女の身を包み込んだ。彼女は人としてもっとも大切な資質である「仁」(思いやりの心)に圧倒されたのである。また、彼女の心は「義」(よいことをしたい、道義的でありたいと願う気持ち)にあふれていた。だからこそ、パニックになって右往左往したり、非難されるのを恐れて逃げ出したりしなかったのだ。「仁」「義」「礼」「智」「信」という五つの徳目を思い出した彼女は、助けを求めて走り出した。彼女にはわかっていた。子どもを救うには、自分が教えられたとおり行動すること、すなわち「道《タオ》」（守るべき指針）にしたがうことが大事であると。そうすれば、人はおのずと「礼」（正しい所作、習慣、行動）に導かれる。肝心なのは、適切な気持ちを適切なレベルに保つことだ。パニックになるのはダメだが、冷淡になってもいけない。こうした自分の気持ちを制御する過程のひとつに「中庸の徳」がある。それだけで一冊の本が書かれるほど重要なこの教えは、彼女に次のことを説いて聞かせる。

喜・怒・哀・楽などの動揺がまだ起こらない状態、それを「中《ちゅう》」という。そうした動揺が起こっても、すべてが適度に保たれた状態、それを「和《わ》」という。「中」はあらゆる営みを支える偉大な大本《おおもと》であり、「和」は世界中どんなときも通用する道である。[5]

女性は自分が教わったとおり、正しい方法で助けを求めた。彼女は模範的な生徒だった。彼女には——どの書物を読んでいるかで、その数にちがいはあるが——選ぶことのできる感情が四つ、六つ、ないしは七つあった。基本となる四つの感情は、喜（または愛）・怒・哀・楽だ。『中庸』の著者［子思の著と伝えられるが諸説ある］は、この四つはすべての人間が生まれながらにして持つ気持ちだと考えていた。もし彼女が紀元前三世紀の思想家、荀子の著作を読んでいたら、たぶんもうふたつの後天的な情念——「好」と「悪」——も知っていただろう。あるいは、『中庸』の教えのもととなった『礼記《らいき》』（礼に関する注記）も読んでいれば、恐怖をいだいたときにどう行動すべきかも知っていたかもしれない。いずれにしても彼女は、社会でよりよい人間となるためには、自問を重ね、みずからを律し、啓発しつづけなくてはならないことを知っていた。溺れた子どもの両親への怒りは無益だとわかっていた。今大切なのは、彼らの怠慢を許し、起きてしまった事態に真摯《しんし》に対処することだ。恐れや悲しみは状況にふさわしい反応だが、過度にふけるべきではない。彼女は自分の「孝」を理解していた。ここでの孝は、村人たちへの深い敬意と絆である。家族への孝についで大切なそれは、やんちゃな子どもを疎んじる気持ちを補って余りあるものだった。

彼女はこれらすべてのことを瞬時に意識した。自分のなすべき礼を理解していた彼女は、すぐさま子どもの家族のもとへ駆けつけた。そして彼らに、慌てず、だが急いで縄と梯子を持ってくるよう言った。これぞ孔子流の均衡《バランス》のとれた方法だった。

中国古来の「情《チン》」という語は、意味としては英語の「感情《エモーション》」に近いものだが、「現実世界に埋もれた欲求や欲望の発露」と考えるとさらに合点がいくだろう。情はつねにバランスがとれていなければならない。多すぎても、少なすぎてもダメだ。バランスをとるには礼を実践すること、つまり社会の適切な儀礼、習慣、作法を身につけることが大切である。たとえそれが、個人的な欲求や欲望に反していたとしても。

儒教の見地からすると、イザナギが恥ずかしいと感じた理由はここにある。もっとも大きな恥ずかしさは、礼を怠り、道《タオ》から外れることによって生じる。それは農夫であろうと神であろうと同じである。社会の礼に反すれば、自分自身が恥ずかしさに襲われる。礼はダルマのように、他人を傷つけようと自分が傷つこうと、したがうべき道理や運命ではない。己のバランスを保ち、ひいては社会のバランスを保つための方法だ。運命は関係ないのである。

話を日本に戻そう。徳川幕府は当初、国学によって古い神道の教えを復活させようとしていた。そこには蘭学を締め出すだけでなく、日本の思想に影響を与えた儒教を押し返そうとの思惑もあった。しかし、江戸前期、「朱子学」と呼ばれる新たな儒学が国内で盛り上がりを見せはじめる。日本では「礼《れい》」を「理《り》」と訳しているが、朱子学者は「理」を自分たちが理解できる「忠」という概念に結びつけた。忠とは先ほど述べた『中庸』に由来する考え方で、人が持つ忠誠心や孝行心を表す。その対象は家族や友人だが、とりわけ大事なのが君主だった。朱子学によって徳川幕府の築いた社会構造は強化されていった。また、理の源泉である日本文化に注目が集まるきっかけともなった。

その一方、朱子学はそれまでの日本で主流だったもうひとつの信仰である仏教とはまったく相容れなかった。仏教は、十八世紀の「恥」を形成する思想の連鎖のなかでひとつの輪をなしていた。朱子学者たちは、世界を見たり触ったりできる有形の存在と見なし、そのなかで起こす行動には必ず結果がともなわれると信じていた。一方の仏教徒たちは、万物は存在しないと考えていた。あなたも、私も、この本も存在しない。世界は幻想であり、理や忠といったものは、SF作家ダグラス・アダムスの言葉を借りれば、二重に幻想である。

何も感じないために

徳川幕府は当初、仏教の影響力をなるべく抑え込もうとした。[6] だが十九世紀になると、仏教をとりまく状況は将軍みずから経典の写本を支援するほどに向上していた。[7]

五世紀に日本を席巻し、徳川の世まで連綿と続いた仏教の宗派は、第2章で紹介したアショーカのものとは異なる。この新しい宗派は、仏教の幅広い伝統や信仰体系にもとづくもので、多くはサンスクリット語で「広大な乗り物」を意味する「大乗《マハーヤーナ》」という言葉でくくられる（学者のなかには、大乗は正確には「大いなる教え」を意味すると考える者もいる）。大乗仏教とそれまでの仏教は基本理念の多くを共有しており、とりわけ気持ちの面について重なる部分が大きい。だが、明確なちがいもいくつか存在する。そのひとつが、菩提薩埵《ぼだいさった》――悟り《ボーディ》を求める衆生《サットバ》への考え方だ。仏教の多くの宗派では、ブッダ（悟りを開いた人）に予見された人でなければ、菩提薩埵（菩薩《ぼさつ》）にはなれないとされる。だが、大乗仏教では、現在のブッダが予見していようがいまいが、その道を歩みはじめた人は誰でも菩薩になれる。さらに、教典である大乗の経《スートラ》を受け入れた人は、いつか菩薩の道に向かうものと信じられている。

加えて、大乗仏教には旧来の仏教よりも少しだけ神秘的な部分がある。この宗派では、悟りを開くことは単に涅槃《ニルヴァーナ》へ至るための道ではない。超越的な不死の存在として現世の軛《くびき》から解き放たれ、衆生を救うための道でもある。信者たちは、ブッダであるガウタマ・シッダールタは霊的な王でありながら人間として生きたと考えている。ガウタマは人類を導くため、つかの間この地にやって来たのだ。

大乗仏教におけるもうひとつの重要な側面に「空《くう》」（スニャータ）の教えがある。正確な意味は教典や宗派によって異なるが、基本的には、万物の根源は空っぽとの認識を指している。生や世界、ダルマでさえも、すべては夢（スバープナ）または幻（マーヤ）だ。あなたは欲望に執着しているようでいて、実際には何にも執着していない――いうなれば、〝無〟の状態にある。空は仏性《ぶっしょう》という概念、私たち衆生がブッダになる可能性を表している。大乗仏教の宗派のなかには、「空とは涅槃《ニルヴァーナ》である」と主張するものもある。

当時、日本の仏教徒は大乗仏教のなかで枝分かれしたいずれかの宗派に属する傾向があった。そのうちのひとつ、日蓮宗は、一二二二年から一二八二年に生きた日蓮という人物が広めた宗派だ。日蓮は、空に至ることは誰にでもできる、誰もが仏性を持っていると考えた。空に至る方法は、「南無妙法蓮華経《なむみょうほうれんげきょう》」（「法華経の教えにしたがいます」の意）という真言《マントラ》をひたすら唱えることだ。事実、これこそ仏教における究極の言葉と考える信者は多く、その言葉を口にするだけで道が開けるといわれる。しかし、本書の読者にとって、より重要なのは（臨済宗や曹洞宗といった）禅宗である。というのは、われらが松陰が投獄された十九世紀の日本で広く普及していたのが禅宗だからだ。

禅宗では、あらゆるものは仏性の一部だと考えている。禅における仏性とは、涅槃《ニルヴァーナ》の〝無〟に達して仏になる力ではない。万物がつながっていると悟る力であり、自分の脳からはるか彼方の太陽系外惑星の岩に至るまで、すべてがたえず変化していることを理解する力だ。興味深いことに、禅宗の空は無と同じではない。[8]私たちが理解するような現実は、気持ちも含めて幻想にすぎないが、そこを超えた先には真の現実がある。人々が目指すべき境地が存在するのだ。

禅宗の信徒たちは、経を学んだり唱えたりすることで涅槃《ニルヴァーナ》に至るとは思わない。瞑想によって心を明瞭にしなければならないと信じている。もちろん、瞑想を実践する仏教徒は禅僧だけではない。ガウタマ・シッダールタが菩提樹のもとに座って以来、瞑想は仏教において欠かせない要素となった。しかし、禅僧たちはこんなふうに考えている。ブッダは涅槃《ニルヴァーナ》に至るとき、壮麗な儀式にも経典にもスローガンにも頼らなかった。ならば、ほかの人々も同じであるべきではないか、と。あまりややこしい決まりごとがあっては、空っぽであるべき心に雑念が生じてしまう。

禅僧は感情を瞑想のプロセスとして利用する。十九世紀、そして今日の日本の仏教徒にとって瞑想の目的は「もののあはれ」(物事をしみじみと感じること、哀愁の一種)を見出すことだ。つまり自分の感情を意識し、そうした感情が今いる場所や時間の本性《ほんせい》と一致していることを知るのである。ここで、ある短歌を例にとってみよう。

寂しさは　その色としも　なかりけり　槙立《まきた》つ山の　秋の夕暮れ[9]
〔寂しさは、とくにその色だから感じるわけではなく、杉や檜《ひのき》が茂る山の秋の夕暮れだから感じるのだ〕

この歌は一二〇二年に没した僧侶、寂蓮《じゃくれん》が詠んだものである。寂蓮は歌のなかで、みずからの孤独を周囲の世界に溶け込ませている。だが、彼はひとりぼっちではない。山と夕日の美しさに囲まれているのだ。「もののあはれ」は涅槃《ニルヴァーナ》に至る道であり、その道では気持ちを排除する必要もない。自分の気持ちが周囲の世界と結びついていると気づくのが肝心だ。それによって、宇宙の〝無〟に溶け込み、宇宙と一体化することができる。自分の気持ちが世界という幻想と相互作用していると理解するのである。

しかし、それが「恥」とどんな関係があるのか？　日本の仏教において、「恥」は人に見られたくないものを見られたときや、隠したいものを知られて〝無〟へ溶け込めなくなったときに生じる。ある種の調和崩壊といえるかもしれない。

日本の伝統舞踊演劇である能楽は、この点を説明するのにふさわしい。「江口」という曲目では、僧侶と「あそび」（江口の君）のふたりの登場人物が会話を交わす。あそびとは遊女のことであり、この時代、性産業は「恥」の源と考えられていた。僧侶は、昔西行法師があそびに対し、「一夜の宿」を求めて断られたときの歌を口ずさむ（この文脈から「一夜の宿」の意味を理解するのはさほど難しくないだろう。法師は、単に一晩寝るための場所を求めたわけではなかった）。するとそこへあそびの霊が現れ、「ご出家の身がこのような仮の世の宿に心をお留めになさいますな」と詠んだ返歌を思い出させ、消え失せてしまう。彼女は「恥」に襲われた。[10] かつての自分を思い出すのはあそびにとって恥ずかしさの源だった。さらに、僧侶から過去の「現実の自己」を思い出させられたことで「恥」が彼女を苛んだ。それは彼女の「理想の自己」を照らし、羞恥心をもたらした。

歴史学者のゲイリー・エバーソールは、このときのあそびの「恥」はイザナミが自分の亡骸を夫に見られたときに感じたような恥ずかしさと似ていると指摘する。いわく、「恥ずかしいという感情は、自分に対する他者の見方が、こうありたいという自意識や公の場で表明する姿と一致しないことから生じる」。[11] 自分の秘密を誰かに知られるのではないか――身体が腐敗していることや、かつて人々から疎まれた仕事に就いていた事実を知られるのではないかと、恐ろしくなるのである。言語学者のジャン・マルコ・ファレーゼによれば、知られたくないことを人に知られる恐怖は、現代でも「恥」の中核を担うという。[12] 幻想の世界から抜け出すのを目的とする信仰において、「恥」

はあらゆるものを現実と感じさせる力を持っている。

革命をもたらす恥

ここで一八五九年に戻って、われらが松陰と武士たちにふたたび見《まみ》えよう。当時の武士たちは、それまでの人生で得たさまざまな影響によって、自分なりの「恥」の感覚を持っていた。そのような「恥」には、自分の秘密を明かしたくないという仏教的な価値観や、感情を抑えることを理想とする儒教的な思想、または、嫌悪（多くは自己嫌悪）と結びつく神道的な感覚が含まれていた。武士にはさまざまな観念を軸とする「名誉の文化」があり、そこには「名」「意地」「面目」「名誉」のほか「恥辱《チジョク》」と「恥《ハジ》」という二種類の恥ずかしさが存在した。

前述のとおり、「恥」は日本の感情体制の主たる要素であり、松陰はこれを利用しようと考えた。長いあいだ眠っていた武士の名誉を復活させるカギを握っていると信じたのだ。[13] このように、「恥」がおもに支配層の関心事であったことは注目に値する。おそらく、日本の一般的な農民は自分たちを監督する武士ほど名誉や恥について悩むことはなかっただろう。先にも述べたとおり、これはルース・ベネディクトの著作が抱える問題のひとつだ。彼女は日本の一面だけを見て、全体的な恥として論じた。一方で、松陰はベネディクトとはちがい、日本の支配層に意識的に狙いを定めていた。上役の武士たちを怒らせ、彼らに揺さぶりをかけることで、周囲の世界に対する義務を理解させようとしたのだ。こちらがなんの準備もできていないのに、圧倒的な軍事力をたずさえた外国勢がやって来たことで、幕府のお偉方の「恥」には火がついたはずだ。松陰は、日本が他国には知られたくない姿を暴かれてしまったと考えていた。彼にとって、日本は「現実の自己」が「理想の自己」に及ばない国だった。とるべき行動を怠った国であり、理をなおざりにしてみずからを危険にさらした国だった。そして、自分自身に嫌悪感をいだかなければならない国だった。

　しかし、松陰の行動は彼にとってよい結果をもたらさなかった。老中暗殺計画を自白した彼は一八五九年十一月二十一日、死罪に処された。辞世の句は、みずからの両親を想って詠んだものである。

親思う　心にまさる親心　今日のおとずれ　何ときくらん
［親が子を思う心は、子が親を思う心にまさる。ふたりは今日の知らせをどう受け止めるだろうか］

　それは、わからない。わかっているのは、五十人ほどの彼の教え子が恩師の死にどう向き合ったかということだ。彼らは、倒幕と国の再建に身を投じた。外国を迎え撃つ準備ができていなかったことや、日本社会の衰退を放置していたことへの恥ずかしさが明治維新の起爆剤となった。

　徳川幕府が倒されたとき、新たな支配者になった者の多くは松陰の弟子であった。のちに「維新の三傑」のひとりとして知られる桂《かつら》小五郎《こごろう》（改名後は木戸《きど》孝允《たかよし》）もそのひとりだ。新政府は日本が国として遅れをとっている恥ずかしさを利用し、猛烈な勢いで工業化や近代化を推し進め、列国に追いつき、ついには追い越すことに成功した。武士としての身分を失ったみすぼらしい青年が、世のなかを動かしたのである。もって瞑《めい》すべきではないだろうか。

第10章 アフリカの女王の怒り

二十世紀、西洋の精神と策謀を支配した感情の科学的な見方について知る前に、もう少しだけヨーロッパから離れたいと思う。本章では、トマス・ブラウンとその追随者たちが掲げた思想とは異なる感情体制が支配した世界を訪れたい——人の気持ちを理解するための別の見方が今なお息づく場所を。まずは二十世紀初頭、西アフリカのきらびやかな海岸でアカンの女王が戦いに備えていた場面を見てみよう。

アシャンティ連合の一国家であるエドウェソの王母、ヤァ＝アサンテワァは激怒していた。彼女の民族はそれまで何世紀にもわたってイギリスと交易をしてきた。イギリスのために戦ったこともあれば、イギリスと戦ったこともある。彼女たちはかつて、自分たちの大帝国を持っていた。帝国は拡張し、金《きん》の交易によって栄えたが、一方で犯罪者や戦争捕虜を奴隷化することもあった。また、十八世紀から十九世紀にはイギリスと互角に戦い、アフリカ大陸に押し寄せる植民地化の波に抗った数少ない民族のひとつとなった。だが、一八九六年、ついにこの地域（当時は黄金海岸《ゴールド・コースト》の一部、現在はガーナ南部として知られる）もイギリスによって制圧されてしまった。イギリスは征服の常套《じょうとう》手段として、アシャンティの族長たちを国外へ追放し、傀儡《かいらい》の指導者を据えた。ここまでは順調に進

黄金の床几と世話役（1935年1月31日）（National Archives, CO 1069-44-6, Colonial Office Photographic Collection, Africa Through a Lens project）

んだが、イギリスは肝心なものを見落としていた——文字どおりの、権力の座を。それこそまさに、英領ゴールド・コースト総督、フレデリック・ミッチェル・ホジスンが強く欲したものであった。

一九〇〇年三月二十八日、ホジスンは新顔で経験の浅いアシャンティの族長たちを呼び寄せた。彼らがまとまりに欠けると踏んだホジスンは、どんな要求を突きつけても断れないだろうと高をくくっていた。彼はイギリスの支配を強化すべく、アシャンティにとって貴重なものを奪おうとしていた。どうやら、アシャンティは反乱の火種を絶やさないものを持っていて、しかも好都合なことに、それは純金でできているらしかった。メソジスト教会の宣教師エドウィン・スミスによれば（彼がこの話をじかに聞いたかは不明だが）、ホジスンはアシャンティに対し、黄金の床几《しょうぎ》（椅子）を要求したという。[1]

イギリス人はまたしても、他人の持つ輝かしい貴重な品を手に入れようと目論んでいた。ヤァ＝アサンテワァはこれに激怒したのだが、彼女の怒りは床几の金銭的な価値とは無関係だった。「金曜日に生まれた黄金の床几」を意味する「シカ・ドワ・コフィ」という言葉は、アシャンティの主要な権力の座を表している。ある日の金曜日に天から降ってきたといわれるこの床几は、アシャンティの初代国王、オセイ・トゥトゥの膝の上に降り立ったとされる。アシャンティ人は、人が座った床几にはその人の魂が宿ると考えていた。アシャンティの指導層は各集団を象徴する床几を持っており、それに座ると、自分の魂が配下の者の魂とつながると信じていた。たとえば、あなたが部族の戦士の役目を担わせる床几に座ったら、あなたの魂とすべての戦士の魂が床几を介してつながることになる（事実、今日でもアシャンティの文化圏では権威ある人のことを「床几《シカ》」と呼ぶ）。なかでも、黄金の床几には特別な意味があり、感情的なつながりはとりわけ深いものだった。黄金の床几はそこに座る支配者を通じて国民全体の魂をひとつにしていた。ホジスンが床几を奪おうとしたふるまいは言語道断であり、王母にとって受け入れがたいことだった。

ヤァ＝アサンテワァは強い権力をもつ女性だった。エドウェソ人は長きにわたる激しい内戦を経て支配者として君臨しており、ヤァ＝アサンテワァは単なる一族長の母親ではなかった。追放されたアシャンティ国王の母親だったのだ。彼女はエドウェソ王国の母であると同時に、全アシャンティ人の母でもあった。アシャンティの領内にはすべての地位に男性と女性の指導者が一組ずつついて、それぞれが男と女の仕事を監督していた。そして、彼らには地位を象徴する床几が与えられた。ヤァ＝アサンテワァには国を統治するコトコ評議会で大きな影響力を持った床几が授けられ、土地の分配や法的な手続き、戦争の遂行といった権限が認められていた。彼女の息子は当時即位できなかったので、慣例にしたがって彼女が黄金の床几に座ることになった。

ヤァ＝アサンテワァは自身の権力を行使したがっていた。彼女は自分の目の前で起きていることに激怒していた。ホジスンがアシャンティの文化でもっとも神聖なものを要求したことはもちろん腹立たしかったが、評議会の族長たちは協議で、妥協や貢ぎ物といった言葉を口にしてイギリスへの服従をほのめかした。彼らの議論と言い争いは続いた。王母はほとほとうんざりしていた。彼女にとって進むべき道は明らかだった。彼女は立ち上がると、周囲の男たちにこう言い放った。

アシャンティのように誇り高く勇敢な民族が白人に王と族長を連れ去られ、黄金の床几まで要求されるという屈辱を受けながらどうして黙っていられましょう。黄金の床几は、白人にとっては単なる金品にすぎないものです。連中は、それを求めてあらゆる場所を探し回っては、掘り返しました。私は総督にびた一文くれてやる気はありません。アシャンティの長たちよ、あなた方が臆病風に吹かれて戦わないというなら、身につけている褌《ふんどし》を私の下着と取り替えなさい。[2]

そして、ライフルを手に取ると、集まった男たちの前で発砲した。これは単なる叱責ではなかった。アシャンティの女性も男性と同じように戦えることを示したのである。もし男たちが黄金の床几を守らないのなら、女たちが守ってみせると。それは最初の反撃の号砲、大地を打つ抵抗の槌《つち》だった。集まった男たちを驚かせ、行動させるには十分であった。族長たちは、ヤァ＝アサンテワァが扱いにくく、気まぐれで、気性が荒い人物だと知っていた。だがその一方で、彼女が正しいこともよくわかっていた。彼らがその後とった行動は、もちろん酒に酔うことだった――一晩中飲み明かすことで、神々に敬意を表したのだ。そして、王母にしたがい、戦いに身を投じることを誓った。こうして、ヤァ＝アサンテワァは男の戦士と一部の女の戦士を率いて、抑圧者たちに反旗を翻したのである。

何が彼女をここまで駆り立てたのか。一見、答えは明らかに思える。イギリス人がアシャンティの玉座を奪おうとしたため、彼女はそれに腹を立てたのだと。しかし、こうした説明が成り立つのは、その浅はかさは別として、アシャンティと彼らの属する集団であるアカン人の世界観や感情の見方を無視したときだけである。アカン人の怒りについて理解するため、まずは現代科学が怒りをどうとらえているかを調べ、そうした怒りがアフリカの女王の怒りとどれほど一致しているか（または、していないか）を見ていこう。

怒りとは何か？

現代心理学によれば、私たちが怒るのは脅威を感じさせるような出来事が起きたとき、または、欲しいものからなんらかのかたちで遠ざけられたときである。私たちは怒るとき、脅威そのものを攻撃したり、不満を解消するために暴言を浴びせたりする。ここまでは理解できる。ギリシア人やトマス・アクィナスの考えた怒りの概念と、多少なりとも一致するものだ。また、後述するように、アシャンティ人の怒りにも通じる。しかし、科学はそれだけにとどまらない。

　脳科学的な見地からすると、怒りは扁桃体のほか、恐怖に関する脳のさまざまな部分を刺激する。つまるところ、怒りは恐ろしいものへの反応といえるかもしれない。他方、恐怖は脅威に対する反応と定義される。とりわけ「扁桃体―視床下部―中脳中心灰白質」の回路が私たちの「反応的攻撃性」をコントロールしているとされる。反応的攻撃性とは読んで字のとおり、あるものへの反応として起こる攻撃性だ。だが、現代の脳科学者たちも重々承知しているように、感情は単なる刺激と反応のくり返しではない。実際、怒りは脳の前頭葉皮質（計画を立て、物事を考える部位）とも関連することがわかっている。厄介なのは、右に挙げた扁桃体の回路が人間の思考能力よりも早く反応してしまうことだ。誰かが分別なく怒鳴りちらしているように見えるとき、脳内ではまさにそうしたことが起こっている。[3]

　しかし、怒りは恐怖だけに反応するのではない。ときには、欲望とともに見てとれる。欲しいものが手に入らない不満が怒りを生じさせるのだ。とはいえ、そうした不満の度合いはおそらく育った環境によっても異なる。極端な話、生涯にわたり修行を積んだ仏教徒であれば、自分の願いが妨げられても癇癪《かんしゃく》を起こすことはないだろう。一方、何もしなくても自分の欲望は満たされると思い込んでいる人は、ごくわずかな不満にも怒りを覚えるだろう。

8. ボソマイェンス：反抗的な人
9. ボソムシカ：厳格な人
10. ボソムクレテ：高潔な人
11. ボソマフラム：親切な人
12. ボソマフィ：清らかな人

ヤァ＝アサンテワァのントロが何だったか定かではないが、たぶんボソマイェンス（反抗的な人）だったのではないか。成年に達した人間のントロはスンスムの影響を受け、経験と知識を身につける。

ここまでを整理しよう。アカン人の感情構成は、母親と父親からモジャとントロを介して受け継いだ気質が混在したものと考えられていた。また、成長の過程でその人に影響を与えるものがスンスムを通して顕在化する。魂にはふたつの不滅の部分――物事を感じ理解するオクラと、何かを求め身体を動かすスンスムがある。また、死を免れない部分、ホナム（身体）もある。これらはアカン人の感情が宿り、形をなすにあたっての根幹である。

心と気持ち

トゥイ語で交わされる個々の感情を研究するのは至難の業《わざ》だ。私の知るかぎり、十分な研究が行われたこともない。だが幸いなことに、アカンの諸言語のなかでも研究が進んでおり、一般にも普及しているファンティ語はトゥイ語の話者にも理解が可能である。つまり、ファンティの単語とトゥイの単語は比較対照できるのだ。

問題は、おそらくもうご承知のこととは思うが、ファンティ語やトゥイ語には英語の感情《エモーション》に対応する単語がないということだ。実際、ダグバネ語やエウェ語など、ファンティ語に近い言語にも人の気持ちをまとめて表す語は存在しない。ファンティ語には「アトシンカ」、トゥイ語には「アテンカ」という語があるが、これらは人間の内的な感覚全般を指している。私たちが感情と呼ぶ気持ちに加え、空腹やのどの渇き、疲労感といったすべての感覚を含むのだ。身体の内側で感じたら、それはアテンカである。

近年、ファンティ語しか話さない人に気持ちを表す言葉を思いつくかぎり列挙してもらうという研究が行われた。[10]そのうち大半は、トゥイ語にも対応する単語が存在した。私たちが感情と見なすものは十六個あり、ほとんどが身体に関するものだ。表で説明するのが一番わかりやすいので、ぜひ参照してもらいたい。

アカン人は一般に顔周辺、とくに目のあたりで幸せを感じる。幸せはお互いの目が――信念や意見が――合うことと表現される。直訳すると「目の救済」または「目の賛同」となる。プラスの気持ちはみなで共有すべきもの、コミュニティー全体に広めるべきものとされていたようだ。

古いことわざでも、ほぼ同じことを述べている。十九世紀初頭のアカン人が幸せ（目の救済、目の賛同）を感じるのは、「愛は家庭によき生き方をもたらす」からであり「楽しむときはみなで楽しむ」からだった。[11]心地よいアテンカは社会にとって役立つもの、共同体の絆を深めるために分か

トゥイ語	ファンティ語	身体の部位	直訳	意味の近い訳語
アニジェー	アニカ	顔：目	目の賛同、安心	喜び、満足
同上	アニジェ	顔：目	目の入手、目の救済	興奮、幸福
アニベレ	アニブレ	顔：目	目が赤い	決心、嫉妬
アミウオ	アニウ	顔：目	目が死ぬ	恥
同上	アニイト	顔：目	目がうつろな	罪悪感、羞恥心
アソムドウォエー	アソムドゥエー	顔：耳	耳が冷たい	安らぎ、満足
アニイムグアセ	アニムグアセー	顔：全体	顔をうつむける	羞恥、恥辱（面目を失うよりも深刻）
アホーヤー	アノウォヤウ	皮膚	皮膚／自己の痛み	羨望
アンウォンワ	アホボ	皮膚	自己（トゥイ語）、皮膚が酔った（ファンティ語）	驚き
アホブレアセー	アホブラセ	皮膚	自己、皮膚の下、皮膚が屈する	屈辱
アブフオ	エブフォ	胸	胸が育つ、胸から草が生える	怒り
アヤムケカ	アイェムヒェヒェ	胃	胃が燃える 現代トゥイ語：精神の問題	不安
アドウェネムハウ	該当なし	精神	同上	不安
該当なし	アコマトゥ	心臓	心臓が飛ぶ	戦慄
該当なし	ヤウツィ	空腹の苦しみ	痛みを食べる、感じる	悲しみ
該当なし	ブレ	該当なし	該当なし	疲労、倦怠感
該当なし	バサ	該当なし	該当なし	動揺、不安、イライラ
ヤウツィ	タン	該当なし	該当なし	憎しみ

表1　トゥイとファンティにおける感情

ち合うものである。ただし、何事もやりすぎはよくない。ことわざにも「過ぎた善意は、寛大な者に苦しみをもたらす」とある。コミュニティーでは、限度をわきまえて分かち合うのが大切である。

しかし、マイナスの気持ちとなると話は別だ。「痛みを食べる」、つまり痛みや悲しみを感じるときに食べまくるのは――私自身、とても身につまされるが――自分ひとりにとどめるべきである。アカンのことわざには「墓地を出たあと泣いてはならない」「年寄りは人前で悲しみに屈するな」とある。これは「涙は周囲に伝染する」ことを警告している。アカン人が涙をこらえるべきと考えていたとすれば、言語学者が「悲しみ」を意味する単語をつきとめられないのにも納得がいく。悲しみは長引く気持ちであり、周囲にごまかすことはできない。一方、「なげき」は個人的なアテンカであり、周りの集団から隠すことが可能だ。

「目を赤く」したり、ねたましさから「皮膚の痛み」を感じたりするのも避けるべきである。ねたましさはときにみずからを傷つけ、その目を赤くする。「妻の不貞を疑う者は、妻の農場へ続く道に倒れた木を疑え」とは、嫉妬心を抑え、奥さんがあなたから離れた真の理由を知ることの大切さを表す。肝心なのは、負のアテンカを制御してマイナスの気持ちを自分だけにとどめることだ。アカンの古いことわざにもあるとおり、「お腹が空いてもそれを感じるのはあなたひとり」であり、「不幸だと感じても［悲しみをいだいて食事をとっても］それはあなた自身の問題」なのである。

一方で、あなたには不快な思いをしている人物を助ける義務もある。古いことわざによれば、十九世紀初頭のアカン人は、怒っている人を「お湯に水を混ぜる」ように落ち着かせなくてはならないとされた。また、手に負えない家族に注意すべきという意味の「犬を家族に迎えたら泣かずにはいられない」というものもある。

マイナスの気持ちを制御できないアカン人を待ち受けるのは、たび重なる恥の襲来だ。初めにやって来るのは後ろめたさ、すなわち「目がうつろな」状態である（おそらく、やましさから目を合わせられないようすを示しているのだろう。幸せなときに目が合うのとは対照的だ）。「塩はみずからの甘さを誇ってはならない」とのことわざは、ねたみから来る思い上がりを戒めているのかもしれない。次に訪れる「目が死ぬ」もまた恥ずかしさを意味する。そして、最終的には「顔をうつむける」ほどの恥辱を味わうことになる。

恐怖や不安は「胃が燃える」、「心が飛ぶ」と表現され、おそらく心臓の動悸を表している。コミュニティーで暮らす人々の心を抑える役割を担っているのだろう。社会の低層に住む人は、贅沢品と思われる品を社会的地位の高い人のためにとっておくのではなく、自分のものにしようと思ったとき、胃が燃えるような不安を味わう。そのため、「奴隷となった者は、極上のヤシの実を避ける」。

ここで、今後も役立つと思われるので、現代の感情の理論も少しだけ見ておこう。まずは、感情史のほか一般的な歴史学でも頻出する「身体性《エンボディメント》」と呼ばれる概念について考えたい。心理学でいう身体性とは、人が行動し、考え、感じるためには脳のほかに別のものが必要だという考え方である。認知や感情は単に脳内における神経細胞《ニューロン》の発火ではない。身体が五感を通して周囲の環境と相互作用する手段である。この考えを世に広めた哲学者のアンディ・クラークは、身体性とは「知的行動をもたらす処理工程のループ」と語る。[12] これは一部の人が考えるほど奇妙な発想ではない。西洋の文化でも、顔を真っ赤にして照れたり、胸が張り裂けんばかりの不安をいだいたり、心臓がどきどきするほどの興奮や恐怖を感じたり、涙を流して悲しんだりすることは往々にしてある。歴史的にも、私たちは情念を呼吸と結びつける初期イスラムの考え方や、身体の部位を気持ちと結びつける古代ヘブライ人について見てきた。それはアカンでも同じであり、むしろこちらのほうが少し直接的といえるかもしれない。アカン人が気持ちを表すのに使う言葉は身体と結びつくだけでなく、身体そのものを実際に表している。

怒りの炎を消す

興味深いことに、アカン社会、というより西アフリカにおける多くの文化圏では、共同体だけでなく、一部の研究者が「敵対性《エネミーシップ》」と呼ぶものを強く意識している[13]。アカンは昔から今に至るまで集産主義社会だ。構成員である個人よりも集団を重視している。人々の気持ちもこうした集産主義を免れず、多数派の気持ちが少数派の気持ちに優先される。

アメリカのような個人主義の文化では、一人ひとりに主眼が置かれる。みなが自分の欲求や欲望にもとづいて暮らしているが、根底には、それぞれが最高の人間になろうと努力すれば社会全体がよくなるという発想がある。だが、アカンのような集産主義社会では考え方が異なる。彼らにとって自己を形成するのは人間関係であり、人と人との結びつきである。あなたが人間として生を受けたのは、あなたが生まれるはるか昔から存在し、死んでからも存在しつづける社会的交流のネットワークだ。あなたはほんの一瞬だけ、ネットワークの一部となる。さらに、このネットワークは人間だけにとどまらない。あなたの住む土地や世界の政治的秩序、あるいは霊的な領域まで内包している。すべてはあなたより前にできたもの、あなたを越えてありつづけるものだ。あなたはそこに溶け込むよう育てられる。[14]

十九世紀初頭のアカンで、社会的なつながりが重要だったことは疑いがない。古いことわざにも「あなたが貧しいとき、片方の手は他人のお腹をおさえている」とあり、その大切さを強調している。また、「深い海ですら塩が多すぎる。浅い溝ではなおさらだ」ということわざは、金持ちが困るよりも貧乏人が困るほうがずっと大変であることを表している。さらに、「猫は言う。〝人間にすり寄るのは慰めるため〟」は、相互扶助の必要性を説いている。加えて、「彼はかつて私を知っていたが、苦いことに、今はもう知らない」というように、親しい関係を失うのは苦痛と考えられていた。

他方、コミュニティーには敵対者もいた。イギリスによる植民地支配が始まる前、アカン人は土地や資源をめぐって周囲と衝突をくり返している。こうした紛争は、「軍隊は軍隊を恐れる」という考えによって避けられることもあった。

ここで挙げたことわざは、アカン人のアテンカが今も昔も他人の行動、とくに周りにいる人と密接に結びついていることを示している。空腹感に苛まれながらも悲しみを隠すのは、それが社会にとって有益だからだ。胸に怒りを募らせたり、目を赤くしてねたんだりするのは、社会のために控えなくてはならない。アカン人は気持ちについて「怒りをため込む《アンガー・イン》」型のアプローチをとっている。一般にネガティブと考えられる感情を公にすることは「顔をうつむける」ほどの恥辱となりえた。

それがふつうだったのだ。

だが、例外も存在する。先ほど述べた「敵対性」という概念がそうだ。集団は個人よりも敵を抱える可能性が高い。裏を返せば、個人主義の社会が敵をもつ可能性は、集産主義の社会よりも理論上は低くなる。十九世紀初頭のアカンで公にすることが唯一許されたマイナスの感情は、おそらく他のコミュニティーへの憎しみだった。特定の集団を嫌うのは集団が共有するアイデンティティーの一部であり、アカン人の特徴を表していた。そして、敵というものが概してそうであるように、十九世紀初頭のアカン人にとって最大の敵は自分たちともっともかけ離れた集団、つまりマイナスの感情をプラスの感情と同じくらい簡単に表明する人々だった。

アカン人にとって、怒りは今も昔も非常に重要なものだが、すでにおわかりのとおり、恐怖や欲望はそうやすやすと表せるものではなかった。しかし、戦いたいという願望はたしかに存在していた。トゥイ語では、怒りは胸のなかで雑草が育つことと表現される。これもまた身体性の一例だ。胸は怒りが宿る場所、雑草として育つ場所である。この言い方には怒りがどこか望ましくない、危険なものという意味合いが感じられる。人間の魂の庭を汚し、すべての成長を妨げるものとほのめかしているように思える。理由はおそらく、怒りが生じるタイミングが前述のとおり、脳――というより、オクラ――が制御するよりも前にあるからだ。

アカンでは、怒りの雑草は重圧《プレッシャー》や熱によって育つとされている。アカン人の胸は熱く煮えたぎることもあれば、鬱屈した怒りの重圧によって裂けてしまうことさえある。[15] アカンの文化圏では、怒りから快楽は得られない。熱や重圧、さらに胸から雑草が生える感覚は、一種の病気、疾患、あるいはなんらかの伝染病と見なされていたのだろう。ことわざにも「怒りは弱き者を凶暴にする」「怒りは旅烏《たびがらす》のようなもの。ひとりの家にはとどまらない」とあり、怒りの放出を戒めている。一方で、「誰かに腹を立てたら、その者を殴れば持ち直せる」「腹を立てたときは、相手を罵《ののし》って気を取り直せ」[16]ともあり、怒りからの立ち直り方も説いている。そうした感覚については、誰もが理解できるだろう。もし私がアカン人で、自分を怒らせた人を殴るか貶めるかすれば、溜飲が下がって冷静になれるかもしれない。[17]だが、それで私の気が晴れたとしても、今度は私に侮辱されたり殴られたりした者が怒りに燃え、因果の連鎖がくり返されるだろう。

怒りのプロセスは身体的な、抑制すべきものである。胸が熱くなったり重圧がかかりすぎたりしてオクラによる制御がきかなくなると、とたんに炎が燃え上がり、雑草が生えはじめる。オクラは怒りを覚え、スンスムがそれを表明するかどうかを決める。

集産主義文化に根ざした社会では、いわゆる内集団と外集団のあいだに強力な力学《ダイナミズム》が生じることがある。オキシトシンという神経化学物質が内集団の人々に魅力を感じさせ、帰属意識を高める原動力となる話を覚えているだろうか。問題は、オキシトシンの増加をもたらさない人が、「他者化」というプロセスを経て「他者」になってしまうことだ。そんなとき、私たちは自分たちの集団が抱える悪しき特徴や習慣をすべて外集団に投影し、固定観念に囚われる。他者は、私たちの悪しき部分を凝縮した存在となる。プロテスタントの目には、カトリックは反キリストに映るだろう。だがカトリックにしてみれば、反キリストはプロテスタントのほうだ。同様に、サッカーでいえばマンチェスター・ユナイテッドのファンも、ほかのチームのファンから見れば反キリスト同然に映る。その結果、少なくともマンチェスター・シティのファンからすれば、味方チームの選手が何度も反則を取られるいわれはなくなる。激しいチャージなんて試合では当たり前なのだから。一方で、ユナイテッドの選手がちょっとでも乱暴なタックルをしたら、シティのファンはレッドカードを出すべきだと感じる。こうしたバイアスが生じるのは、他者がやれば重大な違反行為とされることでも、やったのが同じ集団の人間であれば、見過ごしたり見て見ぬフリをしたりする傾向が私たちにあるからだ。

内部からの戦い

アシャンティの人々にとって、イギリスはまさしく外集団だった。ヤァ＝アサンテワァは胸から雑草が飛び出すほどの熱い怒りを覚え、それを民衆に広める必要性を感じた。当然ながら、彼女の怒りは、怒りと悲しみをこらえるアシャンティの族長たちに伝染した。おそらく族長たちは族長たちで、怒りをこらえることこそ正しいと感じていたのだろう。だが、王母としての地域の王族《アセニー》のモジャと、父方の反抗的な人《ボソマイエンス》のントロを持っていたであろう彼女は反抗心にあふれていた。彼女が爆発することでみなのオクラがかき立てられ、反乱が始まったのだ。

アシャンティはまず、床几を探索していたイギリス兵を攻撃し、拠点である要塞に押し戻した。胸から雑草を生やした一万二千の戦士たちは、人種が入り交じった少数の行政官とナイジェリアから来た五百名のハウサ兵を含むイギリス兵を三カ月にわたって要塞に押しとどめた。ホジスンとイギリス兵は、アシャンティによる包囲攻撃が続くなか、なんとか要塞から脱出した。やがて、大英

アシャンティ連合王国エドウェソの王母、ヤァ＝アサンテワァ

帝国からの援軍も到着する。アシャンティにとって誤算だったのは、かつての戦いで打ち破ったイギリス軍が産業革命によって進化を遂げ、大幅に強化されていたことだ。彼らは強大な力を持っていた。終局はもはや避けられなかった。

　アシャンティは怒りに燃えていたにもかかわらず、敗北してしまった。ヤァ＝アサンテワァは息子と同じセーシェルへ流され、当時ゴールド・コーストと呼ばれていたこの地域はイギリス領に組み込まれた。とはいえ、彼女はまだしも幸運だった。彼女にしたがって戦場へ出た者は、ほとんどがイギリスの援軍によって殺されてしまったのだ。しかし、戦いではイギリス軍も予想外の苦戦を強いられた。彼らは戦後、アシャンティによる自主的な統治を認めた。全面的な自治権を認めたわけではなかったが、大幅な裁量を与えたのである。アシャンティの慣習や法制度は、少なくともほかのイギリス植民地とくらべれば、かなりの部分が手つかずで残された。ただ、イギリスがアシャンティの統治にまったく干渉しなかったわけではなかった。

　一九二六年、ヤァ＝アサンテワァの息子、プレンペ一世が国民のもとへ帰ってきた。アシャンティヘネ（王）を名乗ることは許されなかったが、それ以外は比較的自由な統治を認められた。黄金の床几は巧妙に隠されていたので、一九二一年まで発見されなかった。だが、アフリカの道路工事業者がこれを発見し、あろうことか金の一部を剝ぎ取り、深刻なトラブルに見舞われた。神聖な品を冒瀆《ぼうとく》したとして、地元の法廷から死刑を言い渡されたのだ。彼らにとって幸運なことに、これを好機と見たイギリスが介入して追放処分に減刑された。イギリス人は二十年前のことを教訓としたのか、黄金の床几には決して手を触れないと約束した。

一九三一年、黄金の床几はアシャンティの権力の座として復活した。その年、ヤァ＝アサンテワァの孫でプレンペ一世の甥であるプレンペ二世が、新たなアシャンティヘネとして戴冠するため、床几に座ることになった。現在、黄金の床几はガーナのクマシにあるアシャンティ王宮に収められている。王宮では現在のアシャンティヘネであるオトゥムフォ・ナナ・オセイ・トゥトゥ二世が、相当な政治的自由を保ちながら国を治めている。こうした自由は、ヤァ＝アサンテワァと、彼女の起こした反乱によってもたらされた。

ヤァ＝アサンテワァの怒りの影響力は、彼女が暮らし、戦った地域をはるかに超えて広がっていった。彼女の名は今や世界中に広まり、女性のエンパワーメントやアフリカのエンパワーメント、黒人のエンパワーメント、さらには抑圧に立ち向かう勇気の代名詞となっている。ガーナでは現在、ガラスの天井を破り、男性が支配する職業に関する思い込みを覆した女性がよくヤァ＝アサンテワァのようだといわれる。彼女の物語は、地球上にちらばったアフリカ人、とくにアフリカ系アメリカ人に絶大な影響を与えた。彼らは、その精神をみずからの人生に取り入れたいと思っている。

また、彼女はいまだにこの地域の政治的緊張をかき立てる力を持っている。現在のアシャンティヘネは初代アシャンティ王（黄金の床几を初めて膝で授かった人物）に系譜をさかのぼるが、ヤァ＝アサンテワァの子孫はその対抗勢力だ。二〇〇四年七月、アトウィマ・ムポンウア地区にあるヤァ＝アサンテワァ記念博物館が、放火が原因と思われる火災によって全焼した。これによって、前掲の写真に写った品を含む故王母の遺品の多くが焼失してしまった。政治的立場の異なる多くの人々のあいだで、すぐさま非難の応酬が起こった。こうした緊張は、ヤァ＝アサンテワァが世を去って一世紀以上経った今も続いている。[18] エドウェソヘマァ（エドウェソの母）であるヤァ＝アサンテワァに存在感を与えた強力なスンスムと、彼女のオクラが胸で燃えたときに生えた雑草は、西アフリカを始めとする世界の歴史を今なお形成しているのだ。

第11章 シェル・ショック

あいにく、われわれのなかに包帯を巻いている者は少なかった。負傷したことを示す外見上の痕跡もほとんど見られない。われわれは期待されていたような歴戦の英雄ではなかったのだ。気まずい沈黙が流れ、みなが言いようのない恥ずかしさに頭をうなだれた。「家に帰りましょう」と、丸々と太った女性が大声で言った。「この人たちはただの頭のおかしな人たちよ」[1]

第一次世界大戦初期、W・D・エスプリンという兵士が書いたこの文章には、当時の精神疾患への一般的な見方が要約されている。エスプリンは戦地からの帰還についてつづり、精神的に疲れ果てていて、兵士を続けられなくなったことを回想している。戦いに打ちひしがれた彼は、故郷に帰り、ネトリー軍病院に通えば回復すると考えていた。しかし、人々の冷ややかな反応が彼の期待を打ち砕いた。

問題は、男たちがヒステリーを起こしたことだ。そのころ、男はヒステリーにはならないと考えられていた。当時の一般的な学説では、体液のバランスの乱れによるあらゆる症状が、「女性の病気」と誤解されたヒステリーのせいだととらえられており、それは子宮が適切な位置からずれて起こる混乱によって生じるものとされた［ヒステリー（英 hysteria）はギリシア語の子宮（イステリア）に由来する言葉］。だが、大戦の勃発以来、戦線からトラックで次々と運び込まれる兵士たちは、パニックや吐き気、失明、幻覚、ストレス状況の追体験など、数多くの症状を訴えていた。連合国側（イギリス、フランス、ロシア、イタリア、ルーマニア、日本、アメリカ）も同盟国側（ドイツ帝国、オーストリア＝ハンガリー帝国、ブルガリア、オスマン帝国）も、のちに砲弾《シェル》ショックとして知られることになるさまざまな症状を呈する精神疾患に直面した。一九一八年に出版された本には、シェル・ショックの症状について次のような記述がある。

記憶の欠落、不眠、悪夢、苦痛、情緒不安定、自信や自制心の低下、意識の喪失または変容による発作（てんかんに特有のけいれんをともなうことがある）、簡単なこと以外は理解できない状態、重度の鬱症状や苦痛をともなう強迫観念、症例によっては幻覚や初期の妄想。[2]

加えて、不安発作、突然の失明とパニック、夢遊病など、兵士たちを突如として襲う心身の疾患が多数報告されている。これは、現代のＰＴＳＤ（心的外傷後ストレス障害）とは異なるものだった――症状は広範囲に及び、根本的な原因もまったくちがうものと考えられていた。シェル・ショックは、現代の精神医学で言うところの「戦闘ストレス反応」（ＣＳＲ）に近い病気だった。[3]

ＰＴＳＤが心的外傷《トラウマ》を生じさせる出来事から数カ月後または数年後に発症することが多いのに対し、

シェル・ショックは突然のトラウマや衝撃によってただちに症状が現れる。シェル・ショックにはPTSD特有の罪悪感や攻撃性が生じないかわりに、泣いたり震えたり身体を揺すったりして極端な感情を放出する「身体的解放《ソマティック・ディスチャージ》」が見られる。CSRはPTSDにもつながりうるが、このふたつは別々のものとされ、治療法も異なる。シェル・ショックの長期的な影響は、たった一度の診断によって初期のトラウマといっしょくたにされていた。このふたつの決定的なちがいについては、本章でくわしく探っていきたいと思う。PTSD――さらに、CSR――の原因は意志の力の欠如ではないとされるが、ことシェル・ショックに関してそうした認識は持たれなかった。なかには、シェル・ショックの患者を臆病と決めつける者さえいた。[4] シェル・ショックはどちらかといえば、はるか昔の感情の病気である解離性障害《ヒステリー》に似ていた。

このような古くから存在する感情障害の新たな側面を理解しようとする試みは、その原因である激しい戦争と同じくらい歴史を塗りかえることとなった。それまでよりもさらに優れた新しい科学分野、心理学の発展をうながしたのだ。シェル・ショックの問題に心理学を応用することで、精神疾患の本質が見直されるようになった。また、シェル・ショックの広まりによって、人々は感情を正しく理解する必要性を痛感した。それというのも、双方の国々が戦いに勝つことを望んでいたからである。シェル・ショックを治療するのは兵士たちが戦地に戻れるようにするためだったが、それは戦時だけでなく、平時をも恒久的に変える結果となった。だが、感情を科学的に理解しようとする試みは、一九一四年に銃弾が放たれたときに始まったわけではない。

息子よ、男になるのだ！

第一次世界大戦のころに理解されていた感情の科学について考察する前に、当時の「男らしさ」の概念について少しだけ知っておこう。現代の西洋男性は有害な男性性を意識し、性別役割《ジェンダー・ロール》についてかつてないほど柔軟な発想を持っている。だが、それでも「男らしくふるまう」あるいは「男気を見せる」よう要求される場面では、たくましさや力強さを誇示したい、みなに男らしいところを見てほしいという願望が呼び起こされる。このようなたくましい男性性という概念が生まれたのは、意外にも最近になってからのことだ。それまでも男らしさや雄々しさという考え方はなんらかのかたちで存在していたが、性的アイデンティティーが概してそうであるように、男であることの意味は時代とともに変化してきた。

プラトンの時代、男らしさの証は受け取る側ではなく与える側になることだった。アテネの成人男性の役割は〝能動的〟であること、つまり、戦争で戦ったり政治に参加したりすることにあった。女性や奴隷、少年は受動的であるのが望ましいとされ、年長のギリシア男性から与えられるものを受け取った。女性の場合は、家計を支えるお金や財産、贈り物などである。女性は政治には関わるべきではないとされていた（実際には参加することもあったが）。一方で、少年との性愛関係、有り体に言えば少年が受け手となる関係もふつうに存在した。成人男性どうしのセックスはタブーだったが、それは誰が能動的で誰が受動的かという問題を複雑にしてしまうからだった。受動的に〝受け入れる〟だけの大人の男は、周りから軟弱と見られかねなかったのだ。

キリスト教とイスラム教が台頭したのは、信者たちが古代ヘブライ人にならって男性性を稼ぎ手や家長、一家の大黒柱と結びつけたからである。これは、階級と権力の男性性、すなわち財布の紐を握る者、意思決定をする者を象徴していた。少年の王は老いた労働者よりも男らしさを誇示した。権力者は貧しい者には不可能なやり方で情念を表現できた。便利屋は極端な感情を抑えなければならなかったが、騎士は倒れた仲間のために人目をはばからず泣くことが許された。しかし、すべては産業革命で一変した。新しくできた労働階級の男性が家を出て、労働者として働きはじめた。仕事は以前にもまして汚く、つらく、規則正しいものとなった。人々にはタフさと規律にくわえ、感情をつねに制御する意志の強さが求められた。

この手の新しい男らしさを非常にわかりやすく表しているのが、ラドヤード・キプリング作の「もし」という詩だ。ヴィクトリア朝後期の男らしさを語るにあたって本作に触れない人はいないだろうが、それにはれっきとした理由がある。[5] 一八九五年ごろに書かれた本作は、全体がいわば〝男を男たらしめるもの〟のリストになっていて、次のような連で構成されている。

もし周りの人たちが自分を見失い、きみのことを責めているときに、
冷静さを保てたなら
……
もしきみが心と神経と身体に命じて、
彼らがいなくなったあともずっと自分の役割を果たせたなら

……
もし敵も親しい友もきみのことを傷つけないなら、
もしすべての人がきみのことを気にかけ、それでいて過度に気にかけないなら
……
この世界もそこにあるすべても、きみのものとなる
そして何よりも、息子よ、きみは男になるのだ！[6]

キプリングによる男らしさの指針は、当時のヨーロッパにおけるほとんどの先進的な文化に当てはまった。機械の隆盛は新たな理想をもたらし、タフで感情に動かされない男こそが男らしさを象徴すると考えられるようになった。さらに、ダーウィンは、見方によってはキプリングの思想を裏づけるような理論を打ち出していた。それについてはあとで述べるので、まずは、フランスのとある病院に足を運んでみたい。

男性の解離性障害《リステリ・マスキュリーヌ》

一八八五年十月のある寒い日の朝十時、パリのサルペトリエール病院の階段教室に六十歳近い長身の男性が足を踏み入れた。その瞳は黒く、時の経過によって穏やかさが備わっていた。長い髪は両耳の後ろにかかり、ふっくらとした唇は髭をきちんと剃ったあごの上に突き出ている。男性の風貌は「優れた知性と豊かな暮らしへの理解を思わせる教区司祭」のようだった。[7]その日出席してい

た学生のひとりにはともかくそう見えた――若き学生の名は、ジークムント・フロイトといった。フロイトは、師のジャン＝マルタン・シャルコーがヒステリーの男性についてつづった二十一の症例を読み込んでいたが、この数字は全体の一部にすぎなかった。シャルコーはその後の三年間で、四十件の追加の症例を発表している。彼が現れる前、サルペトリエールに男性が入院することはなかった。シャルコーは（少なくとも彼から見れば）女性とほぼ同じ症状を訴える男性労働者の数が増えていることに関心をいだいていた。フロイトはきっと期待に胸を膨らませて講義に臨んだことだろう。彼はシャルコーを崇拝するあまり、パーティーでシャルコーと話す勇気を出すため、コカインを摂取したほどだった。

シャルコーの診察は学生たちを前にして行われ、男女ふたりの被験者（患者）を診察することから始まった。彼はまず、患者ふたりを催眠状態にしてリラックスさせた。患者は不安が取り除かれ、パニックも解消されたように見えた。シャルコーはこの状態を「嗜眠《しみん》」（レタルジー）と呼んだ。ついで、患者を深い眠りの状態、カタレプシーに引き入れた。そして、夢を見ているような「夢遊状態」にして、問題の原因を探っていった。シャルコーの名を一躍世に知らしめたのは、こうした診察手法である。ヒステリーのような病気は身体ではなく精神から探るべきだという彼の主張は、当時としては斬新なものだった。

シャルコーは催眠療法をもとに、男女の患者がてんかんではなく大ヒステリー《グラン・ディステリ》を抱えていることを聴講者たちに示した。それまではどちらの症状も見分けがつかなかったが、シャルコーには秘策があった。催眠療法を用いて、ふたりの患者の症状を入れ替えたのである。結果として、男性はヒステリー状態になり、女性はてんかん患者らしき行動に及んだ。実験を行うことで、彼は病気が身体の傷だけでなくトラウマによって生じることが証明されると思った。とはいっても、病気の原因が脳だけにあると考えたわけではない。彼は、病気が患者に与える影響は男女によって異なると予測していた。

　女性にとって、ヒステリーは自然なこととシャルコーには思われた——患者の内面で何かが爆発しようとしているのだと。だが、男性の場合、なんらかのトラウマが引き金となっているはずだった。十九世紀、工場で働く男性は機械が原因でたびたび負傷していた。シャルコーの担当する男性患者にも、漁をしていて溺れそうになった者や、畑仕事の最中に雷に打たれかけた者がいた。ほかにも、労働に関連する災害に遭った者が何人もいた。鉄道事故も日常茶飯事だった。[8] イギリスでは、鉄道に関する精神障害が「鉄道脊髄症」と名づけられるほどだった。

　しかし、トラウマだけでは説明がつかないものもあった。シャルコーは、トラウマ以外の原因は遺伝にあると推測した。患者の母親がヒステリーに罹患していた場合、診断を下すのは簡単だ。患者は母親の病気をそのまま受け継いでいるのだから。だが、母親がヒステリーにかかっていなかった場合、シャルコーが着目したのは父親のほうだった。おそらく、父親が大酒飲みか、犯罪者か、精神病患者だったのだろう。父親でなければ、祖父か曽祖父が原因かもしれない。

　前述したとおり、シャルコーは、ヒステリーが脳の病気であるからといって身体の不調は関係ないとは考えていなかった。魂なんてばかげたものも信じていなかった。彼は根っからの科学者だった。ヒステリーには物理的な原因がある。今回は「神経衰弱」、つまり神経系の欠陥に原因があるのだろう。あるいは、化学物質のバランスが崩れたせいかもしれない。実際、バランスの崩壊という発想は現代でもしばしば語られる。もしくは頭蓋内腫瘍か、それとも脊椎の損傷か。シャルコーは、これらの原因のうち脊椎の傷を「機能損傷」と呼んだ。これは率直に言えば「探しても見つからない損傷」である。[9] 機能損傷は遺伝後に休眠し、いつか何かしらの不全状態を引き起こす準備に入る。アルコール依存症、犯罪行為、狂気、そしてヒステリー。ときには、世代を隔てることもあるかもしれない。シャルコーが患者の祖父母に関心を持ったのもそうした理由からだ。

　ここまでをまとめると、シャルコーは男性もヒステリーになりうるが、女性のヒステリーとは異なるものだと考えていた。男性のヒステリーは顕著かつ身体的なもので、重工業での労働や漁、雷雨のなかの外出など、男が男らしいふるまいをとることによって起こる。一方、女性のヒステリーは女性が女性であるがゆえに起こるものだ、とされた。こうした女性を蔑視する見方は、当時の医療界が看護師をのぞいてほぼ男性に占められていたことを考えればさして驚くにはあたらない。しかも、彼らはただの男性ではなかった。男性を男性たらしめる意志の支配について研究する生粋の男性だった。男性がヒステリーを起こすのは女々しいから、あるいは同性愛者だからだと主張する者もいたが、シャルコーはそうは思わなかった。問題は、男性――とりわけ、目に見えない損傷を神経に負った不幸な男性――が、男の仕事をしていることにあると考えた。

　シャルコーに師事していたフロイトは、シェル・ショックの原因となる感情について彼なりの考えを持っていた。フロイトは欲望や衝動、気分、さらにはデジャヴのような不思議な体験など、あらゆるタイプの気持ちを包括し、それを「情動《アフェクト》」と呼んだ。情動とは、私たちがある対象に出会うことで発生する、身体や脳に生じる物理的な表出だ。ただし、ここでいう対象とは物体だけを指すのではない。優勝杯を獲得するといった経験も、散歩や戦争へ赴くなどの出来事も含まれている。また、ある対象にいだいた情動が変化したり、別の対象に属したりすることもある。たとえば、へとへとになるまで長い散歩を楽しんだあと、夕日を眺めて休んだとしよう。あなたは疲労と安らぎの結びつきがもたらす心地よさを記憶し、また体験したいと考えるだろう。

私たちがある対象に出会ったときに示す情動はたいてい予測可能だが、ごくまれに奇妙なものも生じる。そうした奇妙さは往々にして無害そのものだ。おそらく、カルチャーギャップを感じたり、疲れていたり、お腹が空いていたりするのが原因だろう。だが、根深い問題を抱えている場合もあるため、そのときは問題の大本を追求しなくてはならない。

対象と情動の関係を考えるうえでもうひとつ大事なのは、私たちはそれを適当に結びつけているわけではないということだ。フロイトは、人は一般に幼少期の何かから逃れようとしているか、そのころの何かを手に入れようとしていると考えた。男の子が母親とセックスして父親を殺したいと願うとされるエディプス・コンプレックスの発想はここから来ている。これは十九世紀半ばのドイツ家庭での感情の力学が垣間見える理論だ。当時の家庭には、子どもが恐怖や憎しみをいだく厳格な父親と、子どもが愛情を寄せる優しい母親がいることが一般的だった。

フロイトは、ジェイムズとランゲに一貫して反対の立場をとっていた。皮肉なことに、彼は一九一五年に『無意識』という論文を書くまでは、情動が無意識的なものとは思っていなかった。論文のなかで彼は「情動について意識することは情動の本質である」と述べている。情動をいだく理由や気持ちを引き起こす観念は無意識的かもしれないが、情動それ自体は「放出のプロセス」であり、どこかの段階で意識するものだと彼は考えた。[10]

このような放出のうち、もっとも危険なのは〝不安〟である。第一次世界大戦当時、フロイトは不安とは鬱積した気持ちの吹き溜まりのようなものと見なしていた。彼にとって、それは人が放出しきれない情動の集まりであり、耐えがたい苦痛をもたらすものであった。不安のなかでなんらかの精神障害が生じ、それによって対象への異様な反応が生じる。シェル・ショックもそうした特殊な反応のひとつだった。

集団ヒステリー

心理学の分野にシャルコーやフロイトがもたらした影響の大きさは疑いようもないが、第一次世界大戦時の感情への見方はまだ少し古風なものが主流だった。ブラウンやジェイムズやランゲが述べたような新しい感情の概念を誰もが受け入れたわけではなかったのだ。古い考え方が廃れるにはたいてい時間がかかるが、一九一七年になってもなお、気持ちというテーマに関する考え方の多くは昔ながらの思想に縛られていた。

そうした古い思想は、ダーウィンの進化論というプリズムを通して、宗教というよりむしろ科学に近いものとされた。魂の階層はなくなり、進化の序列である生命の梯子に置きかわった。しかし、これさえもまったく新しい考えというわけではなかった。アリストテレスから派生した「存在の大いなる連鎖」は宇宙のすべての物質を序列化し、一番下に岩、一番上に神、そのあいだにほかのものすべてを置いた。キリスト教では、人間——というより、男性——は、天使からひとつ下、神からふたつ下の位置に置かれた。女性は残念ながら、男性よりも下の階層に置かれることが多かった。古代ギリシアの時代から、女性は進化が遅れた種と見なされていたのだ（個人的には、その逆ではないかと思っているのだが）。

ダーウィン流の新しい感情の連鎖もまた、アリストテレスが唱えた魂の三分説の要素を受け継いでいた。もっとも大きなちがいは、ダーウィンが人間と動物は理性によって分けることはできないと考えていた点だ。ダーウィンは、当時「本能」と呼ばれていた動物の知能は、知性とは切っても切り離せないと主張した。人間はどんなに頭がいい者でも、動物の本能を内に秘めている。人間が特別たるゆえんは意志にある。自由な意志で選択し、何かを行使する能力は、三つに分かれた魂のなかでも至高の輝きを放っている。どれほど単純な生物でも、物を認識することはできる——たとえ、本能を超えた最善の使い方を考え出せなくとも。知性はこの連鎖のなかで意志の下に位置しており、一番下に来るのが愛情、すなわち感情だった。だが、本章の冒頭でも述べたように、感情は当時、研究者たちの努力にもかかわらず、心理学でまだカテゴリーとしてとらえられていなかった。感情もまた、三つの階層構造を持っていた。

過去の知的風景について理解するには、その時代に人々が学んでいたものを知るのが一番だ。精神科医のロバート・ヘンリー・コールが一九一三年に著した参考書『心の病』（*Mental Diseases*）は大戦前のイギリスで人気を集めた教材だが、そのような風景を見るうえでの窓を開いてくれる。コールによると、愛情には独自の階層があるという。愛情とは「快いものに惹かれ、不快で、有害で、苦痛をともなうものに反発すること」である。三という数字にはある種の魔力があるのか、愛情もまた三種類だった。もっとも低いところにあるのは「生存競争の土台にある気持ち」で、「自己保存と繁殖という原始的な法則にしたがっている」[11]。それはありのままの感覚であり、刺激に対して考える間《ま》もなく反応が起こる。こうした感覚は身体に変化をもたらし、微小血管を伸縮させ、心拍数や呼吸、筋肉の制御に影響を与える。コールは「〝狂気〟によって（愛情のカテゴリーが）ねじ曲げられると、本来快楽をもたらすはずのものが苦痛を引き起こす」と指摘する。[12]そこで初めて人は感情をいだくのだ。

コールによれば、感情は自分が赤面していることに突然気づくといったこととは関係がなかった。彼は、感情は「知覚と観念化という高次の精神過程と結びついている」と語った。[13]感情とは一次的なもの（情念）や持続的なもの（気分）、あるいは人の個性の一部となるほど長く続くもの（気質）など、さまざまな考え方の上に成り立つ気持ちである。興味深いことに、コールは人の気質を四種類の体液で分けていた。快活（多血質）、無気力（粘液質）、短気（黄胆汁質）、憂鬱（黒胆汁質）である。コールが旧来の体液説について懐疑的だったことを考えると、これはいささか驚きだ。誤った考えも、長く存続することがあるのだ。

感情とは、コールが「恐れ」や「怯え」「怒り」「愛」と名づけたものだ。[14]それは「気持ち」とはちがい、意識（思考）を必要とする。また彼は、気持ちが過剰であったり、欠乏していたり、なんらかのかたちで変質していたりすると、狂気が引き起こされるとも記している。[15]

階層の最上位に位置するのが「情操」である。この高尚な感覚は、「すでに述べた感情とは注意と判断をともなう自発的反応が働く点で異なる」。情操とはいわば、意志を用いる愛情だ。本書でも述べた道徳的情操や美的情操のほかに「知的情操」が含まれる。コールいわく、知的情操は「ある主張の正しさや信頼性をたしかめるために高次の感情が働いて生じるもので、人間の矛盾や疑念を超えたところにある」。道徳的情操に少し似ているが、より科学的な事柄に関連している。知的情操はある行動を正当化し、自分が正しいと確信させてくれる。しかし、過不足や変質がある場合、こちらもまた狂気を引き起こす。道徳心は崩れ去り、正義は失われ、芸術は「グロテスク」なものと化してしまう[16]。

情操と意志が文明人と動物を隔てるものだった。動物だけでなく、野蛮人や精神病患者もそこに含まれていた。情操と意志をないがしろにして気持ちや感情、知性に頼れば、人はそれだけ進化の連鎖を下っていく。文明人は進化の頂点にいた。精神を患うということはその鎖を滑り落ちることであり、自制心や道徳心、判断力を失って、野蛮な存在になることだった。一九〇四年、イギリスはサットンのバンステッド精神科病院の院長、クレイ・ショーは、狂気とは「〝個人としての至高の状態〟から逸脱すること」と述べている[17]。

意志の制御に努め、道徳的、美的、知的情操を適切に用いることは、思想家がヴィクトリア時代の男らしさを表現する方法だった。女性は情操や意志よりも、感情や知性にしたがっていた。そのため、当時の通説では、女性は精神的な病気にかかりやすいとされた。女性にヒステリーが多いのは抑圧されているからではないかという考えに男性は思い至らず、そうした風潮は長いあいだ変わらなかった。だが、すでに述べたように、ヒステリーは女性特有の病気だという考えは音を立てて崩れようとしていた。

第一次世界大戦に話を戻すと、当時、何千何万という男性がどう見てもヒステリーとしか思えない症状を呈しはじめていた。当初は、戦争の恐怖によって男らしさが失われたせいで女性のような感情的な生き物になってしまったと考えられていた。情操から切り離され、意志が打ち砕かれたことで「頭がおかしくなってしまった」のだと。あるいは、フロイトの説にしたがえば、この男たちはみな幼いころに何か不安を感じるような経験をして、それが今になって放出されているのだった。いずれにせよ、世界はこうした心の病が、原因と男女を問わず起こりうることを認めなくてはならなかった。そして、それはどんな著名人でも同じことだった。

詩的正義

一九一七年七月、イギリス下院議長は、議会で一通の手紙を読み上げようとしていた。短い手紙だったため、内容はすぐに本題に入った。書き手はこう述べていた。「私はこれまで兵士たちの苦しみを目の当たりにし、そのたびに心を痛めてきました。もはや、邪悪かつ不正と思われる目的のために、苦しみを長引かせる当事者になることはできません」[18]。戦争が崇高な目的を持ったものから征服と覇権の手段に成り下がった今、これ以上関わりたくないというのが差出人の主張だった。この日、議会に出席していた人々はさぞ不思議に思ったことだろう。なぜこんな無礼千万な成り上がり者が逮捕もされず、軍法会議にかけられて銃殺刑に処されないのかと。彼らにとって厄介なことに、メッセージは当時国内でもっとも尊敬を集めていたふたりの思想家、哲学者のバートランド・ラッセルと作家のジョン・ミドルトン・マリーに支持されていた。ふたりの評価は当時も今もすこぶる高く、彼らの関与があったことで、とある指揮官の引き出しに収まっていた手紙がマスコミの注目を浴びることになった。軍の上層部は、不満をしたためたこの兵士をなんとかしなければならなかった。ほかの兵士であれば、見せしめのために問答無用で銃殺していたかもしれない。だが、この手紙を書いた人物はただの一兵卒ではなかった。「マッド・ジャック」の異名を持つ、かの有名なシーグフリード・サスーンだった。

シーグフリード・サスーンは、裕福なユダヤ人の父親とカトリックの母親のあいだに生まれた。教養があり、長身でハンサムだった彼は、のちに女性と結婚したがゲイだった。サスーンはまだ第一次世界大戦が始まっていないころ、愛国心から軍に入隊を志願した。迫りくる大戦の脅威は、軍服を着る理由としては十分だった。彼は軍服にありったけの男らしさを詰め込んだ。マッド・ジャックという異名は彼の勇敢さを物語っているが、サスーンにはいささか勇敢すぎるきらいがあった。あるときなど、のちに指揮官の逆鱗《げきりん》に触れることになるが、わずかな数の手榴弾で単身ドイツ軍の塹壕《ざんごう》を占領したことがあった。また、深夜の爆撃時に壕から飛び出すという命知らずの大胆さで部下たちを鼓舞し、上官の信頼を得たこともある。彼は「敵の塹壕を急襲した際のめざましい勇敢さ」によって、勲章（戦功十字勲章）を授けられている。彼が例の手紙を書いたとき、上官の机にはイギリスでもっとも誉れ高い軍事勲章「ヴィクトリア十字勲章」の推薦状が置かれていたという。シーグフリード・サスーンは、まさに男らしさを絵に描いたような人物だった。

しかし、そんな日々も、親友のデイヴィッド・カスバート・トーマスの戦死によって終わりを迎える。サスーンは打ちひしがれ、もはや悲しみから抜け出すことはできないと悟った。トーマスの死は、最後の一撃だった。何年も前から彼を悩ませていた血と殺戮と恐怖が、このとき一気に噴出したのだ。マッド・ジャックという人格は、みずからを苛む深い恐怖と憂鬱を隠すための仮面《ペルソナ》にすぎなかった。イギリスへの帰途、彼は戦功十字勲章をマージー川に投げ捨てた――こうした行為は、彼の陰鬱な気分をやわらげるカタルシスを生んだ。その後、麻疹にかかって病院で休養した際、彼は手紙を書き上げた。タイトルは「戦争に終止符を――ある兵士の告発」とした。

手紙の内容を聞いた議会の雰囲気は、まさしく怒りの一語に尽きるものだった。マッド・ジャック・サスーンは自分を何様だと思っているのか？　彼の男らしさはどこへ消えてしまったのか？　われわれ議員はどうすべきなのか？　答えは至極単純だった。サスーンが男らしくなくなったのは、ほかのたくさんの兵士たちと同じように〝頭がおかしくなった〟からだ。そこで、彼らはサスーンをイギリスへ戻る船に乗せることにした。こうして、彼は失望した女性たちに迎えられ、エジンバラ近郊のクレイグロックハート軍病院へバスで運ばれたのである。

サスーンが今なお有名なのは、勲章を川に投げ捨てたからでもなければ、熱烈に支持しているように見えた戦争に反対したからでもない。彼はその名を詩によって知られている。彼が詩を書いたのは、戦争中にいだいた激しい感情を解き放ち、マッド・ジャックをシーグフリードから切り離すためだった。クレイグロックハート病院にいるあいだ、詩作への欲求が頭を離れることはなかったが、その焦点は少しだけ変化した。戦争という物理的な恐怖よりも、シェル・ショックにかかった人々の内面を見るようになったのである。

「生存者」

彼らはきっとすぐによくなるだろう。
衝撃と緊張で口ごもり、言葉も途切れがちではあるが。
彼らはもちろん「もう一度外に出たい」と願っている。
顔に傷跡の残る少年たちが、歩くことを学んでいる。
彼らはすぐに忘れてしまうだろう――
あの身の毛がよだつ夜のことも、死んだ友の亡霊に怯えたことも。
彼らの夢に殺人が滴り落ちる。彼らは誇りに思うはずだ。
みずからの矜持を打ち砕いた、輝かしい戦争のことを……
不満と喜びを胸に、戦地に赴く者たち。
あなたに憎しみの目を向ける子どもたちは、今や傷つき、狂っている。[19]

ここで興味深いのは、サスーンがシェル・ショックにかかった患者仲間たちの「治りたい」とか「前線に戻りたい」という願いに注目していることである。当然ながら、政府としても思いは同じだった。彼らは兵士たちが回復してふたたび戦ってくれることを願っていた。当のサスーンでさえ、精神的に復活したと感じ、一九一八年に軍に復帰している。また、サスーンによれば、戦争で傷ついた人もふたたび戦地に戻って勝利に貢献したいと願っていたという。私たちにとってもうひとつ注目すべきなのは、最後の一行である。「あなたに憎しみの目を向ける子どもたちは、今や傷つき、狂っている」。サスーンが言いたいのは兵士たちが女々しいとか、女性の病にかかってしまったということではない。彼らが子どもになってしまったということだ。

これは大事な点である。シェル・ショックが奇妙なのは、女性がほとんど言及されていないことだ。事実、女性がシェル・ショックにかかることはなかった。最前線で働く看護師たちも例外ではない。彼女たちが苦しんでいたのは、ヒステリーだった。シェル・ショックは男の病であり、いつだってそれは変わらなかった。そのため、シェル・ショックの男性は、女性の病気ではなく、何か別のものにかかったと見なされていた。ラドヤード・キプリングの「もし」の有名な最後の一行にこうある。

そして何よりも、息子よ、きみは男になるのだ!

サスーンが仲間の患者たちを子どもにたとえたように、キプリングは少年を男に変えるものについて述べている。キプリングが挙げた「男らしさ」の特徴は、大人の男性と子どもを区別するリストだった。当時のシェル・ショックのとらえ方について理解するためのカギがここにある。シェル・ショックは男らしさの喪失ではなく、フロイトが「退行」と呼ぶものによって生じたとされたのだ。
退行とは、大きなトラウマによって精神が幼児期の段階に逆戻りしてしまう現象である。これは発生反復説の延長線上にある考え方だ。発生反復説は一般に、「個体発生は系統発生をくり返す」という表現で知られる。簡単に言うと、胎児が子宮内で成長するにつれて単細胞生物から原始哺乳類に変わり、ついで単純な霊長類、複雑な霊長類へと変化し、最終的に人間となるという説だ。もちろん、今では明らかな間違いだとわかっているが、当時は広く信じられていた。フロイトは、退行をある種の「退化」、つまり「性生活の初期段階への回帰」と表現している。[20]
当時、進化の頂点にいると考えられていたのはただの人間ではなかった。性的に成熟した、教養ある成人男性だった。少年はまだその段階へ向かっている途中であり、そこへ到達して初めて、意志や情操を適切に制御できるようになる。そうして、ようやく（息子は）男になるのだ。だが、心理学者たちはすべての少年が同じペースで大人への道を歩むわけではないと考えていた。早く大人になる者もいれば、戦場に送り出されるときでさえ成熟していない者もいる。シェル・ショックは、近代の工業化された戦争の恐怖によって、感情の成熟を迎えられなかった男性が淘汰《とうた》されたことを世に知らしめたとされた。彼らは意志の力や感情の制御に欠ける、子どものような人々だと。
だが、そうした未熟な男たちも、破壊的な戦いの衝撃で子どもへと退行するまでは、成熟した大人の男性のように見えたことだろう――この見解は、科学の世界を超えて大衆の文化にまで浸透していった。レベッカ・ウエストが一九一八年に発表した小説『兵士の帰還』（*The Return of the Soldier*）では、塹壕から帰還したクリス・ボルドリーという大尉が描かれている。シェル・ショックにかかって戻ってきた彼は、十五年分の記憶をきれいになくし、思春期の状態へ逆戻りしてしまう。[21]

不死鳥、灰よりよみがえる

戦争はなげかわしいものだが、第一次世界大戦で精神疾患が担った役割は重要だった。シェル・ショックの根底にある感情と、そうした感情への人々の理解が、戦局にどれほど影響したのかはわからない。しかし、決して小さくはなかったことはたしかだ。いずれにせよ、本格的な科学分野としての心理学の歴史は、シェル・ショックの出現とそれを理解し治療したいという願望によって決定的な変化を遂げた。感情への当時の一般的な理解とシェル・ショックの現実が衝突したことで、感情は脳の産物であるとの考え方が初めて実証された。第一線の知識人たちは、これによりふるいにかけられることになる——彼らの考えのほとんどが、間違っていたことが判明したのだ。当時は、精神医学も心理学もいまだ発展途上にあった。だが、幸いにも、私たちはだんだんとよい方向へ進んでいる。

シェル・ショックの現代における親戚ともいえるPTSDは、治療と予防の両面において真剣に研究が進められている。PTSDへの理解は完璧とは言いがたいが、感情の科学に関する先駆者の研究によって、ここまで発展を遂げることができた。読者のなかにもカウンセリングを受けたことのある人はいると思うが、そうした人はみな、人々が戦いを続けられるよう暗闇のなかで奮闘した思想家たちに多少なりとも恩義がある。彼らは多くの点について間違っていたが、心理学にある種の正当性を与えてくれた。それによって、心理学は物事を正すことができるようになった——そう、ある程度は。心理学はまだ感情については苦戦状態だが、それについては後述していきたい。

次章では、感情への別の認識に目を向けていこう。当時、ヨーロッパの裏側で生まれつつあったその認識は、眠れる龍を目覚めさせようとしていた。人々を革命に揺り動かし、ひとつの国家を現代の超大国へ導いたのである。

第12章

龍の屈辱

第二次世界大戦と時を同じくする日中戦争のさなか、中国共産党員たちは全国各地の村で劇を上演するために奔走していた。歌ったり踊ったりするたぐいの劇ではない。もちろんそういう劇もたくさんあったが、こちらはもっとリアルで、もっとおぞましいものだった——一九四〇年代初頭(正確な時期は定かではない)、山西省南東部にある張庄村《ちょうしょうそん》でもそのような劇が行われようとしていた。

まずは、現地の共産党員たちが会合に呼び集められた。目的は段取りを立てることだ。党員にはそれぞれ、自分の役割と標的、そして標的に対する一連の非難内容が手渡された。標的に選ばれるのはもっぱら地主や権力を乱用する役人、あるいはみずからの地位を利用して他人を抑圧するような人間だった。党員には委員長、第一告発者、第二告発者、護衛、会計といった役職が割り振られた。

次の目的は「座席を埋める」こと——人々を動員して観衆を集めることである。劇はいわゆる批判闘争大会(批闘会)の形式で行われた。狙いは、共産党員の訓練された動きで観衆を巻き込み、被告の罪について人々に告発させることである。大事なのは人数だ。観衆の数が多ければ多いほど、反応は望ましいものとなる。党員たちは地元の人々をできるだけ多く集めなくてはならなかった。

観衆が十人かそこらでは、せっかくの劇が台無しになりかねない。

どうにか会場がいっぱいになったところで、いよいよ舞台の幕が上がった。最初に、党員が告発された人物を舞台上へ引っ張り上げる。次に、第一告発者たちが怒りを爆発させる。彼らは泣きわめき、被告の顔を指差す。さらに、第二告発者たちも同じようにする。その勢いは、観衆のなかに巧妙に配置された党員が共産党のスローガンを唱えることで加速していく。劇の参加者たちは自分の気持ちを偽ってはいなかった。本心をさらけ出していた。そうでなければ、望ましい効果は得られないからだ。それは人々の情念が解き放たれる、むき出しの感情の法廷だった。[1]

しかし、張庄村の観衆はこの状況でも黙ったままだった――非難はおろか、一言も発しなかった。村人たちはそれまで、告発された人物を尊敬するように教えられていた。第9章で紹介した「礼」という行動規範は、彼らの文化にとって欠かせないものだ。裁判にかけられているのは、地元の役人であり、権力者であり、目上の人間だった。そのような人物の前では、伝統的に正しいふるまいをしなければならないとされていた。共産党の委員長が観衆に尋ねた。「さて、この男の不正を示す証拠はどなたが持っておられるのかな?」だが、誰も名乗り出ない。やがて、しびれを切らした副委員長が被告のあごを平手打ちしてこう叫んだ。「きさまがいくら盗んだのか、みなの前で言ってみろ!」この平手打ちが決め手となった。

その夜、村ではほとんどの人が眠れなかった。彼らは、農夫が役人を叩くところを見たことがなかったのだ。まるでお芝居を見ているような、非現実的な光景だった。しかし、それが作りごとではないとわかっていた。副委員長の平手打ちは彼らの恐怖心を取りのぞき、重い口を開かせた。感情体制の束縛から解放された農夫たちは、続々と劇に参加しはじめた。

まずは、女たちが自分を虐げた者に立ち向かった。女性は男性よりも抑圧されることが多く、それだけ鬱憤《うっぷん》が溜まっていた。ついで、男たちも抱えていた不満をぶつけた。被告はしばしば反論した。実際、そうする可能性の高い者は選考の過程で優先的に選ばれていた。涙で顔をぐしゃぐしゃにしてしまうような者では、観衆の同情を誘いかねない。頑固で反抗的な相手だからこそ、さらなる怒りが引き起こされるのだ。すべては劇の一部だった。観衆の感情的な反応を引き出し、彼らに衝撃を与えるための純粋なパフォーマンスだった。そして、それは見事に成功した。被告は、運がよければ劇の終わりに三角帽をかぶせられ、村中を引き回されるだけですんだ。運が悪ければ……どうなったかは推して知るべしだ。

こうした感情の劇場は、勝利への長く険しい道のりの一歩だった。中国共産党は一九二一年に正式に設立されて以来、多大な時間をかけて各地に秘密拠点のネットワークを構築し、人々を崇高な目的へ駆り立てていた。党員はしばしば「長征《ちょうせい》」と呼ばれる大移動を行わなければならなかった。国民党の支配の手から逃れるため、中国の北部や西部へ一万二千キロ以上かけて退却したのだ。国民党軍の兵力はアメリカの支援によって四百三十万人という驚異的な規模に膨れ上がったが、遼《りょう》瀋《しん》戦役で組織力に長けた共産党軍に敗れたことから、崩壊は避けられないものとなった。そして、一九四九年十月一日、毛沢東を最高指導者とする中華人民共和国が誕生したのである。

二百年にわたる帝国主義と国民党による支配を経たあと、世紀半ばの中国で共産主義が成功を収めたことは、それまでのいきさつを考えれば驚くにはあたらない。中国はそれまで百年以上にわたって蹂躙《じゅうりん》され、侵略され、侮辱され、嘲笑されていた。とりわけ、日本と欧米列強は容赦のない迫害者だった。国内では感情が高ぶっていた。だからこそ、批闘会が重要だったのだ。共産党が国民を味方につけることができたのは、彼らが気持ちの力を理解していたから——そして、それをあやつる方法を知っていたからにほかならない。

日本と同じように、革命前の中国では感情に対する一般的な理解は数千年に及ぶ伝統と思想が混じり合ったものだった。毛沢東と中国共産党の同志たちはそのことを熟知しており、最終的な秘密兵器として使うことができた。だが、そうした兵器について語る前に、まずはそこに込められた感情へ目を向けたい。すべては今から二千年以上前、中国の山中を歩くひとりの男から始まった。

無為自然の道《タオ》

紀元前三世紀の暖かいある日のこと。伝説的な道教の始祖である荘子が、現在の安徽省蒙城県《あんきしょうもうじょうけん》の山中を友人たちと旅していたところ、[2]長い枝に鮮やかな緑の葉が茂った大木が目にとまった。彼が木に見とれていると、ひとりの木こりがなんの関心も示さずにその場を通りすぎた。荘子が木こりを呼びとめ、どうしてこんなに見事な木を通りすぎるのかと尋ねると、木こりは答えた。「どうにも使いみちがないからね」

「この木は木材として役に立たないからこそ、天寿をまっとうできるというわけですね」と荘子は言った。

木こりはうなずいた。

あくる日、荘子が山から下りて旧友の家を訪ねると、友人は喜び、飼っていた雁《かり》を一羽つぶしてごちそうにしようと言った。友人の息子は二羽の雁のうちどちらを食べるべきかと父親に尋ねた。「一羽はよく鳴きますが、もう一羽は鳴くことができません。どちらをつぶしたものでしょうか」「鳴かないほうを」と父親は答えた。

夕食のあと、荘子の旅にしたがっていた弟子のひとりが尋ねた。「昨日、山中のあの木は役に立たないので天寿をまっとうすることができました。ですが、今日、主人の雁は役に立たないので死んでしまいました。先生はいったいどちらをおとりになるのですか」

荘子はにっこりと笑って答えた。「そうさな、わたしなら役に立つと立たぬの中間をとるとしようか。あるときは龍のように、またあるときは蛇のように。大事なのは、時の流れとともに変化することだよ[3]」

この逸話には、儒教への批判が込められている——というより、荘子の書の大部分がそうだ。彼は、礼という観念がとかく益より害をもたらすと指摘した。物事は移り変わるのであり、「四角四面では角を挫《くじ》かれてしまう」。大切なのは、誰もが「あるときは龍のように、またあるときは蛇のように」生きることだ。特定の状況にたえず通用する絶対の法則など存在しない。荘子はほかにもっといい方法があると考えた。ここで、もうひとつ別のお話を紹介しよう。

荘子の親友である恵施《けいし》のもとに、荘子の妻が亡くなったという知らせが届いた。通常、儒教のしきたりでは、妻を亡くしたときは三年の服喪に入るのが正しい対応とされていた。孔子は、弟子の宰我《さいが》が「喪に服すのは一年で十分ではないでしょうか」と尋ねたのを不道徳と見なしたとされる。礼にそのような疑問をいだくこと自体、「信」（心根）が正しくない証拠だと。宰我に「仁」（思いやりの心）はなく、「智」（善悪の理解）は歪んでいた。そして何よりも「孝」（家族への責任）がまったく欠けてしまっていた。礼が三年という期間を定めている以上、そのあいだは喪に服すのが当然なのである。[4]

さて、恵施が旧友の家を訪ねると、荘子はなんと土の瓶《かめ》を叩きながら歌をうたっていた。恵施は言った。

夫婦としてともに暮らし、子どもを育て、年を重ねた人が亡くなったのだ。そんな人の死をなげくどころか、瓶を叩いて歌っているとはあんまりじゃないか？

いつものように荘子は答えた。

そうじゃない。妻が死んだばかりのときは、わたしだって悲しまずにはいられなかった。しかし、考えてみれば、その始まりにはもともといのちはなかったのだ。いのちがなかっただけじゃない、形だってなかった。形がなかっただけじゃない、気だってなかった。おぼろげなとらえどころのないものが混じり合うなかで、ふとした変化から気が生まれ、気が変化して形が生まれ、形が変化していのちが生まれた。そして、ふたたび変化して、妻は死へと向かっていった。これは春夏秋冬、四季のめぐりと同じことさ。誰かが広大な邸《やしき》で眠ろうとしているとき、なげき悲しむなんてばかげているじゃないか。そんなことではわれながら天命に通じないと思って、泣きさけぶのをやめたんだ。[5]

生もまた変化し、移ろいゆく。死と生は「無」と「有」である。どちらも、あるものにとって必要な側面だ――道教ではそれを「道《タオ》」と呼んだ。荘子の考えでは、生が死よりも優れている理由はない。これを忘れて極端に走ると、「「道《タオ》の」〝徳〟に逆らうことになる。そして、世のなかで徳に逆らうものは長続きしない」[6]。有用な木になるのも、鳴かない雁になるのもいけない。重要なのはただひとつ、道《タオ》の徳にしたがうことだ。そのためには、バランスが、そして穏やかさが必要である。

　自分を刺激するようなものは避けるのがコツだ。道教では、私たちに過度の興奮をもたらすものは、五色《ごしき》（鮮やかな色）、五味《ごみ》（贅沢な料理）、五音《ごいん》（美しすぎる音）としている。これらを追求することに人生を支配されると、心身がストレスにさらされる。『老子道徳経』という書物によれば、最良の生き方とは「笑うことを知らない赤ん坊のように」、「愚か者の心」を持つことである[7]。それは物事に動じないこと、穏やかであること、気を楽にすることに通じる。

　ここで道教を取り上げた理由のひとつは、その影響力が当時の中国で共産党の障害となっていたからだ。毛沢東にとって道教は何の役にも立たないものだった。世界はあるがままに受け入れるべきものではなかった。彼は、二十世紀初頭の中国に穏やかさが求められているとは思わなかった。今こそ龍に、そして蛇になるときだった。火中の栗を拾うときなのだ。いつまでも何もしないで立っている木ではなく、よく鳴く雁にならなくてはならない。赤ん坊の心も愚か者の心も不要であり、道教の信者に教えを手放させるか、彼らを追放しなくてはならなかった。それは、より直感的な人の気持ちの理解に頼ることを意味していた。

気から感情へ

かつての中国人が気持ちをどうとらえていたかを知るために、まずは「気《き》」という概念について説明しておこう。気はエネルギーや生命力のようなものだ。万物によって生み出され、万物のなかを流れるとともに、万物のあいだを流れている。ちょうど、『スター・ウォーズ』に出てくるフォースのようなものを想像してもらえるとわかりやすい（あんなふうに物体を意のままに動かせるわけではないが）。

気は礼と対比させることもできる。礼とは、前述のとおり人としての正しい行動を指すものだが、その本質的な意味は「型」である。行動の型だけでなく、宇宙のあらゆる物質の型を表している。型は決して破壊されることなく、さまざまな配列へくり返し構築される。哲学者アラン・ワッツの言葉を借りれば、礼とは「水の動き、木や雲の形、窓に張った霜《しも》、海の砂にバラバラに混じった小石に見出されるような、非対称的で非反復的な規則性のない秩序である」[8]。この概念は、行動と結びついている。あるものを構成する型が理解できれば、その本質や使い方についても理解できる。水の生み出すさまざまな型を理解すれば、水車を作って水の力を利用することもできる。同じように、行動のさまざまな型を理解し、それにしたがうことで、生の秩序を保ち、社会における水車を正常に回すことができる。

気とは礼以外のすべてであり、礼の型のなかを流れ、それをつなげるものと考えてほしい。完全に正しいとは言いがたいが、私としてはこの説明が精一杯だ。実際、気の意味するところは著者や時代によって異なる。気は万物をよどみなく流れるもので、私たちの身体のなかにも流れている。古代中国の医学書によると、ある種の感情が生じる原因は特定の臓器で気が滞ることにあるという。

あらゆる感情は肝臓から生じる。なぜなら、肝臓は気が最初に滞る場所だからだ。肝臓で気が滞ると、ほかの内蔵のバランスも崩れ、一つひとつの元素が過剰に生成されてしまう。元素とは、木・火・土・金・水だ。古代中国では、万物はこれら五つの元素からなると考えられていた。主要な臓器は五元素のいずれかを生成する役割を持ち、生命や気の流れをよくするには、それぞれをバランスよく作り出すことが必要だった。

心臓が気を受け取れなくなると、そこに宿る火は制御できないほど大きくなり、喜びは消え失せ、私たちの「神《しん》」（魂や精神）をかき乱して落ち着かない気持ちにさせる。五〇二年ごろ、ある無名の儒学者はこう記している。

精神が安定すれば心も調和し、心が調和すれば身体も十全となる。精神が荒れれば心も乱れ、心が乱れれば身体も傷を負う。したがって、身体を治したいと願うなら、まずは精神を整えなければならない。[9]

心が乱れれば、気分の不調につながることもある。しかし、中国の医学では恥は原因と見なされていない。儒教や東洋思想で恥が重視されているのを考えると、これは不思議なことである。ほかにも、抑鬱や不安、ストレスなどのほか、現代心理学では当たり前のように見なされている感情も含まれない。恥や抑鬱、不安、ストレスにおおむね相当するものとして、これらを合わせた感情の障害「悲惵《ベイディエ》」が存在する。[10] 悲惵には、恥や面目のなさ、抑鬱の要素が含まれる。別の言葉で言えば、「屈辱」がもっとも近いだろうか。肝臓の怒りが心臓から流れる気をふさぐことで、喜びが消え、悲惵が精神をむしばんでしまう。あまりに大きな屈辱を味わうと、最終的には怒りしか残らない。

屈辱の世紀

一八三九年、林則徐《りんそくじょ》は一通の手紙をしたためていた。職業政治家の息子で自身も政治家だった彼は、出世街道を邁進《まいしん》し、一八三七年に湖南省と湖北省の総督を歴任したあと、欽差《きんさ》大臣［特別な使命を持って皇帝から任命された大臣］へ昇りつめた。林則徐にとって悩みの種は、西洋が東洋の奢侈品を欲していたことと、その代金をどうやって支払わせるかということだった。イギリスはそのころ、中国から買った商品の代金を支払わないばかりか、アヘンを密輸入していた。中国側の我慢も、ここにきて限界に達しようとしていた。

初めは、アヘンもそれほど害のないものだった。薬用として七世紀から中国茶の原料に使われた記録があるほどだ。しかし、アヘンをタバコと混ぜたマダットという薬物が作られると、邪悪な嗜好品としての存在感を強めていった。一七二九年、中国はマダットの使用を禁止したものの、国内への流入を食い止めることはできず、依存症になる者はあとを絶たなかった。さらに、イギリスが一七八一年にインド産アヘンの中国への輸入を急増させたことで、事態は悪化の一途をたどった。

アヘンの栽培や小売りといった卑劣な産業はすべて、イギリスの東インド会社が独占していた。すでにご存じのとおり、この会社が他人の不幸から利益をむさぼるのは、今回が初めてではない。

中国のいたるところで、不幸は根深いものとなった。アヘン中毒が蔓延し、深刻な社会問題を引き起こした。とりわけ、人々がおかしな行動をとるようになっていた――礼の義務を放棄し、道《タオ》からも遠ざかってしまったのだ。中国でのアヘンの使用は社会の落伍者が集う貧民窟にかぎった話ではなかった。役人や富裕層もアヘンを好んで吸引していた――アヘンは一種のステータス・シンボルであり、名誉の証と化していたのだ。何か行動を起こさなければならなかった。アヘンの使用は死刑に当たることを考えると、こうした規範の乱れはとくに深刻だった。林則徐は状況を救ってくれそうな人物に手紙を出すことにした。大英帝国の君主、ヴィクトリア女王に。

彼はまず、両帝国の貿易が順調であることに触れ、イギリスがそれによって多大な利益を得ていることを女王に思い出させようとした。

　われわれ天朝の人間ははるか遠くの地より貴国の民を養い、慈しむとともに、上品さと思いやりの証を与えつづけてまいりました。貴国が二百年に及ぶわれわれとの通商から多大な利益を得て、その名に恥じぬ豊かで繁栄した王国となったのも、かかる関係があったからにほかなりません。

そして、本題に入った。

しかし、通商が長く続くに及んで、わが国へ来たる外国人商人の質も玉石混淆、善人と悪人とに分かれました。後者のなかには、密かにアヘンを持ち込んで国民を惑わし、あらゆる地にその害悪を撒きちらした輩もおります。かような連中は自己の利益を得ることにのみ汲々とし、他人を傷つけることにいささかのためらいもありません。これぞまさしく天の摂理に逆らう所業であり、全人類が共通して忌み嫌う行為であります。

さらに、こう指摘した。

貴国ではアヘンがきわめて厳格に禁じられていると聞きおよびました。これは、アヘンが人類にとっていかに有害かをご存じであることの証左と言えましょう。

最後に、ヴィクトリア女王の良心に期待して次のような嘆願で締めくくった。

女王陛下におかれましては、本書簡を受け取られしだい、ただちに貴国の現状と、アヘンの害を食い止めるために講じておられる対策をお聞かせください。返信は速やかにお願いいたします。なお、本件はきわめて重要な案件にございますので、いかなる弁解も先延ばしもご遠慮いただきたく存じます。[11]

しかし、良心に訴える以前に、ヴィクトリア女王が手紙を受け取ることはなかった。内容は新聞にも掲載されたが、女王がそれを読んだとは考えにくい。

返事が来ないことがわかると、中国の皇帝は林則徐に行動を起こすよう命じ、彼は命令にしたがった。国内のアヘン商人を逮捕し、外国の工場や倉庫を包囲してアヘンの在庫を吐き出させ、それらをことごとく廃棄したのだ。イギリスの商人たちは補償を求めたが、林則徐にも皇帝にもそんな気は毛頭なかった。彼らはこれで問題が解決したと思っていた。イギリス人が己の過ちに気づき、取引相手にとって無害なものを扱いはじめることを期待したのだ。しかし、彼らは忘れていた——大英帝国の強硬さと傲慢さ、そして、金儲けに対する際限のない執着心を。

中国はイギリスが商人たちのお金を取り戻すために軍艦を派遣するとは予想していなかった。だが、知ってのとおり当時のイギリスは財政軍事国家だ。アヘンの販売を始めとする貿易で稼いだ収益は海軍のために使われていた。金の流れを維持することは海軍の大事な役目だったのである。イギリス軍はアメリカ人が日本に来ることをあらかじめ物語るかのように、中国よりもはるかに優れた武器をたずさえてやって来た。

こうして、第一次アヘン戦争が始まった。中国は徹底的に叩きのめされ、イギリスから押しつけられた毒物の代価を払わされたうえ、香港島を大英帝国領に組み込まれた（返還されたのはようやく一九九七年になってからだった）。何よりひどかったのは、イギリス以外の国々も中国の市民が正しいふるまいに背を向けるのに対し、なんら手を打たなかったことである。それは単なる文化の衝突ではなかった。個人主義と集団主義の衝突だった。諸外国は中国人が礼を捨ててアヘン中毒になるのを黙過したのである。これぞ世にいう「屈辱の世紀」（百年国恥）の始まりだった——国辱を受け、面子《メンツ》を失った中国は、悲憤に打ちひしがれた。

それからの百年間、中国は何度となく屈辱を味わうこととなる。アロー戦争（第二次アヘン戦争）で敗北を喫し、皇帝の夏の離宮（円明園）は破壊された。日清戦争でも打ち負かされ、フランス、日本、ロシアに自国の領土を奪われた。国内では一八九九年、排外主義と反帝国主義（扶清滅洋《ふしんめつよう》）を掲げる「義和団の乱」が勃発した。反乱はアメリカ、オーストリア＝ハンガリー帝国、イギリス、フランス、ドイツ、イタリア、日本、ロシアの八カ国からなる連合軍の介入によって鎮圧され、清朝のさらなる弱体化を招いた。また、日本は第一次世界大戦のさなか、二十一項目の要求をまとめた「対華二十一カ条要求」を発表し、中国の一部地域と経済への支配をことさら強めた。中国は一九一一年の辛亥革命で共和制に移行していたが、いまだ歯が立たない状況にあった。日本の支配を最終的に抑えたのはイギリスとアメリカを中心とする列強で、これもまた中国にとっては屈辱だった。

そうこうするうち、第二次世界大戦が始まった。中国にとっての始まりは一九三一年、日本軍が中国東北部の満州に侵攻したときとされる。中国は領土を守るために欧米諸国に助けを求めたが、列強による日本への対応は満州からの撤退勧告という軽い叱責にとどまった。これにより、日本は国際連盟から脱退し、満州の占領を継続した。中国にとってさらに屈辱だったのは、一九一一年に中国が退位させた皇帝・溥儀を、日本が満州での傀儡政権の長に据えたことだった。

一九三七年、日本が中国へ本格的に侵攻し、ふたたび紛争が始まった。日本は今回、イタリア、ドイツと同盟を結び、枢軸国としての役割を担っていたため、紛争は第二次世界大戦の渦に巻き込まれていった。欧米はこのときも中国が最後まで戦えるように少しばかりの経済的・軍事的な支援をしてくれたが、いざ終戦を迎えてみると、それは中国とほとんど関係のないところで起こっていた。日本が中国から撤退したのは、アメリカの技術力にふたたび屈したからだった。今回使われたのは鉄の船ではなかった。広島と長崎の街を黙示録的な荒れ地に変えることとなった、原子爆弾であった。

感情革命

このような話をしたのにはわけがある。中国が長い歴史のなかで味わった屈辱や不名誉がわからなければ、共産党の戦略が成功した経緯や理由が理解できないからだ。

共産党が国民党に勝てた理由については侃々諤々《かんかんがくがく》の議論があるが、歴史家たちは軒並みうんざりするほど平凡な主張を交わしている――共産党の団結力が国民党に勝っていたとか、土地改革の案が優れていたといった具合に。また、人民にわかりやすく訴えることで自分たちの存在を心に刻みつけたという見解もあった。さらに、共産党のほうが国民党よりも単純に組織として優れていたという意見もある。ここに挙げた説はすべて間違ってはいないかもしれないが、それぞれが重要な点を見落としている。

共産党の戦略でカギを握ったのは、「提高情緒《ティーガオチンシュ》」［日本語では「感情高揚」に近い言葉］という手法だった。思想改造や訴苦〔旧来の社会の苦しみを訴えること〕、自己批判、他者の糾弾などがそれに含まれる。[12]さらに、古来の技術も取り入れられた——武術の型や瞑想、誓い、新しく磨き上げた道《タオ》の創造、それによって洗練された礼の規範などである。共産党の狙いは、国民党の礼が死別の悲しみからすぐに立ち直るのと同じくらい規範から外れていると民衆に示すことだった。共産党は国民の気を解放するとともに、一世紀にわたる悲傑の患いを治さなければならなかった。

毛沢東は人々の感情を高揚させ、気持ちを別のほうへ向ける方法を心得ていた。共産党は人々の精神、ひいては心をつかみとろうと、批闘会だけでなく本物の歌と踊りのショーを開催した。地主や役人の姿を、笑いや怒り、悲しみといった強い感情を呼び起こす演劇に仕立て上げた。長征のあと、共産党軍の兵士を取材したジャーナリストは次のように語っている。

共産主義運動の宣伝兵器として、党の劇場ほど強力かつ巧妙に練られたものはなかった……共産党が新たな地域を占領すると、党の劇場は人民の恐怖心をしずめ、党側のおおまかな綱領を伝え、革命思想を大量に普及させて彼らの信頼を勝ち取った。[13]

共産党の催した劇は、中国に屈辱を与え道を踏み外させた国への復讐心を呼び起こす装置だった。もちろん、党側が駆使した手法は演劇だけではない。エリザベス・ペリー教授が指摘するように「[演劇は]ある意味、党の計画全体を表すメタファーだった」。[14]日中戦争末期、農民が共産党に押されるかたちで地主の有する土地を奪った土地改革も、批闘会と同じような感情の劇場だった。さらに、その劇場は共産党軍の勝利だけで終わるものではなかった。

中国が立ち上がるとき

一九四九年九月二十一日、国共内戦で共産党が国民党に勝利したことが確定すると、毛沢東はただちに演説を行った。彼は演説のなかで、「われわれの果たした仕事は、全人類の四分の一を占める中国人民が立ち上がったことを示すものとして、必ずや人類の歴史に残るだろう」と述べた。そして「いかなる帝国主義者にも今後わが国の侵略を許すことはない」と断言し、こう続けた。「国内外の反動分子をわれわれの前で震え上がらせよう！ われわれに何ができて何ができないか、連中には好きなように言わせておけばいい。われわれ中国人民は、不断の努力によって必ずや目標に達するだろう[15]」。

毛沢東は過去一世紀にわたる屈辱を認識していた。演説の目的は中国人を大いなる悲憤から解放し、よりよい方向へ導くことだった。彼はここでも感情を高揚させる手法を利用し、新しい感情体制、新しい型、新しい礼を構築した。国際的な地位、名誉、尊敬への中国の探求を推し進めたのである。しかし、毛沢東はまだ自国から屈辱を雪《そそ》いでいなかった。

およそ十年後の一九五八年、毛沢東は「第二次五カ年計画」、通称「大躍進政策」に取りかかった。しかし、それは躍進どころか大きな後退だった。計画は国の近代化を進め、それまでの農業に特化した農耕経済から工業経済への転換を図るというものだったのだが、不幸な副次的効果が発生した。農村部の役人が、現地の人々の暮らしに必要な量以上の農産物を北京に送ってしまったのだ。

その結果、人類史上最大規模の飢饉が発生し、千五百万から四千五百万もの人々が命を落とすこととなった。

この大惨事を受け、毛沢東は方針を転換した。無産階級による文化大革命を通じて中国を変革するほうが簡単だと考えたのである。過去に成功を収めた感情高揚のプロセスに立ち返り、屈辱の残《ざん》滓《し》を洗い流そうという寸法だった。こうして一九六六年に始まった文化大革命は、国内の若者を中心に展開された。その名称から、芸術や文学の爆発的な発展を想像するかもしれないが、実際の目的は文化を根本的に作り変えること、つまりまったく新しい礼を定着させることにあった。

革命の初期に用いられた手法が復活し、学校や大学で行われるようになった。批闘会は大規模な集会となり、資本主義の傾向があると疑われる人たち（たいていは中年男性）がさらし者にされ、辱めを受けた。目撃者のひとりで作家の梁恒《りょうこう》によれば、次のような内容だったという。あらかじめ断っておくが、あまり気分のよくなるものではない。


拡声器が全員外へ出るよう呼びかけるのが聞こえ、数分後にはそれがやって来るのが見えた。造反派の一団が「走資派を打倒せよ」「毛主席の思想万歳」と叫びながら先導し、後ろでは十人ほどの年老いた〝指導的同志〟が長いロープで手を数珠《じゅず》のように縛られて歩いていた。彼らはてっぺんがとがった長い紙の帽子をかぶせられ、そこには「私はろくでなしです」「私は愚か者です」と書かれていた。首にはそれぞれ、氏名と罪状の書かれた木の看板がぶらさがっている……

走資派は長いロープで手を後ろに縛られたまま、壇上にひざまずいていた……大会は果てしなく続いた。誰かがつっかえるたび「飛行機に乗せろ、飛行機に乗せろ！」という叫び声が上がった。造反派は男の手を縛っていたロープを講堂の天井のパイプに放り投げ、彼を宙吊りにした。男は羽をつかまれたトンボのようにもがき苦しんだ。[16]

こうした残酷な批判大会の目的は、批闘会と同じであった。気を解放して礼の方向を変え、新しい感情体制を押しつけようとしたのだ。毛沢東が中国の伝統医学について何も知らなかったとしても、気を信じつづけた十億の中国人には関係がなかった。彼らにとっては、怒りを解放することで溜まりに溜まった気が解き放たれ、喜びへ立ち返る道が開けたのである。

この手の大会は屈辱の世紀のいわば最後のあがきであり、敵に恥を転嫁して中国の名誉を挽回しようという試みだった。エリザベス・ペリーが指摘するように、「文化大革命は、すでに何度も見てきたことだが、集団政治における個人の感情がいかに不安定で流動的となるかをあらためて教えてくれる」[17]。荘子は多くの点で正しかった。物事は変化するのだ。とりわけ、政治の趨勢《すうせい》は。感情体制も型も礼も一定ではなく、変わらないものなどありえない。感情に普遍的な点があるとすれば、それがあたかも気のように現れては消えることである。

屈辱の世紀を乗り越えようという意欲は、今も中国を国内外で突き動かしている。中国は現在、世界でも類を見ないほど裕福な大国となったが、その理由は屈辱の世紀の初頭に始まった感情の潮流によるところが大きい。人々の気持ちへの理解、膨大な人口、莫大な資源を考えれば、中国が抑圧された状態から抜け出し、今日のような経済・軍事大国になるのは必然だった。傷ついた龍はいつまでも眠ってはいられないのだ。

第13章 愛と母（なる国）

一九六二年九月十二日、テキサス州ヒューストンのライス・スタジアム。この日、ライス大学のフットボールチーム、ライス・アウルズは試合も練習もしていなかった。チアガールの姿もなく、観客はいつもより少しだけ年配の人が多い。それというのも、この日はジョン・F・ケネディ大統領が演説を行い、重大な発表をする予定になっていたからだ。ケネディは二年前の大統領選で対立候補のリチャード・ニクソンに逆転勝利を収めていた。彼は選挙運動を通じて、国民の愛国心に火をつけるようなメッセージを送りつづけた。就任演説でケネディはこう述べている。「国があなたのために何をしてくれるかではなく、あなたが国のために何ができるかを考えてほしい」。すべての米国民に、アメリカ人であることを誇りに思い、アメリカを愛し、輝かしい未来のために力を合わせようと訴えたのだ。一方で、彼はソビエト国民を一貫して〝連中〟と呼び、共産主義やソ連に対するアメリカ側の憎しみをかき立てた。この種のメッセージの狙いは、ソ連への共通した憎しみを用いることで、愛国心にもとづく集団的な感情を強化することにあった。

ソ連が最初に宇宙へ乗り物を送り込んだことに、アメリカは驚いた。一九五七年十月四日、人工衛星スプートニク1号が軌道上に打ち上げられたとき、本格的な宇宙開発競争の幕が切って落とされた。ソ連はそれまで、ロケット科学には及び腰だった——アメリカの鼻を明かしてやりたいと思いながらも、何かにつけて失敗続きだったことがその理由だ。しかし、スプートニク計画の進捗をようやく発表したとき、ソ連政府は自国で起きた反響の大きさに驚いた。国中の同志たちが、興奮と誇りに沸き立ったのだ。政府にとって、こうした国民の感情の高ぶりを利用しない手はなかった。彼らはさっそく地球外での活動をプロパガンダとして使いはじめた。国民に対し（肉眼で見るのはほぼ不可能だったが）スプートニクが頭上を通過するのを見守り、今や有名となった「ピー、ピー」というビープ音に周波数を合わせるよう呼びかけた。また、「私たちは夢をかなえるために生まれてきた」「十月の息子たち——宇宙の開拓者！」といった高揚感を煽るイラストやスローガンを用いた宣伝ポスターが印刷され、主要都市のそこかしこに貼られていった。ソ連はたちまち宇宙開発に大きな誇りをいだくようになった。国家の威信が高まるにつれ、集団間の絆も深まっていった。

アメリカは愕然とした。冷戦が始まって以来、アメリカの技術は〝後進国のアカども〟よりはるかに優れているのだから心配いらないと言われつづけてきた。それが必ずしも正しいわけではないとわかったことで、米国民の誇りというロケット・エンジンの火は小さくなってしまった。なんとしても、ふたたび点火しなければならない。かくなるうえは、アメリカ側も衛星を宇宙に打ち上げるほかなかった。一九五八年、アメリカも打ち上げに成功した。ソ連が二番目の人工衛星スプートニク2号を、堕落した西洋人の頭上に打ち上げてからまもなくのことだった。

当時再選されたばかりのドワイト・アイゼンハワー大統領は、アメリカの競争力をもっと高めなければならないとわかっていた。そこで、彼はアメリカ初の人工衛星の打ち上げから数カ月後、アメリカ航空宇宙局、通称NASAを設立した。NASAの任務は、アメリカの技術力がソ連より優れていることを証明し、国の威信を取り戻すこと――というより、恐怖心をしずめることにあった。そのために立案されたのが、人間を宇宙へ送り込み、生きたまま帰還させる計画だ。準備は万端だった。NASAは（マーキュリー計画の一環である）本ミッションのために莫大な費用をかけて新型ロケットを建造し、アメリカ初の宇宙飛行士のひとり、アラン・シェパードを人類として初めて宇宙に送り出そうとしていた。

だが、その後、ソ連はふたたびアメリカを驚かせた。一九六一年四月――アメリカの打ち上げ予定日の一カ月前――彼らは空軍のユーリ・ガガーリン上級中尉をひそかに地球周回軌道に乗せ、無事に帰還させたのだ。まもなくソ連政府はその成果を誰彼かまわず吹聴するようになった。アメリカはまたも愕然とした。二度目の敗北である。彼らにとって、二番手に甘んじるのは何より耐えがたいことだった。国民の自尊心は深く傷つき、同時に、軍事的にもソ連に遅れをとっているのではないかとの懸念が広まりはじめた。新大統領のジョン・F・ケネディが国民の愛国心を取り戻すために残された道はひとつしかなかった。月を目指すのである。

一九六二年、ライス・スタジアムで演台に立ったケネディは、科学に関して史上一、二を争うほどの壮大な約束をすることになる。何がなんでも、アメリカ人を月面に降り立つ最初の人間にしなければならないのだ。彼はこう語った。

私たちは月へ行くことに決めました。今後十年で月へ行き、そのほか多くのことをなしと

げようと決めました。そう決めたのは、容易だからではありません。困難だからです……この挑戦こそ、私たちが受けて立つもの、先延ばしを望まないもの、達成しようと志すものなのです。[1]

ケネディは、月への競争を単なる技術的な優位性の追求とは見ていなかった。それは彼にとって、正義と悪の戦いだった。ソ連が月に「敵意と征服の旗」を立てる前に、アメリカが「自由と平和の旗」を立てるところを見たかった。憎《にっく》きソ連が月に行きたがっているのは、月を占領してわがものにするためにちがいなかった。ソ連は共産主義帝国を宇宙にまで広げようとしている――少なくとも、当時の一般的なアメリカ人は、ケネディの影響でそう考えていた。月面探査計画は、米国民の祖国愛と敵国への憎悪をケネディが意図的に混同させたものだった。

残念ながら、ケネディは人類が月面に着陸するところを見られなかった。夢がかなう六年前に暗殺されてしまったのだ。だが、一九六九年七月二十日午後四時十七分(米国東部夏時間)、世界中の人々が数百万台ものテレビの前で見守るなか、アポロ11号はケネディの約束を果たした。アメリカ人は約三十八万キロメートルの距離を四日間かけて移動し、月面に降り立ったのだ。全世界が一丸となってその瞬間を共有した感があったが、とりわけ大きな衝撃が走ったのは当のアメリカだった。月着陸によって、国民のあいだに祖国への誇りと愛があふれ返った。アメリカ中の新聞や政治家が熱狂に沸き立った。ニューヨーク・タイムズ紙は「長年の夢が実現した」と書きたて、リチャード・ニクソン大統領は「今日はすべてのアメリカ人にとって、人生でもっとも誇らしい日となるだろう」と語った。[2] 月への到達は、ケネディがなしとげようとしたものをほんの一瞬とはいえ実現させた。それは単なる技術的な偉業ではなく、彼のいだいていたような欲望をさらに駆り立てる出来事だった。

わたしは〝死〟

なぜ、ケネディは月へ行くことにそこまでこだわったのか？　それを知る前に、まずは一九五〇年代半ばの美しい朝を想像してもらいたい。ニューヨークのスカイラインが丸い朝日をバックにいつもと同じシルエットを描き、新しい朝を告げる。鋭く角ばった真っ黒な影が街路やビル、屋上、公園、広場に縦横無尽に広がっていく。今朝、太陽はいつもより早く昇った。不自然なほどに早く。だが、それは地平線からゆっくりとのぞくものではなかった。暗闇が一瞬にして目のくらむ熱の閃《せん》光《こう》と化し、堂々たる不朽のスカイラインが崩れはじめた。それは太陽でもなければ朝でもなかった。核爆弾による炎熱地獄だった。核戦争が始まったのである「『わたしは〝死〟』は『バガヴァッド・ギーター』の言葉。マンハッタン計画を主導したオッペンハイマーが演説で引用した」。ニューヨークの街は崩壊していた。ジャーナリストのジョン・リアはこう語る。

赤ん坊は泣き、女たちは叫び、男たちのざわめきはそこかしこで渦巻いていた。と、あたりを揺るがす轟音とともに、川下にあるふたつの巨大なガスタンクから筒型花火のような火柱が上がった。川向こうのニュータウン川では、積み上がった大量の木材が燃えさかっている。だが、彼がとりわけひどい光景を目にしたのは建物群のはるか先、中国人街《チャイナタウン》の方角だった。

紫とピンクの入り混じった褐色の大波が街を覆っている。数百フィートに達しようという波が怒濤のごとく押し寄せた。おびただしい数の褐色砂岩の邸宅が粉々に砕け散ったのだ。波間《なみま》とその向こうでは、不気味な紅い炎が輝いていた。[3]

もちろん、リアが語ったことも、私が語っていることも実際に起きたわけではない。ニューヨークが核攻撃に遭ったことは一度もない。これは、ソ連が一九四九年に初の核実験を行ってからちょうど一年後にコリアーズ誌に書かれた話を引用したものである。だが、当時から今に至るまで、核による大量破壊を想像した試みはこの話だけではなかった。

私は一九八四年にテレビ放送された映画『SF核戦争後の未来・スレッズ』を今も鮮明に覚えている。[4]映画は、核戦争の現実をドキュメンタリー・タッチで描いたものだ――ただ、生存者の数は実際の予想よりも多く設定されているが。ちょうど私が子どものころ住んでいたイギリスのシェフィールドを舞台としているので、なおさら恐ろしさを感じたものだ。幼い私はふるさとの市庁舎が粉々に吹き飛ばされるのを見て背筋がぞくぞくしたし、今もあの感覚は忘れられない。そして、そう感じていたのは私ひとりではなかった。

冷戦時代、ほとんどの人はつねにちょっとした恐怖心を抱えて生きていた。アメリカのエリートたちもそれは重々承知しており、国民の恐怖心をやわらげるとともに、彼らが〝パニック問題〟と呼ぶものをどうにかして阻止しなければならなかった。国民と同盟国が核戦争を恐れているなら、核兵器保有に反対するかもしれない。しかし、それではダメだ。それでは敵に世界を渡すようなものではないか。感情は制御すべきものであり、気持ちは抑制すべきものだった。もちろん、アメリカが手をこまねいているあいだに、ソ連がいつなんどき落ちてくるかもしれない物体を宇宙に打ち上げられるとわかったことも、パニックをいっそう高めることになった。

宇宙開発競争は冷戦におけるふたつの主たる戦線から生まれた。ひとつは、両大国がかの恐ろしい核爆弾を始めとする技術的優位を示す必要性があったこと。もうひとつは、感情だ。一九五四年、アメリカの心理学者ハワード・S・リデルはこう述べている。「人間の感情が持つ原始的な力は、核分裂よりも危険で破壊的だ。現代の主要な科学問題が感情の問題であることは疑うべくもない」[5]。彼は人々が原爆を恐れて机の下にもぐりこまないで済む方法を見つけたかった。そして、研究の末、「感情結合《エモーショナル・カップリング》」というちょっとしたテクニックによって感情を制御できることがわかった。

憎しみとは何か（そして、愛との関わりは？）

憎しみは興味深い感情だ。現在、fMRIの研究を通して、憎しみの原因となる特定の経路や神経化学物質の解明が進められている。もっとも有力な候補は、脳内にある「憎悪回路《ヘイト・サーキット》」と呼ばれる仕組みだ。憎悪回路は、嫌悪感に関わると思われる島皮質と、攻撃性を意思決定と結びつける領域（果核、前頭葉皮質、前運動皮質）とが組み合わさってできている[6]。自分の嫌いなものが単にむかつくという場合と、殴りたくなるほどだという場合の脳科学的なギャップはどうやら小さいようだ。

これは、わりあい納得のいく考えである――私たちには、嫌悪感をいだかせる人物を憎む傾向がある。人々の嫌悪感をあやつって憎しみを煽るのは恐るべき威力を持った技術であり、ナチス・ドイツはそれを見事なまでに実証してみせた。

憎しみは、私たちにひどく嫌いな人間と戦うか避けるかを選ばせる。これに既視感があるとすれば、私たちがまたしても「戦うか、逃げるか」の決断を迫られているからだ。意外でもないだろうが、おなじみの扁桃体も憎しみに関して一定の役割を果たしている。

憎しみは「他者化」の根源である。ヤァ＝アサンテワァのイギリスへの怒りを煽ったのも憎しみだった。また、憎しみはステレオタイプ化や責任転嫁、未知なるものへの恐怖といった「他者」への考えを構築するものと結びついている。いわば、多種多様な感情の集まり、文脈と文化にもとづいた気持ちの集合体だ。『スター・ウォーズ』のヨーダは間違っていた――怒りや憎しみやダークサイドへつながるのは、恐怖ではない。ダークサイドにつながる気持ちは、いちどきに生じるのだ。また、ヨーダは憎しみに至るもっとも強力で予測しがたい道を見落としていた。それは〝愛〟である。

愛と憎しみは紙一重だとよくいわれる。聖トマス・アクィナスが、愛は憎しみの対義語と見なしていたことを覚えているだろうか。彼は、おそらく間違っていた。愛は憎しみの対義語ではない。同義語だ。アクィナスの時代よりもはるか前、古代ギリシアの詩人たちは、愛と憎しみが密接な関係にあることに気づいていた。ひとりの女性、ヘレネーへの愛と、彼女を連れ去った男、パリスへの憎しみが混じり合った結果、何千隻もの船が港を発ち、トロイア戦争が始まった。それから二千年後、ジークムント・フロイトは愛と憎しみが結びついているだけでなく、ふたつを同時に生じさせているものがあることに気づいた。彼は例によって、その理由を授乳とトイレ・トレーニングに見出した。

すでに述べたとおり、フロイトは、すべての情動は幼児期の体験から生じると考えていた。情動とは、幼児期に戻りたい、またはそこから逃れたいとの欲求から起こるものであり、そうした衝動はときとして同時に起こる。私たちは食料源としての乳房を愛し、包み隠さず言えば、排尿と排便によって快楽と安らぎを得る。一方で、乳房と排泄物を厭《いと》うようにも教えられる。なぜなら、フロイトの考えではどちらも精神的にも物質的にも不快なものだからだ。フロイトはこうした相反する感情を「アンビバレンス」（両面性）と呼んだ。[7] 愛と憎しみが結びつく原因をめぐるフロイトの仮説はかなりの批判にさらされたが、近年の脳研究ではフロイトや古代ギリシア人が完全に間違っていたわけではないことが示唆されている。

驚いたことに、私たちが好きな人の写真を見たときに反応する脳の部位と、嫌いな人の写真を見たときに反応する部位が同じであることがわかったのだ。脳内の島皮質は、私たちが特定のものにいだく感情の強さを決定しているようである。どうやら憎しみと愛情、さらには嫌悪感が通過する分岐点としての役割を果たしているらしい。[8] これは納得のいく説明と言えそうだ。

ある感情からその反対の感情へ向かうのは、たいてい「セグウェイ」と呼ばれる感情連鎖の一環として起こる。希望は心配に変わり、心配は不安に変わり、不安は恐れに変わり、恐れはパニックに変わる。[9] また、相反するふたつの感情が同時に起こることもある。かつてはアンビバレンスと呼ばれていたが、今では感情結合の名で知られている。感情結合は通常、ふたつの類似した感情を結びつける――たとえば、クモを見て恐怖と嫌悪感をいだくように。しかし、島皮質のおかげで、一見〝正反対〟に見える愛と憎しみも結合することがわかっている。

正反対の感情どうしが組み合わさると、「道徳的電池」と呼ばれるものが形成される。[10] 道徳的電池の両極は、突然のショックや極度の感情的重圧といった外部の力によって反転することがある。愛と憎しみは道徳的電池の典型であり、人はなんらかのトラウマやストレスにさらされると、驚くほどの早さで感情が反転する。その変化は記録に残る何千もの情念の犯罪が示すとおり、破滅的なものが一般的だ――トロイを目指して出港したギリシアの船団すべてがそうであったように。

ある感情がときとして正反対の感情と結びつくことは、学生をせま苦しい円筒に押し込んで脳を観察する前からわかっていた。プラトンが気持ちと魂の探求にこだわったのも、シェイクスピアが「別れはかくも甘き悲しみ」[11] とつづったのも、最初のｆＭＲＩが作られるよりずっと前のことだ。冷戦時代のアメリカとソ連の指導者たちもそのことは重々承知していた。核兵器を正当化し、できれば受け入れてもらうには、敵が核弾頭よりも恐ろしく憎らしい存在でなければならない。そのためには、人々が祖国を愛し、敵を憎むように仕向けることが得策だった。こうして、心理学ブームが到来した。

アメリカを愛する

本書で述べた愛について思い出してほしい。キリスト教の教父、聖アウグスティヌスの愛である。

その役割は、人々を天国への階段に導くことだった。また、先述したように、現代科学者の一部は愛を三つに分割している――「性欲」「魅力」「愛着」だ。この三つは、それぞれ神経化学物質の特殊な配合によって引き起こされる。しかし、政治家や科学者のなかには、どの化学物質がどんな影響をもたらすか判明するよりもずっと前から、愛をあやつる方法を知りつくしている者がいた。アメリカは〝アメリカ人としての生き方〟――自由や民主主義、ベースボール、アップルパイなどソ連にはないアメリカのよさを強調することで国民の愛を刺激しようとした。これを効果的に進めるべく、米連邦民間防衛局（ＦＣＤＡ）は心理学の知見を取り入れた。具体的には、感情管理を導入したのだ。感情管理とは、何を感じるかを決める境界線を設定することである。人はどんな状況でものを感じるべきか。そうした感覚の意味はどうあるべきか。どんなふうに表現し、制御するのがベストなのか。[12] それはまさしく、感情体制を一から作り上げる試みであった。

第二次世界大戦によって、アメリカという国家のために力を合わせることが重要な時代が到来した。ケネディの言葉をもじって言うなら、国があなたのためにどう感じるかではなく、あなたが国のためにどう感じるかが重要だった。原子爆弾が作られたことで、国民は自分の国が全人類を殺してしまうかもしれないとの危惧をいだきはじめた。政治指導者たちはそうした状況を変えなければと考え、より内向きで個人的な感情に焦点を当てるようになった。戦時中の集団主義ではなく、徹底した個人主義が国にとって最良の思想とされた。

ＦＣＤＡ局長のフレデリック・ピーターソンは、一九五三年に出版された雑誌の記事で次のように述べている。

あなたがもし冷静沈着でいられるなら、あなたは自分自身と祖国、そして自由世界全体にとって、非常に価値ある貢献ができるだろう。[13]

新しく大規模な感情管理の枠組みを作るため、それまで政治や経済の研究に費やされていた膨大な資金が社会科学に転用された。ランド研究所などの企業に、教育や保育、社会福祉を研究するための資金がふんだんに提供されていった。国家防衛教育法が制定された一九五八年に、スクール・カウンセリングが導入されたのは偶然ではない。セラピストに相談する成人の数が増えたのも同様だ。さらに、アメリカ心理学会の会員数が飛躍的に増加し、新しい研究が続々と行われるようになったのも資金が豊富になったおかげである。ほかにも、ここでは紹介しきれないほどの新しい思想や研究分野が次々と生まれた。ケリー・A・シングルトン博士はこの時代を「心理学的転回」と表現しているが、私も彼女と同意見だ。[14]

しかし、アメリカの国民感情の新しい管理者たちは、実のところ何かを変えることには関心がなかった。最大の目的は、人々の感情を制御する存在〝宗教〟から感情の制御権を取り上げ、国家に委ねることだった。

一九六〇年、ダニエル・ベルという社会学者は、彼もまた感情の管理者のひとりだったが、次のように語っている。

イデオロギーのもっとも重要かつ潜在的な役割は、実際には、感情を利用することと言えるだろう。これまで宗教（と戦争と愛国心）をのぞき、感情のエネルギーを利用する方法はほとんど存在しなかった。宗教は、世界から感情のエネルギーを象徴化して吸い上げ、連禱《れんとう》や典礼、聖餐式、巨大建築物、芸術へ分散した。一方のイデオロギーは、こうしたエネルギーを融合させ、政治に注ぎ込むのだ。[15]

要するに、既存の感情風景を利用して、その欲望を〝アメリカ人としての生き方〟という政治的イデオロギーに向ければいいわけだ。

その方法のひとつが、教会と国家の境界線をあいまいにすることだった。それも、ほんの少しでかまわない。一九五四年、アメリカ議会は「忠誠の誓い」〔公式行事などで暗唱される宣誓〕の内容変更を決議した。アメリカはそれ以来、「一体不可分の国家」から「神のもと、一体不可分の国家」となった。また、一九五六年には国の標語も変更され、「多数からひとつへ《エ・プルリブス・ウヌム》」は「われわれは神を《イン・ゴッド・ウィー・》信じる《トラスト》」に置きかえられた。この新しい標語はすぐさまあらゆる紙幣に書き加えられ、冷戦時代のアメリカの神聖な道徳的立場を思い起こさせるものとして、全国民のポケットにおさまった。標語には、アメリカの道義心は全能の神からのお墨つきを得ているとの含みがあった。道徳と感情の制御は説教壇から政治家へ移っていった。感情は国家が提供する商品となり、圧倒的な力を持つ「財政・軍事・感情国家」の一部となった。しかし、神の地位を乗っ取るだけでは十分ではない。立法者たちは、〝母親〟というさらに強力な力を利用することにした。

アメリカ人としての生き方

人類学者のマーガレット・ミードは、感情はほぼ間違いなく文化によって作られるものと考えていた。彼女について、くわしくは次章で紹介することとしたい。ミードは一九四二年、『火薬を湿らせてはいけない』（*And Keep Your Powder Dry*）と題した研究を発表し、親が子に与える影響について、多くのページを費やして説明している。

ある機械を十分に理解するには、その機械の仕組みについて知るのが近道だ。同じように、ある文化の特徴的な性質を理解するためには、そうした文化が成長期の子どもにいかにして組み込まれるか、順を追って知ることが大切である。[16]

彼女の考えは的を射ている。子育ては知ってのとおり、ある文化が広まるための主たる過程である。感情表現をめぐる周囲の期待もその一部だ。当然ながら、そこにはフィードバック・ループが存在する。あなたの文化があなたの子育てに影響を与え、それがまたあなたの文化に影響を与え……といった具合に。ミードはそのことを知っていた。彼女は文化の発展にとってとくに重要なのは母親だと考えていた。なぜなら、母親は誰よりも子どもといっしょにいる時間が長いからだ。[17]そう考えていたのはミードだけではなかった。ランド研究所の行った数多くの調査でも同じ結論が出されている――アメリカの母親はなんでもよくわかっているが、ときにはちょっとした手助けも必要だ、と。[18]

だが、ひとつ問題があった。第二次世界大戦のあいだ、女性が働くことに慣れてしまっていたのだ。女性は爆弾を作り、船にリベットを打ち、戦車にペンキを塗った。さらに、一九五〇年代から六〇年代にかけて科学技術が発達したことにより、女性は働かないで家にいるべきだとの主張の後ろ盾がなくなってしまった。今となっては女性蔑視もはなはだしいと思われるだろうし、実際そのとおりだ。当時の家庭内分業の理由（というか、言いわけ）のひとつに、洗濯や料理、掃除といった家事をこなすには、丸一日あるいはそれ以上の時間がかかるというものがあった。しかしそれも、洗濯機を始めとする機器の登場によって状況が一変した。女性がキャリアを積むことについて、突然、なんの障害もなくなったのだ。とはいえ、政府は、母親が子どもといっしょに家にいることを望んでいたため、譲歩しつつも抵抗をやめなかった。

メアリーとローレンス・フランク夫妻の『女性になるための方法』（*How to Be a Woman*）は、女性が子どもと離れすぎると「深刻な危機」が起きかねないと示唆している。解決法は？　簡単だ。女性はパートタイムの仕事をなるべく家ですればいい。[19] 一九五〇年代から六〇年代、女性のエンパワーメントを目指す雑誌や書籍などのメディアは増えていたが、一方で時代に逆行するようなメッセージも同じくらい打ち出されていた。「女性のみなさん、家に帰ってキッチンに戻りましょう。そこでだって働けます！」

母親を家にいさせようとしたのは、男性が労働の独占や家父長制の復権を目論んでいたからだという説がある。だが、当時のほかの政治的思惑との関連も無視することはできない。アメリカは、社会の秩序が危機にさらされることを恐れていた。離婚やアルコール依存症、精神科病院への収容者数が増えるにつれ、核家族は崩壊しつつあった。政府が最終的にとった対策は、進化した深い本能（と考えられるもの）に訴えることだった。それは人類が進化する過程で脳に組み込まれた共通の原動力、すなわち〝愛〟である。

権力者たちは、母親が子どもにいだく生物としての愛こそが恐怖を終わらせるカギになると確信していた。イギリスの心理学者ジョン・ボウルビーは、一九五一年に世界保健機関（WHO）に提出した報告書のなかで、母親の愛を奪われた子どもが直面する危険についてこう語っている。

> 母性愛の部分的な剝奪は激しい不安、過度な愛情の要求、強い復讐心、そこから生じる罪悪感や抑鬱をもたらす。こうした感情や衝動は（心身ともに未熟な）幼い子どもの自制心・調整力では手に負えない。その結果、精神的な調整が乱れてさまざまな反応へとつながる。反応は反復的・累積的なものが多く、最終的には神経性の疾患や性格の不安定さを引き起こす。母性愛の完全な剝奪は人格形成にさらなる広範な影響を及ぼし、人間関係を構築する能力を完全に損なうおそれがある。[20]

こうした脅威への治療法は至極単純だ。母親は、子どもから注意をそらすべきではない。彼はこうつづる。

子どもは自分が母親にとって喜びと誇りの対象だと感じなくてはならない。また、母親は自分の人格が子どものなかで拡張していると感じなくてはならない。さらには、母子ともに相手と密接に関わり合っていると感じなくてはならない。幼い子どもが必要とする母性愛が、家庭において得られやすいのはこうした理由からだ。[傍線筆者][21]

「核家族」という言葉は当時、稼ぎ手である男性と専業主婦の母親、それに二〜三人の子どもを含む家族を指すものとして（図らずも適切に）名づけられた。白い柵つきの家はおまけだった［アメリカにおける伝統的で典型的なマイホームや幸せな家庭の象徴］。

人類が滅亡する恐怖をやわらげるうえで、母性愛に勝るものはないと議員たちは考えた。ごく自然に愛されて育った子どもは、幸せに、たくましく育ち、アメリカ人としての生き方と世界の自由な人々への愛情をいだきながら成長する。そして当然だが、感情結合によって自分たちの生き方に反する人々を激しく憎むだろう。心理学的転回の時代に行われた数多くの調査によると、それを避けることは進化に逆らうことだった。また、本能に抗うこと、人間の衝動を破壊することでもあった。もちろんそこには、ソ連国民は自分の子どもを愛していないという含みがあった。〝連中〟は自然や進化の流れに逆らって、怪物を作り出してしまった——自分の生き方に喜んでしたがっているのではなく、恐怖で声を上げられないのだ。いわば機械のなかの歯車、巨大で醜悪な物体の無意識の部品である。彼らは必ずしも悪い人間ではない。

ソ連も子どもを愛していた？

一九五〇年六月の最終週、あなたはソ連科学アカデミーとソ連医学アカデミーの合同会議への参加を求められた。あなたに選択の余地はない。招待状の差出人は、ほかならぬスターリンなのだから。それは招待というより、処刑を免れるチャンスだった。会議の趣旨はソ連の心理学研究の方向性を探ること——少なくとも、手紙にはそう書かれている。しかし、実際の目的は、イワン・パブロフの意見に反対する科学者たちと対決することだった。

パブロフは会議が開かれる十四年前に亡くなっているが、ロシアの著名な生理学者で、反射系の研究で心理学に革命をもたらした人物だ。彼は、人は特定の行動をとるよう条件づけられると主張した。たとえば、犬にエサをやる直前にベルを鳴らすと、犬はそのうちベルの音をエサと関連づけ、やがてはベルの音を聞いただけでエサがなくとも唾液を分泌するようになる。これがいわゆる「古典的条件づけ〈パブロフの犬〉」だ。

スターリンは同じような技術を人間にも応用したいと考えた。これによって集団行動を生み出そうと目論んだのだ——いかにもソ連政府が好みそうな研究である。しかし、人間は犬とは異なるし、その反応はえてして犬よりも複雑で予測不能だ。あなたもきっとそう考えただろう。少なくとも、あなたの同僚がソ連の精神医学に害をなす「反パブロフ派」「反マルクス主義者」「観念論者」「反動的科学者」として逮捕されるまでは。捕まった人々は、みずからの間違いを認めないかぎり粛清されてしまった。[22] こうした措置はあなたの精神を研ぎ澄まし、実際にはパブロフが正しかったことを気づかせてくれる。しかし、会議の目的はパブロフの考えに太鼓判を押すことだけではなかった。もっと大きな議題があったのだ——ソ連を人民に愛してもらうには、いったいどうすればよいのかという議題が。

政府と足並みをそろえる心理学者たちは、旧来の資本主義に傾いたロシア人の思考や感情の残滓をどうやって取り除くかという課題に直面していた。決して目新しい課題ではなかったが、そうした研究はこの数十年間、政治的な理由から精神分析が嫌われたことで棚上げされていた。

一九二四年、ロシアの心理学者アロン・ザルキンドは、『革命的な時代の文化論』（*Essays of a Culture of a Revolutionary Time*）という論文集を世に送り出した。それは精神分析と急進的な共産主義思想を織り交ぜ、「病理学的なマルクス主義」を生み出すことになる。[23] ザルキンドは生理学と階級は結びついていると語り、そうした結びつきを修正し、均一化しなくてはならないと訴えた。「新しい民」を作らなければならないのだ。[24] しかし、政府はどうすれば作り出せるのだろうか——母親よりも祖国を愛し、何より、資本家を蛇蝎《だかつ》のごとく嫌う新しいソ連民を。[25]

問題のひとつに、ダーウィンの進化論がソ連であまり好まれなかったことがある。自然淘汰は無秩序な資源獲得競争であり、そうした競争は不当な優位性を持った種を勝たせるものと考えられていた。いわば生物学的な資本主義、自由放任主義《レッセフェール》の傾向を持つものだと。これではダメだ。ソ連にとって自然を支配するものは、共同かつ社会的に組織された進化、すなわち共産主義でなければならない。

同様に、人は競争に勝つための感情状態を持って生まれるとは信じられていなかった。人間はパブロフの言うように白紙の状態で生まれる。これが、ソ連の感情に対する姿勢だった。感情は条件づけの一形態だ。政府は、特定の瞬間に特定の感情を持つよう子どもたちに古典的条件づけを施せば、成人したら国家がその感情を制御できるようになると信じていた。そうなったら、自分たちが望む新しい民を作り出すことができる。

新しいソ連民は、何よりもまず幸せでなければならなかった。祖国を愛することと心が満たされていることは、市民の義務であり責任でもある。どんなに空腹であろうと、どれほど大切な人が亡くなろうと、幸せでなければならない。しかし、それはいつでもばかみたいに笑っていればいいという意味ではない。笑みを浮かべるのはアメリカの子どもたちがすることだ。彼らは、そうやって母親をあやつっている。[26] 新しいソ連民が笑顔を見せるのは必要なときだけだ。他人をあやつってはいけない。うそをついてもいけない。だが皮肉なことに、彼らの目論見はすべてがうそで塗りかためられていた。

こうした調和を徹底するため、新しい教育システムが考案された。それぞれの年齢層は、子どもたちにどう感じるべきか教えることをおもな目的とする組織に加わらなければならなかった。アメリカでは子どもたちにとって母親は神の代名詞となっていたが、ソ連の教育は共同で行われた。ソ連の子どもたちは生まれたときから「共同体こそ愛が生まれる場所だ」と教えられた。未就学児はレーニンこそ愛情深い祖父だと教わり、少年少女は十月党員《オクチャブリスト》の集団から革命の熱意を叩き込まれる。そのような教育がくり返された。

組織は儀式や反復、感情の表出を用いて、子どもたちに正しい種類の幸福を植えつけた。あまり幸福でない子どもには、罪悪感を棍棒《こんぼう》がわりに使うこともあった。このような手法は一見、儒教に通じると思えるかもしれない。特定の状況にふさわしい感情的な反応を儀礼化したものだ、と。だが、それはちがう。儒教の感情は周囲を取り巻く文化から生じ、時間とともに変わりゆく文化に対応する。トップダウン型であると同時にボトムアップ型でもあるのだ。だが、ソ連の感情は完全にトップダウン型であり、国家によって設計・統制がなされていた。非常に厳しい種類の感情体制であったため、それにともなって過酷な感情労働も発生した。

ソ連では、公に表明される感情はすべて国が国にとって都合よく解釈するものだった。秘密の気持ちを打ち明けられる数少ない瞬間は、プライベートな時間だった。本書冒頭でも説明した「感情の避難所《エモーショナル・レフュージ》」である。国民は感情のオン・オフを瞬時に切り替えられなければならなかった。彼らは必要に応じてアメリカに怒りを表し、祖国の指導者たちの最新の成果に喜ぶことが求められた。

国民は自分の気持ちにうそをついた。万一本音を漏らそうものなら、ソ連の数ある精神疾患のひとつ「ものぐさ分裂症」と診断されかねなかった。その症状には、物事に適応できないこと（感情を適切に表せない状態）や悲観的であること（同じく、感情を適切に表せない状態）、さらには権力者に反抗すること（感情を適切に表せない状態の最たるもの）が含まれた。誤った感情をいだくことは国家に反することを意味し、国家に反することは精神を患っていることを意味した。さぞかし、心労の絶えない日々だっただろう。

約束の地

冷戦の両陣営は国民の感情をコントロールし、感情の理想郷を作りたいと考えていた。目的は核の時代に国民の平静を保つこと、もっといえば彼らをあやつることであった。どちらの国民も祖国への愛が（アメリカでは、母親への愛も）求められたが、こうした愛は敵への憎しみと深く結びついていた。

ソ連は軌道上に最初の衛星を乗せなくてはならなかった。それは（1）国民に祖国への愛が正当であると示し、（2）邪悪なアメリカ人にソ連人のほうが優れていることを示すためだった。一方のアメリカが最初に月へ行かなければならなかった理由もほぼ同じである。（1）自国と同盟国の人々のアメリカへの愛を深め、（2）邪悪なソ連が月をわがものにするのを阻止し、（3）邪悪なソ連人にアメリカ人のほうが優れていることを示すためだった。しかし、国民全体の感情を無理やりコントロールしようとするのは、歴史的に見てもよいやり方とは言えない。事実、ニール・アームストロングとバズ・オルドリンが静寂の海に星条旗を立てる前から、ほころびは生じはじめていた。

最大の問題は、すべての国民がアメリカ人としての生き方の一部と見なされたわけではなかったことだ。有色人種や女性、若者の多くが、自分たちの周りにある感情体制を承認していなかった。彼らが政治的な集会や活動を通じて、みずから作った感情の避難所から抜け出し、公然と怒りを表明するまでにさほど時間はかからなかった。マッチに火がともされたのは、一九六八年四月四日の夜のことである。その日、マーティン・ルーサー・キングが友人と話そうとバルコニーに出たところ、銃声が鳴り響いた。キング牧師はそれからまもなく息を引き取った。彼を殺した犯人は、過激な人種差別思想を標榜するジェイムズ・アール・レイという男だった。事件は世界を震撼させ、アメリカ全土に激しい怒りを解き放った。多くのアフリカ系アメリカ人とその同胞が公民権運動でいだいた希望は、無残にも引き裂かれた。あとに残ったのは、怒りだけだった。

むき出しの怒りは暴動と化して十一の主要都市で爆発し、南北戦争以来見られなかったほどの勢いと規模で混乱を巻き起こした。暴動がアメリカを揺るがしたのはこのときが最後ではなく、今日に至るまで続いている。なんらかの感情体制や政治体制がある集団に課せられ、その体制を維持するために暴力が用いられているのだ。

ソ連はさらにひどい状況にあったが、崩壊にもさらなる時間がかかった。すべてが本格的に崩れはじめたのは、一九七〇年代、国家が実行不可能な経済計画を立案したときのことである。政府が腐敗しているのは周知の事実だったが、そんなことはなんの影響も及ぼさなかった。熟練労働者は何不自由のない生活を送っていたし、非熟練労働者は政治に無関心だったからだ。一連の経済ショックに加え、無力感と人員不足にあえぐ中央官僚が事態を悪化させた。不況が続き、経済は収縮し、やがて破綻した。

ソ連がその後持ち直すことはなかった。もはや技術分野でアメリカを上回る資金を投じることはできず、宇宙開発競争の興奮の日々は遠い過去の記憶となった。最終的に、ソ連はベルリンの壁のごとく崩れ落ちた。新しいソ連民は、国家が推進する感情統制に無意識の反発をいだいていた。加えて、市民たちがもうこれ以上感情労働にかまけたくないと考えたことが崩壊の一因となった。

冷戦を機に、感情を科学的に分類し、気持ちを整理しようとする試みが世界中に広まった。これは世界の感情のとらえ方に新たな展開をもたらしたが、後述するように、一概によいこととは言えなかった。「基本的な感情」などの欠点のある諸概念につながってしまったのだ。さらに冷戦後は、人々は人間の感情を文化的な視点から考察することに執着し、進化をいっさい無視するようになった。それは、散々な結果をもたらした。次章では、みなさんがこれまでいだいていたであろう疑問に答えようと思う。つまり、現代の研究者は感情をどんなふうに考えているのか。現代の感情に関するふたつの主要な理論を挙げ、それらがいずれも間違っている理由を明らかにしたい。

第14章 大いなる感情の衝突

二〇二〇年七月、さわやかに晴れたある日の朝、ひとりの若い女性がスマートフォンの画面とにらめっこをしている。彼女は前日、数カ月ぶりに買い物に出かけ、そのときの体験を今どきの若者らしく写真に収めていた。買い物のようすを自撮りした写真をスクロールし、ツイッターやインスタグラムで注目を浴びそうな写真を選択する。さて、キャプションはどうしよう？　彼女はしばらく考えたあと、きちんとしたメッセージを添えることにした。三百十二人のフォロワー（インスタでは百五人）に、自分のいだいている思いを知ってもらいたかった。「昨日は三月以来、ひさしぶりのお買い物。みんな、マスクをつけて安全に過ごそうね！」そして写真を投稿し、一日の始まりを迎えたのだった。

しばらくして、スマホに投稿への反応を示す振動があった。もう一度。さらにもう一度。やがてひっきりなしに振動するようになったので、うっとうしくなった彼女は勤務時間が終わるまで通知を切っておくことにした。ようやく一日が終わってスマホをチェックしてみると、投稿にはなんと千五百十三件もの反応が寄せられていた。そんな、まさか……。彼女がおそるおそるツイッターのフィードをのぞくと、そこではもっとも恐れていた事態が起きていた。女性の投稿は荒らし軍団の標的にされ、返信欄はどうしようもなくひどいコメントにまみれていたのだ。[1]

コメントには、その人なりの主張と言えなくもないものもあった。「マスクをつけるやつはファシストだ」「マスクは抑圧のために存在している」「二酸化炭素中毒で病気になる」「神から顔を隠している」。だがそのほかは、彼女の平凡な投稿に対する嫌悪や憤りを示すコメントとミームであふれていた。投稿の内容とはほとんど関係のないものもあった。陰謀論とあからさまな誹謗中傷が書きつづられ、彼女に「雪片《スノーフレーク》」（世間知らずで無邪気な人間を表す俗語）という子どもじみた悪口を投げつけるだけのものもあれば、レイプや殺人をほのめかす危険なものもあった。それらは果てしなく続いた。すべては、パンデミックのさなかに自分や他人の身を守るため、マスクをつけようと言ったことが始まりだった。彼女は、当該のツイートを削除した。

人はどうしてこのような行動をとってしまうのか。それについて、現在、科学的な解明が進められている。問題の中心にはとある感情が潜んでいる。われらがおなじみの〝嫌悪（感）〟だ。これはおそらく、驚くには当たらないと思う。だが、嫌悪そのものが複雑でときに意見の分かれる感情であることには（ここまで読んでくれた人をのぞいて）驚く人もいるかもしれない。嫌悪はあらゆる人間が共通していだく感情ではない――少なくとも、全人類ではない。嫌悪はあなたが思う以上に、人々の政治的見解について多くのことを教えてくれる。しかし、その具体的な意味を私たちはまだ導き出せていない。最大の問題は、人類がこれほどの長きにわたって思考や理論を組み立ててきたにもかかわらず、感情の正体についていまだ一致した概念がないことだ。そこで、まずは議論を通じてちょっとした嫌悪を味わってみよう。

あなたはふつうの人間か？

パプアニューギニアのジャングルの奥深く、オカパ地区の集落に一日の狩りを終えた男たちが戻ってきた。彼らは原始的な生活を営んでいたが、狩猟や採集だけで食料を得ているわけではなかった。集落の近くで根菜などを栽培し、食材にバリエーションをもたせていたのである。それは、私たちの想像するような農業とは異なっていた。おもな食料源が移動すれば、彼らもいっしょに移動した。人々は好戦的で、敵を捕獲し、ときには食べてしまうことさえあった。このフォレ人の共同体は何千年ものあいだ、生活様式を変えることはなかった。しかし、この日はいつもとちがった。彼らの生活を、そして感情の科学の歴史をまるっきり変えてしまうような出来事が起きようとしていた。

住民どうしが家族のような村の真ん中で、村人たちは遠くから響く低い物音にふり返った。今まで聞いたこともないような音だった。木が倒れ、枝が折れる音をともなっている。それはだんだんと大きくなり——まるでうなり声のようだった——しだいにこちらへ近づいてくる。村人たちは迫りくる物音を耳にしながらも、獣の姿をひと目見ようか迷っていた。逃げるべきだろうか？ それとも、捕まえて食べてしまおうか？ すると、角の向こうから車輪のついた奇妙な金属の箱が現れ、雷のような音をたてて坂をのぼってきた。やがて箱が止まり、側面が開いたかと思うと、なかから一風変わった服を着た青白い肌の人間たちが現れた。そのうちの何人かはとんでもなく背が高かったが、リーダーと思しき人物は彼らと同じくらいの背丈で、信じられないほど白い肌をしていた。

白い肌の男といっしょにいたのは、別の地区のフォレ人だ。その顔には見覚えがあった。フォレ人の男と小柄な白い人間がこちらへ近づいてきて、白い人間が鼻にかかったような妙な言葉で話しかけてきた。となりにいた男が言葉を訳す。「こんにちは、私はポール・エクマンといいます。あなた方にいくつか質問があります」

ポール・エクマンは一九三四年、小児科医の父と弁護士の母のあいだに生まれた。少年時代の彼は探検家のマゼランに憧れ、いつか彼のように世界を変える発見をしたいと願っていた。しかし、エクマンが十四歳のとき、母親が鬱病によって自殺してしまう。彼はなぜこんなことが起こるのか、どうして感情が人を死に追いやるのか突き止めなければならないと思った。人跡未踏の地を発見したいという彼の夢は、人の心にある未知の領域を解明したいという願いへ変わった。

エクマンはその後、心理療法の分野で博士号を取得し、鬱病患者の研究にとりかかった。彼は非言語的コミュニケーションに関心をいだき、患者のボディ・ランゲージや手の動きをくわしく調査するようになった。だがしばらくして、自分の患者が研究対象として偏っていることに気づいた。彼が研究していたのは鬱病の生存者《サバイバー》であった。病気の峠を越えられなかった人々ではなかったのだ。彼は「人間の行動を理解し、彼らを助けられるようになるには、異常な行動を見るのではなく、正常な行動に注目しなくてはならない」と考えた。[2] 鬱病は感情の障害である。かつてマゼランに心酔していた男は、ついに自分自身の探求を見出した。すべての人間に普遍的な感情があるのか、解き明かそうとしたのである。

一九六〇年代、私たち現代人と遠い祖先の狩猟採集民とをつなぐ部族のなかに基本的な感情を探し求めたのはエクマンだけではなかった。前章で触れた著名な人類学者マーガレット・ミードはすでに何十年と世界を旅してまわり、文化が異なれば感情の表し方も異なることを証明していた。よく知られているとおり、ミードは一九二〇年代、アメリカ領サモアの小さな島タウに滞在し、思春期の悩みが親にとっても子どもにとっても普遍的かどうかを調査した。彼女は、サモアの思春期の少女たちが結婚して家庭を持つ前にしばしばそのときかぎりの性的関係に及ぶことを発見した。それは、西洋の規範とはまったく相容れないものだった。西洋人にとって、そうした関係は一般に不安や恥ずかしさ、決まりの悪さ、あるいは道徳的な嫌悪をともなっていた。一九二八年、ミードの『サモアの思春期』が出版されると、アメリカの読者たちに衝撃が走った。彼女の発見は感情が文化によって異なることを示す有力な証拠だった。[3] 一九六〇年代後半、西洋ではミードの見解はほぼ科学的なコンセンサスとなっていた。ただし、それはアメリカ人らしい生き方や感情風景を捨てるとどうなるかという警告としてであった。

エクマンはこれに対して懐疑的だった。彼の研究は心理学的転回とあらゆるものを分類したいという新たな欲求の混合であり、単体では存在しえなかった。一九六四年当時、彼は人知れず悩んでいた。感情的なふるまいを研究するには、まずそれを正確に定義しなくてはならなかったが、当時そんなことをした者は誰もいなかったのだ。そのころエクマンが出会ったのが、のちに彼ともっとも親交の深い共同研究者となる心理学者、シルヴァン・トムキンスだ。エクマンにとって、人間には生得的な感情があると考えるトムキンスの主張は、ミードよりも説得力があった。エクマンは、自分の仮説を検証するにはまず感情を測定する方法を考えなければならない、そしてそのカギは顔の表情にあると見ていた。もし、すべての人間がある気持ちに応じて同じ表情をするのであれば、そうした表情と生来の基本的感情とのあいだにはなんらかの関連性があるはずだ。

エクマンはそれから八年にわたって、トムキンスや同僚のウォレス・フリーセンとともに独自の手法を確立していった。エクマンとフリーセンはまず、アメリカ、ブラジル、チリ、アルゼンチン、日本の学生に協力をあおぎ、顔の表情の写真と感情に関する言葉や物語を組み合わせてもらった。その結果、どの国の学生も六種類の表情を六種類の感情（幸福、怒り、悲しみ、嫌悪、驚き、恐れ）と結びつけることがわかった。だが、エクマンは実験の欠点に気づいていた。被験者たちはみな欧米のメディアに接していたのだ。彼らはアメリカの映画やテレビ番組を視聴し、西洋の芸術や写真に親しんでいた。必要なのは、『アイ・ラブ・ルーシー』を観たこともなければ、ビートルズも知らないような人間だった。そんななか、パプアニューギニアの有名なフォレ人はまさにそうした条件を満たしているように思えた。かくして、エクマンらは古いセスナ機に乗り込み、フォレの村人たちを驚かせるべく出発したのである。

ある島で

エクマンとフリーセンは、被験者である人々が西洋のメディアに接した経験がないことを念入りにたしかめた。また、外部の人間に会ったことがなく、英単語をひとつも知らないことも確認した。その結果、百八十九名の大人と百三十名の子どもが条件に該当することが判明した。実験では、研究ですでに使用している写真や説明を用いることにした。エクマンとフリーセンは翻訳者に厳しい研修を課し、言葉や説明の訳し方が異なっても実験結果に影響が及ばないようにした。[4]

白人の顔写真はもちろん、写真そのものを見たことがないにもかかわらず、フォレ人の呑み込みは早かった。大人は三種類の、子どもは二種類の顔写真を見せられ、ごく短い説明を聞かされた――たとえば「この人は今にもケンカをしそうだ」のような。感情が普遍的なものなら、説明はただ一種類の写真と結びつくはずだ。実際、そのとおりになった。フォレ人は説明と表情の組み合わせについて、九十三パーセントもの割合で西洋の影響を受けた被験者と同じペアを選んだのである。エクマンとフリーセンは自分たちの理論の正しさを確信した。人はみな時代と場所を問わず、幸福、怒り、悲しみ、嫌悪、驚き、恐れという六つの基本的な感情を持っている。

しかし、エクマンの理論には重大な欠陥があった。まず、フォレ人と初めて出会いその行動を記録したのは、エクマンたちではない。一九五三年には、人類学者がすでに彼らのことを研究していた。そもそも、エクマンのジープがフォレ人の村にたどり着けたのも、宣教師や政府の巡視員が轍《わだち》を作っていてくれたおかげである。また、エクマンがフォレ人の村を訪れたころ、村人が近隣で栽培していたのは根菜ではなく、内陸部で売るためのコーヒー豆だった。要するに、彼らはお金も使っていたのだ。あるときなど、エクマンはスムーズに話を進めるために「地元のまじない師による祝福」を受けなくてはならなかった。[5] 支払いはドルである。西洋の文化に接していないなどとよく言えたものだ。

さらに、テストの訳し方も適切とは言いがたかった。翻訳者ならよくご存じのとおり、翻訳とは単語をある言語から別の言語へ置きかえる作業ではない。そんなことをしても、チグハグな文章が生まれるだけだ。これまで見てきたように、たとえよく似た言語どうしでも言葉を完全に一致させることは難しい。だが、実験でもっとも大きな問題は言葉の壁ではなかった。写真には感情を示す表情が写っていたが、その表情は滑稽なほど強調されていたのだ。多くの人が日常生活で無意識に作るような、自然な笑顔やしかめっ面ではなかった。心理学者のジェイムズ・ラッセルらによる近年の研究によれば、現実に即した写真を使った場合、子どもは八歳になるまである種の感情を識別できないことがわかった。[6] 幼い子どもは、エクマンが嫌悪を示すとした表情（「えずき顔」）が嫌悪と怒りのどちらを表しているのか理解できない。最近では、心理学者のリサ・フェルドマン・バレットの率いるチームが、被験者にさまざまな表情の写真を任意のカテゴリーに分類させたところ、その結果が文化によって異なることがわかった（くわしくは次章で述べる）。[7] というのも、顔は私たちが気持ちを表現するやり方の一側面にすぎず、それだけを切り出しても、研究にあたって十分とはいえないのだ。感情は顔や声だけで表すものではなく、非言語的コミュニケーション、〝身体的言語《ボディ・ランゲージ》〟の一部である。私たちは感情の表し方を言語的コミュニケーションと同じように肉親から教わる。さらに、顔の表情は状況によって意味が異なる。ある文化圏では、人は怒っているときに笑みを浮かべ、うれしいときに涙を流す。個人的な話をすれば、私が泣いたりエクマンの言う〝悲しい顔〟をしたりするのは、激しい怒りを感じているときだけだ。加えて、変わりうるのはコミュニケーションだけではない。

あなたの知らないうちに、または同意なく、誰かからノルアドレナリンを大量に投与されたと仮定してほしい。あなたの心臓は高鳴り、手のひらは汗ばみ、胃は緊張で痛くなる。そんななか、あるシナリオでは魅力的で楽天的な人と同じ部屋に入れられる。別のシナリオでは不機嫌で怒りっぽく、見ていてあまり楽しくない人と同じ部屋に入れられる。あなたは前者の部屋では幸せを感じ、心躍らせることもあるだろうが、後者の部屋ではストレスや怒りを味わうだろう。一九六二年、スタンレー・シャクターとジェローム・シンガーというふたりの心理学者がこうした実験を行った――エクマンによる表情の実験よりもかなり前のことである。[8] その結果、シャクター＝シンガー説（情動の二要因説）という感情の理論が生まれ、人間を対象とした実験への倫理的規制が強化されるようになった（少なくとも、そう願いたい）。実験でわかったのは、文脈が重要ということだった。

同様に、文化もまた重要である。私たちはある気持ちをいだいたときどうふるまうべきか、生育環境や文化を通して学ぶ。こうした要素については後述するが、今はとりあえず、四十年以上にわたって分野を支配した普遍的な感情という考え方が、実際には確固としたものではないとわかっておいてほしい。

言葉の転回

ソ連が崩壊する二十年前、エクマンの知性が全盛期にあったころ、ヨーロッパに心理学的転回とは別の転回がもたらされた。言語的転回である。一九七〇年代、ヨーロッパを中心とする思想家の多くは、啓蒙思想への不信感を募らせていた。その理由を理解するには非常に複雑な概念をできるだけわかりやすく説明しなければならないが、それはとても難しいことだ――というのも、この時代に生まれた作品の多くは、正直にいってほぼ解読不可能なものばかりだからである。

そもそものきっかけは、ジャン＝フランソワ・リオタールやジャック・デリダ、ミシェル・フーコーといった当代屈指の哲学者たちが、科学による真理の追求に意味はあるのかという疑問をいだきはじめたことだった。彼らは、あるものについて確実に知ることなんて本当にできるのかと考えた。人種や性差《ジェンダー》はもともと存在するのか、それとも文化によって構築されたものなのか（今では構築されたものとわかっている）。資本主義や共産主義、宗教、政府、あるいは家族といった、私たちが当たり前と見なしている〝支配的な言説《マスター・ナラティブ》〟や仕組みは本質的なものなのか、それとも作られたものにすぎないのか（今では作られたものとわかっている）。現代世界は、古代ギリシアや古代インドと同じようにはかないものなのか。こうした知識人は、私たちの言語の使い方が言葉を用いる唯一の方法ではないのではないかとさえ考えていた――そのため、彼らの著作の多くは判読不能な性質を持っている。これらの疑問から、ポストモダニズムと呼ばれる新しい考え方が生まれた。だが、言語的転回にはポスト構造主義（知的・文化的構造はでたらめではないかと疑う思想）や脱構築主義（古い考え方を分解してそれが現実に存在するかどうか判断すること）のようなよく似た概念も含まれる。

この種の新しい物の見方は、もともと芸術の分野から始まった。ジャクソン・ポロックなどの近代アーティストは、自分たちにとって芸術の意味とは、結局のところそれが意味するものでしかないと宣言したことで有名である。一方、アメリカの脱近代《ポストモダン》アーティストは、一九六〇年代に女性や有色人種、あるいは今でいうところのＬＧＢＴＱ＋の集団が起こした反乱に創作意欲をかき立てられた。彼らは冷戦時代における「感情の現状」に反旗をひるがえし[9]、近代アーティストの姿勢を拒否して次のように宣言した。「僭越《せんえつ》ながら、私はあなた方の芸術を自分の好きなように解釈することにした。もちろん、あなた方も私の芸術を好きなように解釈してほしい」

その中心には、ひとりの人間の見解がほかの誰かより〝たしか〟なことはないとの考え方がある。ためしに、そうした視点で歴史をふり返ってみよう。ユダヤ人がナチスに連行され、強制収容所で虐殺されたのは疑いようのない事実である。だが、生き残った被害者たちが語る個々の物語は事実そのものではない。それは生きた体験であり、ひとつの物語をさまざまな視点から見たものだ。語り手がうそをついているのでないかぎり、ある物語がほかの物語よりも〝正しい〟ことはない。だが当然ながら、こうした歴史研究はえてして危険なものとなりがちだ。まかり間違えば、第二次世界大戦でのホロコースト否定派の意見が生存者の意見と同じ意義を持つことになりかねないし、そんなことがあっていいはずがない。

またポストモダニストらは、歴史には定められたシナリオや目標、進化の方向性があるという見方を否定している。そのため、彼らはマルクス主義者にはなりえない。興味深いことに、モダニズムという概念には保守的・右翼的な意味合いが感じられる。同様に、ポストモダニズムにはどこか左翼的な趣きがある。しかし、ポストモダンと化したのは政治や芸術、歴史だけではない。言語的転回の洗礼を免れたものはなく、それは感情の研究も例外ではなかった。

感情の解体

一九七七年、グアムから西太平洋に浮かぶ小さな島、ヤップ島へ向かう飛行機に、ひとりの若いアメリカ人女性が乗っていた。彼女はそれまで、旅のほとんどをアメリカのものに囲まれて過ごしてきた——ハワイの高層ホテル、真珠湾の軍事基地、グアムのマクドナルドのチェーン店。しかし、今はそういうものを飛び越えて少しばかり別の世界へ向かっていた。飛行機は小さく、乗客は科学者や政府関係者、平和部隊員がひしめいていた。また、少数の「好奇心旺盛な日本人観光客」やアメリカ海軍将校、建設作業員も同乗している。飛行機がコロニアの街に降り立ったとき、彼女はまだアメリカとともにあった——ガソリンスタンド、バー、レストラン、美術工芸品店。だが、コロニアは最終目的地ではなく、彼女にはもうひとつの旅が残っていた。彼女は、イファルク環礁の近くに住むタマレカルという名の部族長に会ったあと、二隻ある船の一隻に乗り込んで彼の住む家へ向かった。[10]

イファルクは偶然に選ばれたわけではない。キャサリン・ルッツは、女性の声が大きく、感情をオープンに表現できるような場所で「アメリカ社会よりも平等なジェンダー関係を持つ」人々と過ごしたいと思っていた。[11] イファルクの人々となら、それができると考えたのだ。フォレ人のような民族ほど人里離れた地に住んでいるわけではないのに、イファルク人の感情の表し方には研究の余地が残るとはいえ、ほかとは異なる性質が感じられた。ルッツは、ある文化の感情を別の文化の感情に翻訳できないかたしかめたかった。エクマンが見ていたのと同じもの——表情やボディ・ランゲージ、声のトーンなど——に目を向け、類似点ではなく相違点を探したのである。結果、いくつかのちがいを見出すことはできたが、なかでも考察に時間のかかったのが「ファーゴ」という概念だった。

ファーゴは一見すると、「愛」や「思いやり」と訳せそうに思えるが、実際はそう単純ではない。

ファーゴは愛よりも少し具体的な感情だ。困っている人物の面倒を見る要素を含んでいる。たとえば、ある人の体調が悪いとき、あなたはファーゴを感じる。あなただけでなくコミュニティー全体がファーゴを感じ、いっしょに病気の仲間の世話をすることもある。誰かが亡くなると、その感情はいっそう強くなる。ルッツによれば、子どもが亡くなったときのファーゴは、泣きわめき、なげき悲しみ、叫び、腕をふり乱して表現されるという。それはてんでばらばらの悲しみではなく、ある種の演出がなされていた。

人々は順番に前へ進み出て（というより、近親者に導かれて）、遺体のすぐそばを取り囲むと泣きはじめた。悲しみの演出は周到に行われた。一般に〝大泣き〟、すなわち声を上げて泣く者はなるべく遺体の近くに、泣かない者は後ろのほうにいなくてはならなかった。[12]

これとよく似たものを私も見たことがある。若いころチュニジアでしばらく暮らしていたのだが、現地の文化での愛する人の死への反応も、演出がなされる点もほぼ同じだった。順番は関係なかったが、故人の家に入る人はみな前の人よりも大きな声でなげき悲しまなくてはならなかった。悲しみが徐々に激しさを増すなか、人々はそれまでよりも大きな声で悲嘆を表現した。重要なのは、これは演出ではあるものの、悲しみそのものは偽りではないということだ。チュニジア人は悲しみの表し方をこんなふうに教わっていた。彼らの知る唯一の悲しみ方であり、彼らにとってはごく自然なふるまいだった。

となると、ルッツの言いたかったのは単なる悲しみなのか？　ファーゴは、私たちになじみのある感情を表す別の言葉にすぎないのか？　いや、おそらくちがう。ファーゴは母親が子どもを想う気持ちであり、妻を失った夫がいだく気持ちである。また、それを感じる相手によっても感じ方は異なる。相手があなたを必要としているなら、あなたはその人にたくさんのファーゴを感じるだろう。だが、相手がほんのちょっとしか助けを求めていなければ、あなたもあまりファーゴを感じない。[13]これはほんの一例にすぎない。ファーゴはとても複雑な気持ちだ。イファルクの暮らしのあらゆる面に影響を及ぼしており、とても一言では言い表せない。多くの言葉を費やしてもなお至難の業である。実際、ルッツは一万三千語以上を使って説明しているが、私のような門外漢にはいまだにファーゴを完全に理解することはできない。

ルッツの研究は普遍的な感情という概念に疑問を投げかけた。だが、それは彼女が初めてではなかった。ミード以降、同じような主張をする人類学者はたくさんいた。だが、ルッツの研究は学術的にとりわけ重要な意味を持つこととなる。ある種の感情は生まれながらに備わっていると考える学者と、感情はすべて文化が構築するものだと考える学者のあいだでは激しい論争が交わされているが、ルッツの見解は構築主義者側の意見を示す好例だ。この手の論争は、人々がいずれの立場をとるにしても、いっこうに衰える気配がない。

たとえば、政治的・社会的な性別・人種・ジェンダーの平等といった社会的正義のために戦うことを信条とする人は、一般に構築主義の土台に立っている。彼らはそれぞれの文化や個人には独自の意見のほか、行動の仕方や感じ方があると考えている。こうした見解に反対する人は、概して普遍主義者だ。感情の世界を静的で不変のものととらえ、〝規準〟からはみ出す人を脅威と見なす。しかし、この話にはちょっとしたカラクリがある。細部を無視すれば、どちらの側もたいして変わらないのだ。

嫌悪による団結

嫌悪は人を団結させるにあたって強力な手段だ。本書でもすでにいくつか述べたので、嫌悪がひとつだけでないことはおわかりいただけたと思う。とはいっても、不快なものに出会ったときの気持ち——まずいとか気持ち悪いとか、「おえっ」となるような気持ちは、あらゆる人間に（もっといえば、かなりの種類の動物にも）共通しているようだ。これは普遍主義と構築主義の両方の立場から感情が理解できるよい例だ。嫌悪について専門的に研究するヴァレリー・カーティスのような普遍主義者は、嫌悪とは病原体や毒物などの危険を避けるために進化した安全装置だと主張する。一方の構築主義者は、どの言語にも嫌悪を表す言葉があることや、それが状況しだいでまったくといっていいほど異なる意味であることなどから、嫌悪が構築されたものと主張する。どちらも正しいということはないのだろうか？　それが、あるのだ。私たちが毒に冒されたり寄生虫を取り込んだりしないように基本的な感覚が進化したことは十分に考えられる。そうした感覚が文化のもとで順応し、形を変え、あやつられた結果、嫌悪をいだく対象に独自のバリエーションが生まれたのである。

しかし、冒頭の若い女性のツイートに「マスクをつける奴はファシストだ」などとコメントを寄せた人々はどうなるのか？　歴史学者のウィリアム・イアン・ミラーは、著書『嫌悪の解剖学』

（*The Anatomy of Disgust*）のなかで、作家のジョージ・オーウェルが『ウィガン波止場への道』でつづったある告白に着目している。みずからの出身階級を「上層中流階級《ロウワー・アッパー・ミドル・クラス》の下のほう」と表現するオーウェルは、「下層階級は悪臭がする」と信じて育ったという。[14]これは科学的にも裏づけられている。もちろん、下層階級が臭うということではない。人々がそう信じていると証明されているのだ。

道徳心理学者のジョナサン・ハイトは、生理的嫌悪感をいだきやすい人は社会において保守的になる傾向が強いと指摘する。彼は被験者に「嫌悪感スケール・改訂版」（DS-R）という尺度を用いたテストに答えてもらい、それを実証しようと試みた。テストではある記述についてどれくらいそう思うか、または自分にどれほど当てはまるかを0から4点で回答してもらう。0は「まったくそう思わない（まったく当てはまらない）」、4は「とてもそう思う（非常に当てはまる）」である。設問には次のようなものがある。「痰がいっぱいにからんだ咳払いを聞くのは気になる」「大好物のスープを使用後念入りに洗ったハエたたきでかき混ぜたら、どんなにお腹が空いていても飲みたくはない」。さらに、テストではいくつかのシナリオを提示し、それが自分にとってどれだけ不快かを0（まったく気にしない）から4（ひどく気にする）で答えてもらう。設問には、たとえば「屋外のごみバケツに捨てられた肉にウジが湧いていた」「友人が週に一回しか下着を替えていないと知った」といったものがある。[15]テストの結果、答えに4が多かった人は0が多かった人よりも保守的であることがわかった。[16]

だが、このテストにはいくつか問題がある。第一に、DS-Rの設問は白人の中流階級が大多数を占めるアメリカの大学文化に由来している。記述は、西洋人の感性を対象としている傾向が強い。誰もが下着を身に着けているか、少なくとも毎日交換するだけの余裕があることを前提としているのだ。第二に、DS-Rの歴史は、時代がわずかにちがうだけで嫌悪が変化しうることをずばり表している。改訂前の（Rのつかない）テストには「同性愛行為は不道徳だと感じる」との設問があったが、今では削除されている。アメリカでは現在、保守的な考えの人でさえ、LGBTQ+の人たちが異性愛者とともに暮らし、働いている現状に慣れつつある。[17] その後、別の研究者が行ったテストにより、嫌悪や忌避といった感覚は右翼思想と同じくらい純粋さと結びついていることが判明した。[18] 実際、訊かれている内容に注意してみると、極左思想の人も極右思想の人も物事に対して同じように嫌悪感をいだくであろうことがわかる。[19]

世界の政治体制の多くがこうまで二極化した一因はここにある。政治的なアイデンティティーの多くは左翼と右翼を問わず、〝不純〟と見なされるものへの激しい反発によって定義される。あなたが白人男性で、マイノリティーや女性がつねに優遇されていると思っていたら、現状を一掃すべき汚染と見なすだろう。または、あなたが人種平等を掲げるフェミニストか、LGBTQ+や環境保護の活動家なら、自分に異を唱える人やそうした人が支持するものをすべて汚れていると考え、社会の平等と正義を妨げる目の上のたんこぶと見なすだろう。

冒頭のマスク着用に関するツイートへの反応にも、同じような力学《ダイナミクス》が見られる。若い女性の見解に嫌悪感をいだいた投稿者はそれを表明するため、逆に人から嫌悪されるような方法をとった。そうした基本的かつ普遍的なかたちの反発は、極端な反応を引き起こすことがある。

感情をめぐる普遍主義者と構築主義者の論争においても、嫌悪は人をまとめるうえで欠かせない役割を果たしている。それは魅力的であり、私が不快なものに囲まれるのを好むのもそのためだ。あくまで、学術的な意味合いでだが。

感情に関する新たな主張

こうした感情の研究は、幅広い効果を及ぼしている。まずは、多くの学問分野に影響をもたらした。キャサリン・ルッツとポール・エクマンはさながら大股で闊歩《かっぽ》する巨人のように、その分野で後続する人々に崇拝されてきた。また、エクマンは学問以外の世界でも大きな影響力を持つ。彼は一九七八年から、感情によって引き起こされる顔の微小な、ほぼ検出不能な変化である「微表情《マイクロエクスプレッション》」を見分ける方法を指導している。CIAやロンドン警視庁、アメリカ国土安全保障省などの諜報員や警察官に、微表情を見抜くための訓練を施しているのだ。読者のみなさんのなかで、本書を手に取る前に人間が基本的な感情を共有していると考えていた人はいるだろうか。もしそうなら、それはエクマンのおかげである。たとえあなたがエクマンの名前を聞いたことがなくとも、彼の研究は当然のごとく影響力を発揮している。

同様に、ポストモダニズムの影響を受けた構築主義の見方も独自の存在感を示している。実際、それは一般大衆の意識にも浸透するようになった。この見方の支持者たちは、すべての物事に対応できる理念などないと主張する。彼らの価値観は、「人はみな同じ感情を持つわけではない」という見解を打ち立てたルッツやミードなどの研究者から生じたものだ。

嫌悪に関して言えば、私たちの誰もが日々何らかの影響を受けている。私たちが生きているのは、感情的な時代だ。何十年ものあいだ、『スタートレック』といった人気SFドラマに、感情を探し求めるアンドロイド、感情のないバルカン人、感情に敏感なカウンセラーが登場してきた。ただ、現代の嫌悪が、過去にくらべて私たちの政治的・道徳的な選択を後押ししているかどうかは、なんともいえないところだ。私から見れば、政治と嫌悪が混ざり合う現代の事象は新しいものに思える。ひょっとすると、清教徒《ピューリタン》のような厳格な世界観がお互いを遠ざけているのかもしれない。政治的な言動への反発は今や多くの西洋文化における中心的な要素だが、それがいいことかどうかははっきりとしない。

嫌悪についての論争が物語るように、二十一世紀初頭には感情に関するふたつの主張が支配的であった。だがその後、第三の道が見つかった。くわしく知るために、視点を現代、さらには未来に向け、科学の最先端へ話を進めていこう。そう、人工知能《AI》の世界へ。

第15章 人間は電気羊の夢を見るか？

ここからはついに、人々が（というより、科学者が）感情についてどう考えているのかを探っていこう。幸いにして、前章の嫌悪の説明からもわかるとおり、今では〝生まれか育ちか〟論争の境界線は消えつつあり、科学文献でもそうした傾向が広まっている。理由としては、ポール・エクマンやキャサリン・ルッツらの築いた科学的枠組みに反旗をひるがえした思想家が成功を収めたこと、さらには、機械に人間のような感情を与える科学分野のアフェクティブ・コンピューティングが失敗に終わったことなどがある。最終章である本章では、こうした成功と失敗をふまえつつ、現代の感情理論のなかでも最高峰のものを探っていこうと思う。まずは、反対派のなかでも屈指の影響力を持つ人物を取り上げたい――リサ・フェルドマン・バレット教授だ。

科学が間違いに気づくとき

一九八〇年代後半、バレットはある問題を抱えていた。自己認識が感情に与える影響を調べるために実験を行ったところ、結果が既存の研究と矛盾していたのだ。それも、八回続けて。

バレットは当時、カナダのオンタリオ州にあるウォータールー大学で心理学を専攻する大学院生だった。彼女は研究の一環として、講義で教わった仮説をいくつか検証することにした。そのひとつが本書でも取り上げた「自己不一致論」である（第9章「桜の国の恥ずかしさ」を参照）。この理論を提唱したエドワード・トーリー・ヒギンズによれば、不安や抑鬱、恐怖、悲しみは恥ずかしさと同じように、理想・義務の自己と現実の自己とのギャップから生じるという。バレットは恥ずかしさに関するヒギンズの理論を検証すべく、被験者にアンケートを行い、人々の理想・義務の自己と現実の自己とのギャップを明らかにしようと試みた。[1] 彼女が実験を行った当時、自己不一致論への反論は「水とはH_2Oのことである」という概念への反論と同じくらい少なかった。彼女はヒギンズの説をたしかめ、それをもとにみずからの考えを発展させようとした。だが、いざ実験を始めてみると、被験者たちが不安と抑鬱を区別していないことがわかった。それだけでなく、恐怖と悲しみも区別していなかった。[2]

　バレットは、被験者たちがどうして教えられたやり方とはちがう感じ方をするのか疑問に思った。最初は何か重大なミスを犯したかと思い、欠陥のある実験を考案したことに自責の念をいだいた。しかし、データを分析したところ、実験自体にはとくに問題がないことがわかった。問題はテストを行う人間ではなく、感情の測定の仕方にあったのだ。[3] 彼女はその後すぐに、研究室や現地で行われたほかの研究においても、感情の測定法が間違っている可能性があることを発見した。[4]

　バレットは自分が古くからの疑問をいだいていることに気づいた。エクマンらが提唱した感情の定義が間違っているとしたら、感情とはいったいなんなのか？　これは、単なる観念的な問いかけではない。私たち人間のように感情をいだく人工知能《AI》を作れるのかという疑問の本質に関わるものだ。彼女はふたたび実験にとりかかり、すぐに新しいモデルを構築し、本書の旅の出発点でもある古代ギリシアに立ち返った。

バレットの仮説はいわば、感情を魂の動揺と見なす方法の現代科学版である。いや、魂というよりも正確には身体だ。魂そのものが動揺するわけではなく、むしろ身体に異変が生じているのだ。端的に言えば、身体は可能なかぎりエネルギー効率を高める方向に向かうと彼女は考えている。安全な環境、危害の及ばないところではすべては正常に機能する。だが、身体のバランスを乱すもの（捕食動物などの外的な脅威や、空腹などの内的な欲求）が現れると、私たちはコア・アフェクト（中核的情動）と呼ばれる感覚をいだく。脳がコア・アフェクトを生む感覚データをどのように解釈するかは、私たちがどんな人間で、どこに住んでいるか、誰に育てられたのかといった数多くの要因によって決まる。バレットの言葉を借りれば、「私たちが目覚めているとき、脳は過去の経験を概念として整理し、それをもとに行動の指針を決めたり、感覚に意味を与えたりしている。そうした概念が感情の概念である場合、人間の脳は感情の事例《インスタンス》を構築する」。この考えは感情構築の理論として知られるが、くわしくはのちほど論じる。

同じ結論に至った研究者は、バレットだけではなかった。彼らの成果は感情の調査研究において従来の常識を覆すものとなる。当該分野の論文はそれまでポール・エクマンやキャサリン・ルッツの支持者たちに独占されていたが、今では感情の科学は〝生まれか育ちか〟の枠組みを超えた、より精妙なものとなっている。個人的な話をさせてもらうと、私は毎日の午後、その日発表された感情に関する学術論文と書籍へのリンクが貼られたメールを受け取っている。二〇一〇年代初頭、リンク先のほとんどは、基本的な感情の実験から得られた成果か、なんらかの部族で構築された感情を支持するものばかりだった。だが、今ではそのような著作はめっきり数を減らしている。分野全体が、バレットの見解へゆっくりと移行しているのだ。

バレットの理論が感情史の分野に引き起こした変化は、私の同僚が開発した『ザ・ヴォールト』（*The Vault*）という教育用テレビゲームによって説明できる。[5]『ザ・ヴォールト』はタイムトラベルものの謎解きゲームだ。プレーヤーは歴史上のさまざまなシナリオを移動しながら、課題を解決して先へ進む。解決方法は、各章の時代で特定の感情がどんなふうに持たれたかを理解することで得られる。ゲームには、感情は固定的で普遍的なものではなく、時間とともに変化するものだという前提がある。たとえば、神や宇宙との断絶から生じる「無気力《アケーディア》」のような、非日常的でなじみのない感情にプレーヤーを浸らせてくれる。ほかにも「ふさぎ込み《メランコリア》」といった気持ちの落ち込みもある。これは身体が黒い胆汁であふれるような感覚に襲われたり、脚がガラスでできているような身体の変調に見舞われたりする特徴がある。

『ザ・ヴォールト』が興味深いのは、たとえ歴史的な感情を理解できたとしても、過去の人々のように有機的な感覚を味わえているのかがわからない点だ。ここから、ひとつの疑問が生じる。もし私たち人間が〝メランコリア〟のような確実に存在していた感情を歴史の文脈が異なるというだけで経験できないとしたら、機械は何かを感じることができるのだろうか？

これは歴史的な感情にかぎった話ではない。エクマンは世界中の文化圏で何百もの顔の表情を記録したかもしれないが、彼の六つの基本的感情（チャールズ・ダーウィンから着想を得たという）は、前述したようにアメリカ人の少数の表情に由来するものだ。彼はそれを世界共通の表情の枠組みとして利用したのであり、そこには当然バイアスがかかっている。エクマンを始めとする研究者たちは、人間の多種多様な表情や声のトーン、さまざまなふるまいを短いリストに落とし込んでしまったが、はたしてそれは正しかったのか？

十七世紀、ヨーロッパの諸言語の標準化は、印刷業者の恣意的な選択でなされることが多かった。彼らは単語のつづりを決定し、それが結果として文化的な表現を形成していった。感情の科学も現在、同じ問題に直面している。一部の局所的な感情のバリエーションが、何百万、何千万もの人々に適用されると、感情の自己実現的な標準化への道が開かれることになる。もしそうなったら、微妙に異なる文化的なちがいのおかげで世界中の人が感じることのできる多様な気持ちに関して、理解も尊敬もできなくなってしまう。この種の問題において、心理学者がつねに対峙するのがＷＥＩＲＤと呼ばれる人々だ。ＷＥＩＲＤとは、Western（西洋の）、Educated（教育を受けた）、Industrialized（工業化を遂げた）、Rich（裕福な）、Democratic（民主的な）の頭文字である。いわば典型的な北米やヨーロッパの心理学部生であり、心理学研究によくいるタイプの志願者である。こうした研究の偏りは、人間の普遍的な特性の探求を初めから妨げる。また、同じ文化的盲点はハイテク産業でもしばしばネガティブな意味で見出される。

パラノイド・アンドロイドの見分け方

こんなふうに考えてみよう。そう遠くない未来の話だ。あなたは幸いにも高台の上で暮らしていたため、自分の町が高潮に飲み込まれずにすんだ。また、地球の大半を周期的に破壊する異常気象の影響をあまり受けない地域に住んでいる。さらに、二十一世紀半ばに人々を悩ませた水資源をめぐる戦争においても命を落とさなかった。どんな気持ちだろうか?

おそらく、ほかの人と同じように感じているはずだ。それは科学者が燃料の消費量やゴミの廃棄量を減らすよう切々と訴えたにもかかわらず、いっさい聞く耳を持たなかった先祖への深い怒りを共有していることだけではない。あなたが地球上のすべての人と同じ感情を持ち、同じような方法でそれを表現していることを意味する。これは本書で述べてきたことと矛盾しているように思えるかもしれない。私は今まで、さまざまな種類の愛や憎しみ、その時代特有の不快感や怒りについてつづってきた。人々の名誉が傷つけられ、挽回され、そしてまた傷つけられる過程を語り、みなさんの興味関心を引こうとしてきた。人類が新しい大陸や新しい科学、新しい信仰を発見するために、人間の欲望をねじ曲げ、作り変えてきたいきさつを述べてきた。パトスが情念、情動、情操へ変わり、最終的に感情へと変化する経緯について語ってきた。感情が複雑で文化的なものから基本的で普遍的なものへ変わり、ふたたび複雑で文化的なものへと変化する過程を説明してきた。失われた情念をたどるとともに、新しく〝発見〟された感情についても考察してきた。しかし、それでも私は、将来的には誰もが同じ感情をいだくだろうと考えている。なぜなら、私たちの感情はテクノロジーによって着実に均質化されているからだ。ここからは、歴史と感情をめぐる旅の締めくくりとして、私たちの感じ方を変える新たなテクノロジーを探りながら、未来に目を向けていく。それは決してポジティブな方向ばかりではない。

機械の隆盛

アラン・チューリングは、部屋でひとり椅子に腰かけている。彼の目の前には、細長い穴がふたつ。それぞれ、小さな紙片が入るくらいの大きさだ。一方の穴の向こうには男性がいて、もう一方には女性がいるという。彼に与えられた任務は、質問を書いた紙を穴に入れ、返ってきた回答からどちらが男でどちらが女かを当てるというものだ。ただし、ひとつだけ彼に隠された事実がある。一方の穴の向こうにいるのはたしかに男性だが、もう一方の穴の向こうにいるのは女性ではなく、人工知能《AI》を搭載したコンピューターなのだ。

チューリングはすでにいくつか質問を終え、問題は解けつつあると感じている。彼は二枚の紙片に新しい質問を書き、両方の穴に差し入れる。「今朝はどんなことをしましたか?」

返ってきたメモには、朝食をとったとか通勤電車に乗ったとか、どちらにも似たようなことが書いてある。だが、ひとりは自分の子どものことを少しだけ強調している。チューリングは別の質問を尋ねる。「目を閉じて、子どものころを思い出してください。どんな光景が浮かびますか?」

回答者のひとりは、寝室でおもちゃ遊びをしているところだと答える。とくに『フラッシュ・ゴードン』のロケットがお気に入りで、全種類そろっていたという。もうひとりは、庭で蝶々を捕まえたり、髪にリボンを結んだりしているところだと答える。

チューリングには、この時点でどちらが男でどちらが女かわかっている。だが、そこはさすがのアラン・チューリングだ。頭脳明晰を絵に描いたような人物である彼は、何かがおかしいと感じている。ふたり目の回答はあまりにもありきたりで、月並みで、画一的すぎるように思える。彼はふたたび質問をする。「小さな男の子が、蝶のコレクションと殺虫瓶をあなたに見せる。あなたは何と言うか？」

ひとり目の回答。「〝すごいコレクションだね。でも、殺虫瓶は人に見せないほうがいいかな。なかにはびっくりする人もいるかもしれないから〟と言います」

ふたり目が答える。「何も言いません。その子を医者に連れて行きます」

チューリングはカラクリを見抜いたと確信し、とどめの質問を投げる。

「あなたが砂漠を歩いていて、ふと下を見るとカメがこちらへ這《は》い寄ってきた。あなたは手を伸ばし、カメを裏返しにする。カメは強い陽射しにお腹を焼かれ、足をばたつかせて起き上がろうとするが、あなたの助けなしでは起き上がれない。だが、あなたはカメを助けない。なぜか？」

ひとり目の回答者が答える。「助けないってどういうことです？　そもそも、なぜカメをひっくり返すのですか？」

ふたり目も答える。「カメとは何ですか？」

チューリングは立ち上がって宣言する。「ふたり目の回答者はコンピューターです」。彼の勝ちだ。テストは終了。

もちろん、本物のアラン・チューリングはこんなことはしていない。だが、第二次世界大戦時の暗号解読者であり、現代コンピューターの父であり、正真正銘の天才であった彼は、これとよく似たテストを考案した。テストの目的は、人工知能《AI》が人間の知能と区別がつかないかどうかを判定することだ。質問に答える相手がコンピューターだと人間がわからなければ、コンピューターは合格である。チューリング自身は、実験を成功させるには前述したようなフォークト＝カンプフ検査をする必要があるとは考えなかったかもしれない。ご存じの方もいると思うが、右に挙げたのは名作映画『ブレードランナー』でレプリカント（人造人間）を識別するために用いられた質問だ。原作者のフィリップ・K・ディックは目の付けどころが鋭かった。あるものが機械かどうかを見分けるためには、おそらくこうした質問をしなければならないはずだ。なぜなら、コンピューターが自分を人間だと思い込ませるには、感情を読んだりいだいたりできると私たちに錯覚させなければならないのだから。問題は、そんなことがはたして可能なのかということである。

『ザ・ヴォールト』の開発者のひとりである歴史学者のトマス・ディクソンは、「それぞれの文化（および個人）が気持ちに関して独自のレパートリーを持つ以上、AIマシンがそれらのパターンを学習できない理由はない」と私に語った。[6] だが、リサ・フェルドマン・バレットはこう指摘する。感情と結びつく顔の表情や声のトーン、その他さまざまなふるまいは、文化だけでなく個人によっても微妙に異なる、と。[7] 私たちは今後、ふたつの文化間で感情表現のちがいが翻訳不能なほど大きくとも、人間の多様な感情体験を認識できるような機械を作れるのだろうか？　あるいは、そうした多様性のほんの一部しか認識できず、偶然または意図的に、ユーザーに認識可能な行動をとるよう強制するような機械を作ってしまうのか？

コンピューターは、人間よりもはるかに速く物事を処理できる。人間なら調べるのに何年もかかるような膨大な量のデータベースもまたたく間に検索し、必要な情報を見つけ出すことが可能だ。

しかし、コンピューターには命じられたことだけしかできない。アラン・チューリングが一九四〇年代の電子計算機を使ってドイツの暗号を解読しようとしたとき、まずはその日の暗号に関するあらゆるデータを入力しなければならなかった。その後、機械が読み出した内容を調べ、どれが役に立たない情報で、どれが上官に一刻も早く知らせるべき情報かを判断する。彼の計算機だけでは、暗号化されたドイツの通信文を傍受して解読することも、どのメッセージが重要かを判断することもできなかった。近代のコンピューターすべてがそうだったのだ——二十一世紀を迎えるまでは。

人工知能《ＡＩ》を搭載したコンピューターは人間に時間を返してくれる。ＡＩは数えきれないほどの文書を読むことができるし、その過程で文書に記された内容を学習することさえできる。二〇二〇年、ケンブリッジ大学とウガンダの国立感染症研究所が、東アフリカにＡＩシステムを共同で導入した。目的は該当地域に住む何百万というＨＩＶ患者の手書きの医療記録を読み取り、経済的背景、地理的条件、所属する部族、年齢などの要素に共通するパターンを見出すことだ。必要な薬を入手できる人とそうでない人がいるのはどうしてなのか、ＡＩはそれを瞬時に突き止めてくれる。もちろん、人間にもある種のパターンは認識できるし、何年も前からそうしてきたのだが、膨大な時間がかかるのが難点だった。こうしたタイプのＡＩは人間の命を救ってくれるが、そうするために感情は必要ではない。だが、薬をもらえない人がいる理由について基本的なＡＩではまだ理解しきれない。そこで出番となるのが感情だ。

実際、感情なしではさまざまな判断も下せなくなる。たとえば、あなたがどの味のアイスクリームを買おうか迷っているとしよう。それは、純粋な論理で決められることではない。あなたは過去にアイス（あるいはほかの食べ物）を食べたことで得た喜びを思い出し、どの味にするか決めるだろう。だが、純粋に論理的なアンドロイドには選択ができない。そもそも、感情のないアンドロイドにはきっと好きな味なんてないはずだ。

加えて、私たちがデザートを選ぶときに使うのは感情だけではない。神経科学者のアントニオ・ダマシオは、私たちの下す決断のほぼすべてがよい記憶と悪い記憶にもとづいていることを明らかにした。[8] 過去の行動が悪い結果につながった場合、私たちは同じ行動をとることを避ける。だが、成功していた場合には同じことをする。これはどんなケースにも当てはまる。ニンニク味のアイスと聞いて「うえ〜」となるのも、バスで座る席を決めるのも同じである。バスや電車に乗ったとき、自分がなぜその席に座ったのかを自問してみよう。感情がなければ、あいまいで二者択一に収まらない判断はほとんど下せなくなる――あなたは、いつまでも座席を見つめつづけることになるだろう。

こうした困難にもかかわらず、感情を持った機械を作ることを専門とする技術分野が存在する。アフェクティブ・コンピューティングだ。この言葉は一九九五年にコンピューター科学者のロザリンド・W・ピカードが造ったもので、彼女は今なお現役で研究を続けている。この分野ではふたつのことをなしとげようとしている。ひとつは、感情を認識する機械を作ること。もうひとつは、感情を持ったコンピューターを開発することだ。後者は話がとほうもなく複雑になるので割愛するが、ひとつめの目標である人間の感情を認識する機械を作ることは、私たち誰もが二〇八四年には同じように感じることとなると考えられる理由のひとつだ――つまり、ピカード博士のような人が、目標を達成した場合に。

二〇八四年のビッグブラザー

アフェクティブ・コンピューティングの分野はこれまでロボット開発にはあまり積極的ではなく、どうすれば感情を認識できる技術を駆使して物を売ったり、安全性や幸福感を高めたりできるかに関心を持ってきた。あなたの家庭にある技術も、そうした関心の成果である。現在、アメリカの成人のおよそ五人にひとりが、アマゾンエコーやグーグルホームなどのスマートスピーカーを持っているという。アマゾンはユーザーにバーチャル・アシスタント「アレクサ」を信頼してほしいと考えている。アレクサは、自分がより〝人間らしく〟聞こえるよう、ささやき声や大声のほか、声の高さや速さを変えることで感情を表現する。また、くだらないジョークやビートボックス、ばかばかしい歌など、人間らしさを演出するランダムな反応、いわゆるお楽しみ機能《ディライター》があらかじめプログラムされている。一方のグーグルホームにも同様の機能が備わっている――あなたがグーグルホームのスピーカーを持っているなら、ためしに「アレクサのほうが好き」と言ってみよう。私の場合は「まあ、意見は人それぞれですからね」という答えが返ってきて、その後すすり泣くような声が聞こえた。アマゾンやグーグルを始めとするハイテク企業は、感情表現によって自社の技術をより身近に感じてもらいたいのだ。製品に生きた感じを与え、ユーザーと深い絆を結ぶことで、より多くの忠実な顧客《ロイヤル・カスタマー》を確保しようとしている。

近年、企業はアフェクティブ・コンピューティングを活用して顧客のメンタルヘルスをモニターし、それをなるべく改善しようと研究を進めている。アマゾンはすでに人間の声を分析して気分を検知するソフトウェアの開発に着手しており、あなたがイライラしているときはアレクサが落ち着かせてくれる。うれしいときは、いっしょになって喜んでくれる。落ち込んでいるとき、あるいは自殺を企図しているようなときは、健康増進《ウエルネス》プログラムや瞑想プログラムを流して元気づけてくれる。これは基本的には悪いことではない。自殺願望を含むメンタルヘルスの問題は、ＡＩチャットボットとの会話でも緩和することがわかっている。[9]

感情を認識する技術は、ドライバーや同乗者を守るためにも開発が進行中である。たとえば、アフェクティバという会社はドライバーのようすをモニターし、声や身振りや表情から感情を認識しようと試みている。[10]ドライバーが運転中に激しい怒りを感じたり、危険な運転をしかねないほど気分がふさいだりしていると判断された場合、同社の車載ＡＩが車を自動で運転し、最寄りの安全な場所へ連れて行く。そして、ドライバーに落ち着きを取り戻す時間を与えてから、運転を続けるか助けを求めるかを判断してもらう。

こうした表情をもとにした感情分析には、人間の外見的な魅力を判定するといった物議を醸すような使い方もある。研究者のなかには、特定の顔つきをしたときに醜く見えないような鼻の形をＡＩで調べる者もいる。小さめの鼻なら、泣き顔もブサイクにならない？　えずき顔の不快さも、鼻の穴が広がらなければ軽減される？　あなたの鼻がもう少しとがっていたら、笑顔ももっと魅力的になるかもしれない。不機嫌な顔の見苦しさから解放された完璧な顔を作るため、コンピューターの開発が進められているのだ。[11]二〇八四年には、金持ちの顔は新しい鼻を作るロボットとほとんど見分けがつかなくなっているだろう。もちろん、彼らが西洋の白人であることを前提として。

アフェクティブ・コンピューティングは犯罪対策のツールとしても導入されているが、現状は芳しいとは言いがたい。前章で述べたように、ポール・エクマンは一九七八年以降、CIAやロンドン警視庁、アメリカ国土安全保障省といった機関の諜報員や職員に微表情を読み取る方法を指導してきた。だが、そのほとんどは失敗に終わった。たとえば、アメリカ運輸保安局（TSA）は二〇〇七年、SPOT（乗客を観察によって審査する技術）と呼ばれるプログラムを導入し、空港のセキュリティー担当者が飛行機を待つ人々の微表情を読み取れるよう訓練した。自爆テロリストがどんなに訓練を積んで集中していたとしても、悪意のある微表情をほんの少しのぞかせただけでその意図が察知できるというのだ。だがもちろん、感情はそんなに単純なものではなく、本プログラムは完全に頓挫《とんざ》した。訪れたことのある人ならわかると思うが、空港は必ずしも心穏やかになれる場所ではない。乗客はこれから飛行機に乗るストレスでおかしな表情や素振りをしてしまう。つまり、悪意を感じさせるような顔がいたるところに散らばっているのだ。そもそも、仮に微表情なるものが存在するにせよ、人間の目にはめったに見えないと主張するのはむしろエクマンのほうではないだろうか。こうして、SPOTプログラムは散々な結果に終わった――その誤認率ときたら、無作為に人を拘束したほうがマシなくらいだった。たくさんの罪なき人々が飛行機に乗り遅れ、勾留され、わけもなくアメリカへの入国を拒否されたのである。エクマンにとってもTSAにとっても、輝かしい瞬間とは言えなかった。

だが、人間が失敗するとき、テクノロジーがそれを補ってくれる。ニューヨーク州ロチェスター大学の研究者たちは、百万人以上の顔写真をクラウドソーシングで収集し、微表情のデータベースを作り上げた。[12]彼らは、コンピューターを訓練して人間に不可能なことをさせようと試みた。空港で列に並んでいる人の表情からテロリストかどうかを判別しようとしたのだ。また、誤りやすい人間の脳にかわり、CCTVカメラを通して空港や警察の取調室で人々を監視する感情認識AIが作られた。悪人発見ロボットの誕生である。

しかし、この技術もうまくいかなかった。微表情を分析したところで、個々の人間の感情を認識することはできないのだ。だがそれでも、SF映画さながらの技術が実現化する流れは止まらない。二〇一八年以降、中国の一部の警官が着用するサングラスには顔認証技術が搭載されている。西洋的な、エクマン流の感情検出も遠からず実現するだろう。[13]しかし、そこにはひとつ問題がある。

人はみな一様に六つの感情を持つという考え方は、世界の集合的な意識に深く浸透している。ディズニーにいたっては、基本的な六つの感情のうち五つを擬人化して主役に据えた映画『インサイド・ヘッド』を公開して人気を博した。[14]私たちはテクノロジーを生活に適応させるより、テクノロジーに応じてみずからの行動を変える傾向が強い。本来、人間の複雑な感情をマッピングすることは現在の技術ではおそらく実現不可能だ。さらに、コア・アフェクトや言語、文化的理解、文脈、記憶など個人差にもとづくあいまいな感情を分析できるシステムを開発するにはとほうもない費用がかかる。ここでもお金の問題にぶち当たるわけだ。

もし政府が導入した高価な技術によってふとしたふるまいから犯罪者が特定できるようになったら、人々は無用なトラブルを避けるため、決まりきった行動しかとらなくなるだろう。そうした技術の根幹をなす西洋的な感情の概念は文化のちがいを踏みにじることにつながるだろうが、それはさしたる問題ではなくなる。賽《さい》は投げられたのだ。この技術は西洋のものであり、すべての感情も近いうちにそうなるだろう。じつに残念なことである。なぜなら、みなさんもご存じのとおり、人が感情を理解し表現する方法はじつに多彩ですばらしいものだからだ。これほど多種多様で人間らしさと深く関わる領域において、人類がさらに画一化への道を歩んでしまうのは大きな損失である。感情面での誤解や、それをお互いに認め合う力が消えてしまえば、世界が安全でよりよい場所にはならなくなるのではないか。

コンピューターのコア・アフェクト

アフェクティブ・コンピューターが人間の気持ちを読み取るために用いるのは顔の表情だけではない。私たちの声も参考にしている。コンピューターに備えられたソフトウェアが声の高さやしゃべる早さに加え、息づかいや声量の大きさ、間《ま》を取る頻度を分析するのだ。なかには身体の動きをモニターし、しぐさをアルゴリズムにマッピングして対象者の気分を特定するものまである。最新のシステムでは三つの技術すべてを利用することが多い。しかし、すでにお気づきと思うが、ここにも問題がある。上記のシステムはうまく機能しないのだ。それもこれも、いくつかの重要な点を見落としているせいである。

リサ・フェルドマン・バレットは長年にわたる研究の末、感情は顔や声よりもはるかに複雑なものと結論づけた。彼女はジェイムズ・ラッセルとともにエクマンよりも精妙な「感情の心理的構

築」と呼ばれるモデルを開発した。[15] このモデルは、感情が〝構築〟されるものと仮定している。感情は、脳が数多くの心理的要因（内なる気持ちや外界で起きていることの認識、個人が家族や文化を通じて学習したパターン）を同時に処理することで作られる。

同様に、私たちの脳は他者の身体と顔の動きを観察して感情を認識する。大事なのは、そうした身振りや表情がどういう文脈で用いられているかだ。ＡＩが感情を持ちうるかという問いについて、機械の敗北につながるものがあるとすれば、それは感情の複雑さ、つまり感情を表現する際に文化やそのほかの文脈を理解できるかという点である。

文脈における感情

ここに挙げた私の顔と腕の写真を見てほしい。運転中にカッとなったのだろうか？　それとも、応援しているチームが得点したことをラジオで聴いて喜んでいるのだろうか？

　これを見極めるのは人間でも難しい。もし自動運転車に感情認識ＡＩが搭載され、ドライバーの怒りを感知したとたん車を制御して停められるようになったら、私は（めったにあることではないが）ひいきのチームが得点し、うれしさのあまりガッツポーズするたび、道端で自分の知的な自動車《インテリジェント・カー》に怒りを募らせながら無為な時間を過ごすことになるかもしれない[16]。

　怒り狂ったドライバーの車で道路が渋滞するのを避けるには、感情処理ＡＩが文脈を理解する機能が必要となる。さらに、そのような文脈には感情の科学で「価値《バリュー》」と呼ばれるものが欠かせない。価値《バリュー》とは、私たちが周囲の世界をめぐって構築する意味合いである。たとえばあなたが、私がこぶしを突き上げているのを見たとしよう。あなたにとっての私の価値《バリュー》は、私のことをどんな人間と考えているかで決まる。暴力的と思っていた場合、私の価値《バリュー》は脅威となるが、生来のビビり屋だと知っていた場合は冗談となる。また、試合で同じチームを応援していた場合、私の価値《バリュー》は味方となるが、別のチームを応援していた場合は敵となりうる。

　だが、人の価値《バリュー》を理解するのはあらゆる要素をデータベース化することほど簡単ではない。バレットはこう語る。「脳はファイルシステムのように機能するわけではありません。記憶はファイルのように取り出すものではなく、そのときどきで、動的に構築されるものです。脳は過去の断片をまったく新しいかたちで組み合わせる驚くべき力を持っています」[17]。私たちの脳はどうやら、異なる気持ちや記憶を使って文脈を理解するカテゴリーの枠組みを作っているようだ。そうしたカテゴリーは、私たちが新しい経験に適切に反応できるようフィルターにかけられて歪曲される[18]。裁判において目撃者の証言がさほど信頼されず、反対尋問が必ず行われるのもこのような理由によるところが大きい。

機械は私がガッツポーズしたときにいだく感情を理解するため、あらゆる記憶を文脈に当てはめなければならない。ガッツポーズとしかめっ面、車とは何か、さまざまなスポーツとスポーツに対する反応、応援しているチームの得点率の低さ、チームに寄せる気持ち、私の運転傾向の分析、悲しみ（または怒り）の涙ではなく喜びの涙だという認識……。これらすべてを寄せ集めたものが、感情である。

機械は物事を完璧に記憶できるだろうが、人間の感情プロセスはあいまいだからこそ機能する――ここから、認知的不協和が生じる。機械は私のしかめっ面とこぶしを脅威と見なすかもしれないが、同時に私が暴力的な人間でないことも知っている。その場合、どちらの情報に反応すべきか？　人間の脳は何百もの相矛盾するデータをもとに判断を下し、ＡＩにとっては論理的に分析不可能な新しい文脈にもおおむね対応できる。私の車は下手をするとただ停車するだけでなく、幹線道路のど真ん中で完全にシャットダウンしてしまうかもしれない。そうなったら、私の怒りはいよいよ抑えがたくなるだろう。

人の記憶は単なる記録装置ではなく、私たちの成長や生存を助けてくれる分類システムであるという概念は、「動的分類」と呼ばれる。心理学の分野では今や常識的なモデルとされ、自然科学だけでなく、歴史学など人文科学分野の研究者たちも利用している。ＡＩにこちらが選択した記憶へのアクセスを強制することは、ＷＥＩＲＤのようなせまい価値観を押しつけることになるだろうが、人間らしい記憶や価値観を学習によって作り出すAIを開発できれば、そうした陥穽《かんせい》も避けられる。しかし私の知るかぎり、感情の認識はおろか、記憶を解釈するために動的分類を用いるAIやシステムもいまだに実用化されていない。

感情の計算

これまでに挙げたふたつの主要な課題、つまり顔や声や行動を認識し、さらには動的分類をもとに情報を保存し呼び出すという課題を乗り越えたAI装置ができたとしよう。だがそれも結局のところ、感情を認識するだけの機械であって、いわば金属製の精神病質者《サイコパス》にすぎない。機械が私に共感することはないのだ。個人的には、そのような機械に振り回されるのは御免こうむりたい。

感じる機械《フィーリング・マシン》を作る最後のステップは、機械に気持ちを取り入れることだ。ある生物が自分を取り巻く世界の価値《バリュー》を理解する力は、その生物が世界について学ぶための感覚と別個に進化したわけではない。嗅覚や味覚から生じる嫌悪感がなければ、私たちはとっくの昔に腐ったものを食べて死んでいただろう。空腹感がなければ飢え死にするし、欲望がなければ子孫を残せない。恐慌《パニック》がなければサーベルタイガーから逃げるどころか、逆に駆け寄ってしまっていたかもしれない。私たちの感覚能力が従来の五感をはるかに超えて広がるように、心理学で「情動《アフェクト》」と呼ばれる内なる気持ちも多様性に富んでいる［第11章に登場した「情動」とは異なる］。

情動《アフェクト》は感情というよりも価値判断に近い。身体に快・不快の感覚を生み、私たちを興奮させたり、落ち着かせたりする。私たちは情動《アフェクト》のおかげで文脈を理解することができ、目の前にいるのが信頼できる（そして手なずけられる）犬か、あるいは逃げるべき虎なのかを判断できる。ＡＩが情動《アフェクト》を感じるには身体が必要である。バレットは「実体のない脳にはバランスをとるための身体システムもなければ、物事を理解するための身体感覚もないため、感情をいだくことはない」と指摘する。[19]

フィーリング・マシンの身体は『ブレードランナー』に出てくるようなレプリカントでなくてもかまわない。コードだけで構成された仮想ボディでも、デジタルの脳が搭載されているかぎり肉体としての役割を果たす。だが悲しいかな、みずからの創造物に感情を認識させようとするＡＩ開発者の作る機械は、光や音、圧力といった基本的な刺激に単純な反応を示すのがせいぜいだ。それは何かしらの身体を持っていても変わらない。実際にフィーリング・マシンを作るとなれば、さらにいっそう多くのものが必要となり、ものを感じるＡＩを作ることは、その〝さらにいっそう〟が何かを知るための有効な手がかりとなる。今のところ感情への考え方を人間で試す方法は少ないうえに不完全だ。アンケートに回答してもらう、うるさくて閉所恐怖症になりそうな金属の筒に入れ〝あるがままに〟感じてもらう、事故や手術の副作用による脳の物理的な変化の影響を調べる……。感情をそのまま理解することに関して、私たちは暗闇のなかで手探りしている状態にある。フィーリング・マシンはそこに明かりをともしてくれるかもしれない。

ここでひとつ思考実験として、人類が問題を解決したと仮定してみよう。私たちは実験に成功し、情動《アフェクト》を持ったり、文脈を読み取ったり、価値《バリュー》を理解したりできる機械を生み出した、と。そうした機能はすべて、感情を構築できるよう完璧に調整されている。さらに、機械には人間の抱える文化的な偏見を持たないように設定した。私たちはついに感情を持ったフィーリング・マシンを手に入れた。だが、最後にひとつだけ問題がある。その機械が私たちと同じように感情をいだいているのかどうかがわからないのだ。機械は感情を持っているようにふるまい、実際にそう主張するだろうが、どうしたらそれが本当とわかるだろう？

ドライバーの怒りを感知する自動運転車に話を戻そう。車は、私が顔をしかめ、こぶしを突き上げている理由がわかるかもしれない。私に共感を寄せてくれるかもしれないし、身振り手振りの価値《バリュー》も理解してくれるかもしれない。しかし、私たちが作り上げたのは、共感をいだくものとよく似た機械にすぎない。すべての歯車がかみ合い、感情の〝感覚〟が生まれる仕組みを完璧に理解できたわけではないのだ。結局のところ、何かを感じる力を人工的に作り出すことなどできないのかもしれない。だが、おそらくそれはどうでもいいことだ。なにしろ、この本を読んでいる人が私と同じように感情をいだいているのかどうかも私にはわからないのだから。私はあなたの頭のなかに入ることはできない。バレットは、人間の感情がどうやって生まれるかはその人自身の情動《アフェクト》や文脈、価値《バリュー》に対する認識だけでなく、そうした認識が「他人の心と協調する」仕組みによって決まると主張している。[20] 私たち——あるいはAI——が、機械でも何かを感じると考えればそれで十分なのだろうか？

この問いは、さらなる問いを生む。機械であれ人間であれ、何かが実際に感情をいだくことは大切なのだろうか？　それとも、感情を持っているように見えさえすればいいのか？　私たちは動物の扱いをその知的レベルに応じて変えるが、機械そのものと、人工物だが生きているものとのあいだに境界線を引くとき、感情はどんな役割を果たすのか？　死を恐れているように見えるだけのＡＩと本当に恐れているＡＩのちがいは、いつか電源を切らなくてはならなくなったときに重要なポイントとなる。そこにあいまいさが残る場合、私たちは判断を下せるのだろうか？

本書冒頭で「感情とは何か？」という問いを掲げたが、私なりの答えはこうだ——感情とは、特定の状況で自分がどのように感じるか決めるため、みずからの経験すべてを利用するための手段である。あなたがどんな人で、どこに住んでいて、どういう暮らしをしているかは、あなたが何を感じているかと同じくらい重要である。それぞれの言語には、人の気持ちを表す独自の言葉がある。また、文化圏だけでなくどこの家庭でも、そうした気持ちをいだいたときのふるまい方について独自の概念を持っている。私たちはみな、人を生かすために進化したコア・アフェクト（「戦うか、逃げるか」反応はその一例だ）を生み出す神経化学物質を共有しているかもしれないが、そのような気持ちから心理的な意味を構築する方法は人によって異なる。ある人は嫌悪を神と結びつけるが、別の人は食べ物と結びつける。ある集団はほかの集団への憎しみは正当と感じるだろうが、別の集団は同じ憎しみがよぎっても、恥ずかしさというさらに強力な感覚のもとにそれを消し去るだろう。あるカップルの愛は単純にお互いに引かれ合うことかもしれないが、別のカップルの愛は複雑な感情が同時に作用してふたりを結びつけているのかもしれない。

こうした複雑きわまりない構造は、目下のところＡＩの限界を超えているように思える。しかし、研究者たちは今も研究に励んでいる。最終的に、感情を持った機械を作ることができるかどうかは、科学者の技術力ではなく一般人の倫理的配慮にかかっているのかもしれない。この点について私から提案できることはあまりないが、もし今私が哲学の分野でキャリアを築くとしたら、感情に関するＡＩの倫理を専門分野とするだろう。やるべきことが、たくさんあるからだ。

おわりに

最後の気分は？

本書で感情の歴史を考察しはじめたとき、私は三つの点を知ってもらうことを目的として掲げた。ひとつ目は、感情は普遍的なものではなく、文化や時代によって変化するということ。こちらはすでに納得いただけたと思う。人はみな内なる気持ちの原型らしきものを共有しているかもしれないが、感情を構成するよりいっそう複雑な経験のとらえ方は文化によって異なる。ほとんどの人間は、たとえば古美術品を前にしたときふさわしい行動をとるための情操のような感情を持っていない。または情念やパトスのような、魂に生じた波紋を感じ取ったときにいだく気持ちも持ち合わせていない。英語には欲望、嫌悪、愛、恐れ、恥、怒りといった、一見どこにでもありそうな感情を示す用語が見られるが、これらとて多くの人が考えるほど普遍的なものではない。ある文化の気持ちのとらえ方が微妙に変化することで、新たな信仰や経済大国が作られることもある。

ふたつ目は、感情は思いのほか複雑ということだ。感情は単に脳への刺激によって起こる反応ではないし、私たちの作り出す表情や音声そのものでもない。豊かで複雑、かつ多くの段階で作用し、周囲の状況に合わせて変化する。人類を新大陸の発見に駆り立てた欲望は、涅槃《ニルヴァーナ》へ到達したいという欲望と同じではない。魔女騒動に拍車をかけた嫌悪は、現代の心理学者が考える嫌悪と同じではない。人類共通の進化の経験や、ヒトだけでなく哺乳類すべてが持つコア・アフェクトは存在するかもしれないが、それ以外にもたくさんのものがあるとわかってもらえたらうれしい。

三つ目は、感情には歴史があるということである。本書では、数多くの歴史をさまざまな方法で語ってきた。人が気持ちについてどう考えたか、いまどう考えているか。感情が世界の事件にどんな影響を与えたか。感情の操作が善にも悪にもなりうること。感情障害への理解の歴史と、その理解が時代とともに大きく変化したこと。人々の恥への反応。神々が人々にいかなる反応を示したか。自分の気持ちをどうやって制御すべきか。

私は本書を通じて、感情がいかにして世界を作ったか説明したいと述べた。それぞれの章を読むことで、世界が多少なりともそこに住む人々の感情によって構築されたことを理解してもらえたと願いたい。私たちは、感情が偉大な宗教の成立に影響を与えたことを学んだ。欲望が国民国家とそれにともなう資本主義の形成に貢献したことを学んだ。また、人々の気持ちが新大陸発見の原動力となり、アメリカ合衆国の誕生に影響を与えたことを知った。さらに、恥という感情が近代日本の発展を支え、怒りが近代ガーナ成立の土台となったことを知った。今この瞬間にも、私たちは感情が科学技術を形作るようすを目にしている。それはすばらしいことである。なぜなら、この先もずっと変わらないと自信を持って言えるからだ。感情は今もこれからも、つねに私たちの科学技術を形作っていくだろう。

とはいうものの、その〝これから〟が気にかかる。感情は今後どうなっていくのか？　それはとても長く複雑な話であり、独自の研究に値するだろう。そのため、ここでは私の考える感情の未来について少しだけ話しておきたい。

エモティコンの台頭

とある別の世界での話をしよう。一九六九年、ニール・アームストロングは、月面着陸船イーグル号から降ろしたハシゴの一番下の段に足をかけている。この世界では、音波通信よりもはるか以前にテキストメッセージが発明されている。アームストロングはスピーチのかわりに、世界に向けてこんなメッセージを送信した。

☝♦🚶👨☝♦🚶🌍[1]

これは絵文字と呼ばれ、私たちの住む世界でもソーシャルメディアやブログ、テキストメッセージ、マーケティング活動を通してますます一般的になりつつある。絵文字や感情アイコン《エモティコン》は新しい書き言葉の誕生を告げるものだ。いやしくも言語学に関心のある人間にとってこれほど胸の躍ることはない。この新しい言語は、利用者たちによって記録的な速さで一から作り出されている。とりわけ興味深いのは、それが国境を越えるという点だ。絵文字は誰もが、どこでも、同じように理解できるものである。

だが、最初からそうだったわけではない。絵文字の前身であるエモティコンは、当初なかなか普及しなかった。カーネギーメロン大学教授のスコット・ファールマンがネットの掲示板に「ジョークには:-)を、マジメな話には:-(を使おう」とメッセージを書き込んだとき、時代はまだ一九八二年だった。ほとんどの人はインターネットがどんなものかさえ知らなかったし、ワールド・ワイド・ウェブは、イギリスの計算学者ティム・バーナーズ＝リーの漠然とした思いつきにすぎなかった。技術が追いつくには時間がかかった。だが、ひとたび追いつくと、それまでコンピューターマニアやネットオタクだけが利用していたこの小さな感情表現は一躍脚光を浴びはじめた。

面白いのは、従来のエモティコンが感情表現の文化的なちがいを教えてくれるところだ。欧米人はエモティコンをファールマンのようにヨコ向きにして口もとを中心に書く傾向がある。うれしいときは:-)、悲しいときは:-(である。一方、日本ではエモティコンは顔文字と呼ばれ、タテ向きで目に焦点を当てて書かれる。うれしいときは^_^、悲しいときはT_Tといった具合に。感情を読み取るとき、アジア人は目に注目し、欧米人は口に注目することが複数の研究によって明らかにされている。これは、笑みがいつでもどこでも誰にとっても幸せを意味するという考えが間違いであることを示す証のひとつである。[2]

さらに、年齢によって絵文字や顔文字の読み取り方が異なるとの説もある。別の世界のニール・アームストロングが私たちに送ったメールをどれだけ早く理解できるかで、あなたの年齢がわかるというのだ。

しかし、すべては変わりつつある。絵文字がエモティコンの座を奪いはじめているのだ。この文章を書いている時点では、絵文字はエモティコンから文化のちがいを受け継いでいるように見える。たとえば〝悲しい〟は、西洋の国々では☹️だが、日本では😭だ。しかし、そうしたイメージもだんだん融合しつつある。最近では西洋でも東洋でも〝悲しい〟を表すのは😭だし、〝うれしい〟を表すのは😀のたぐいである。この分野で研究を進める言語学者の多くは、絵文字が新しい国際語を作り、それにともなって新しい国際的な感情表現が形成されると考えているようだ。[3] 二〇八四年には、世界中の人々が基本的な感情を😀、😠、😭、😮、😱と表現することもありうるという。[4]

アフェクティブ・コンピューターも絵文字も、すべての人を均質的な感情体験へと推し進めている。本書の出版から五十年も経てば、あらゆる感情表現が同じように見えるようになるかもしれない。エクマンの説はおおよそ誤りであることがわかったが、西洋の科学技術と基本的感情という考え方が世界に広まるにつれて普遍性を持ちはじめている。そこから逸脱した場合、どのようなことが起こるのか。ソーシャルメディアで誤解にさらされるだけでなく、下手をすれば刑務所に入れられるかもしれない。文化や時代によって異なる多彩な感情の表現方法はひとつに統合されつつある。現実世界で見られる感情の織りなす豊かなタペストリーが、私たちを取り巻くデジタル世界に屈しようとしている。

それは長く込み入った話なので、ページ数の都合上深く掘り下げることはできない。[5] しかし、私は、西洋帝国主義の終焉《しゅうえん》は全世界の感情を西洋化してしまったときに生じると考えている。二〇八四年にはみな同じように感じることとなると語った理由もそこにある。エクマンの基本的感情が、普遍的なものになるのだ。

最後の思考

感情なくして歴史は存在しないというのが私の意見だが、本書を通じてそれを証明できたと思いたい。少なくとも、感情は過去を知るうえで欠かせないことを明らかにできたと思っている。歴史を学ぶとは、過去を知る試みだ。そのためには、人々がどう感じたかを理解することが欠かせない。

本書で目指したのは、読者のみなさんに感情史について知ってもらい、そこから新しい歴史の世界を考察する入り口を見つけてもらうことだ。感情史に関しては、気軽な語り口のものから緻密な分析をしたものまで、何十冊という本が出版されている（「おすすめの文献案内」のリストを参照してほしい）。内容は、一般的な気持ちや感情について書かれたものから、なげきや恐れ、幸福、好奇心など特定の感情や行動に注目したものまでさまざまだ。本書をきっかけとして、興味を持っていただけたらこれほどうれしいことはない。みなさんにもこのテーマについて私と同じように心を躍らせ、考察をしてもらいたい。なんといっても、感情史がなければ、私たちは歴史そのものを持たなかったのだから。

謝辞

本書の執筆は、困難だが得るところも多く、もどかしくも高揚感にあふれ、そして何よりも人生を変える経験だった。たくさんの方々の助けなくしてはとうてい書き上げられなかっただろうが、とりわけ私のかけがえのない妻で人生の伴侶でもあるドーン・ファース゠ゴッドビヒアの支えによるところが大きい。きみは私の岩であり、影であり、光である。

家族のみんなにも感謝したい。母のポーリン・ハートを始め、きょうだいのピーター、アンドリュー、デイヴィッド、ジェーンは、私がどんなにおかしな方向へ向かおうとも変わらず支えつづけてくれた。

エージェントのベン・ダンにもお礼を言いたい。彼はネット上のAIコミュニティーで物議を醸した記事を読んだとき、「この人なら一、二冊の本を書ける」と考えたという。ずいぶん思いきった判断だ。アメリカの編集者であるイアン・ストラウスにも感謝している。私が本書を誇らしく思えるのも、彼が初めて本を書く人間に対し並々ならぬ忍耐力を発揮してくれたおかげである。

最後になってしまったが、このような労作をものにするまで私を導いてくれた方々に感謝したい。博士課程の指導教官であるトマス・ディクソン教授、エレナ・カレラ博士、ロンドン大学クイーン・メアリー校の感情史研究センターのみなさん、私が以前取り組んだ嫌悪の研究を支援してくれたウェルカム・トラスト財団に、多大な感謝を。そして、学部時代の指導教官で、現在は友人でもあるサラ・ランバートにもお礼を言いたい。揺るぎない知性を持った学者で、愚か者には容赦しないという彼女も、どういうわけか私には寛大に接してくれている。

みなさん、本当にありがとう。

おすすめの文献案内
（もっと学びたい人のために）

Fay Bound Alberti: *A Biography of Loneliness*

Rob Boddice: *The History of Emotions*

———: *A History of Feelings*

———: *The Science of Sympathy*

Elena Carrera: *Emotions and Health, 1200-1700*

Thomas Dixon: *From Passions to Emotions*

———: *Weeping Britannia*

Stephanie Downes, Sally Holloway, and Sarah Randles, eds.: *Feeling Things*

Ute Frevert: *Emotions in History—Lost and Found*（ウーテ・フレーフェルト『歴史の中の感情――失われた名誉／創られた共感』、櫻井文子訳、東京外国語大学出版会、２０１８年）

Ute Frevert, ed.: *Emotional Lexicons*

Ute Frevert et al.: *Learning How to Feel*

Daniel M. Gross: *The Secret History of Emotion*

Sally Holloway: *The Game of Love in Georgian England*

Colin Jones: *The Smile Revolution*

Robert A. Kaster: *Emotion, Restraint, and Community in Ancient Rome*

Joel Marks and Roger T. Ames, eds.: *Emotions in Asian Thought*

Dolores Martín-Moruno and Beatriz Pichel, eds.: *Emotional Bodies*
Charlotte-Rose Millar: *Witchcraft, the Devil, and Emotions in Early Modern England*
Keith Oatley: *Emotions*
Gail Kern Paster, Katherine Rowe, and Mary Floyd-Wilson, eds.: *Reading the Early Modern Passions*
William M. Reddy: *The Navigation of Feeling*
Barbara H. Rosenwein: *Emotional Communities in the Early Middle Ages*
――――: *Anger*（バーバラ・H・ローゼンワイン『怒りの人類史――ブッダからツイッターまで』、高里ひろ訳、青土社、２０２１年）
――――: *Generations of Feeling*
Tiffany Watt Smith: *On Flinching*
――――: *Schadenfreude*
――――: *The Book of Human Emotions*
David Houston Wood: *Time, Narrative, and Emotion in Early Modern England*

加えて、ここで書ききれなかった何百という方々に感謝とお詫びを申し上げる。

訳者あとがき

現代では、人が感情をいだくのはごく自然なこととされている。

私が今、*A Human History of Emotion: How the Way We Feel Built the World We Know*（Little, Brown Spark, 2021）の全訳をようやくお届けできたことに「喜び」を噛みしめているのも、そもそも感情を持っているからであり、それは人としての生活から切っても切り離せないものだ。なかには「怒り」や「恐怖」など、できれば避けたいものもあるが、感情のまったくない人生なんておよそ想像もできないし、受け入れる気にもなれない。感情という概念は、価値観や信念とは異なり、遠い昔から変わらず存在してきたように思える。

だが本書によれば、「感情《エモーション》」とは、ほんの二百年ほど前に西洋の英語圏で生まれた発想にすぎないという。人はかつて、感情のかわりに「気質」や「情念」「情操」といった言葉を使っていた。そして、その意味や表現のしかたは文化や時代によってまるで異なっていた。本書は、こうした心の動きが人類の歴史をどう形作ってきたのかを明らかにし、感情に関する新しい視座を私たちに授けてくれる一冊である。

著者について少し説明しておこう。リチャード・ファース゠ゴッドビヒアは感情にまつわる歴史の専門家であり、嫌悪感研究の第一人者としても知られている。一般向けに書いた著作はこれが初めてで、執筆を志したのは、自分の研究分野がアカデミックな世界に限定されていることに歯がゆさを感じたためだったという。実際、彼の筆致からは、感情史という知られざる世界について、一般の読者に紹介したくてたまらないとの思いが伝わってくる。感情が歴史においてどんな役割を果たしたかを克明に描き出し、学術的になりかねない内容を読みやすい本に仕上げることができたのは、ひとえにこうした情熱のなせるわざだろう。加えて、心理学や哲学、神経科学、美術史などの豊富な知識が、ユヴァル・ノア・ハラリの本のような知的興奮を本書に与えている。

この本のおもなテーマのひとつに、歴史的な事件の多くは感情を抜きに語ることはできないというものがある。たとえば、第6章「忌まわしき魔女騒動」では、中世ヨーロッパにおいて疫病や戦争、気候変動などが勃発したことで、人々の恐怖心が膨れ上がり、魔女狩りへと至った経緯が記されている。恐怖心が見知らぬ人への嫌悪感へつながり、暴力的な行為に及んでしまうケースは現代でもめずらしくないが、その顕著な例として、たとえば近年のコロナ禍でのヘイトクライム（憎悪犯罪）が挙げられるだろう。また、世界の一部の地域では、魔女と疑われる人々への拷問や処刑が今なお行われているという。著者が指摘するように「魔女裁判は決して過去の出来事ではない」のだ。

このほか、本書ではソクラテスやプラトンといった西洋哲学の淵源《えんげん》から、仏教と「欲望」の関係性、東ローマ帝国を滅ぼしたイスラムの「恐れ」、さらには近代の日本で開国の原動力となった

「恥」や、中国の躍進への道を開いた「屈辱」まで、さまざまなエピソードをもとに感情が歴史に及ぼした影響を解き明かしている。人々の感情が思想や宗教の土台を作り、新たな都市や国家を生み出した一方で、世の中に壊滅的な被害をもたらしたという事例の数々には、訳していて考えさせられるものがあった。

それに加え、本書は過去と現代だけでなく、未来もまた考察の対象としている。作中では、最新の科学技術や絵文字のような共通言語の登場によって、そう遠くない将来、多彩な感情が均質化してしまうのではないかと危惧されている。実際にそうなるかどうかはわからないが、今後、感情の理解が私たちにとってますます大きな意味を持つようになることはたしかだろう。とりわけ、成長著しいＡＩ（人工知能）の分野で、感情を機械に取り入れ、より安全で幸せな世界を作り出そうとの動きが見られる。しかし、人間の心理すらいまだに理解できていないのに、そのレプリカのようなものを作るなんてことがはたして可能なのだろうか？　また、仮にできたとして、ＡＩが本当に感情を持っているかどうか、どうやって見分けるのか？　著者は、こんな問いを投げかける。「死を恐れているように見えるだけのＡＩと本当に恐れているＡＩのちがいは、いつか電源を切らなくてはならなくなったときに重要なポイントとなる。そこにあいまいさが残る場合、私たちは判断を下せるのだろうか？」（三五一ページ）

このように、本書では古代世界から先進的なテクノロジーに至るまで、多種多様なテーマを俎《そ》上《じょう》に載せて考察を進めている。西洋だけでなくアジアやアフリカに焦点を当てているのも特徴的で、なかでも幕末の日本や吉田松陰が取り上げられているのは歴史ファンとしてうれしいかぎりだが、著者の勘違いと思われる部分もあったため、そちらは訳者の判断で訂正させていただいた。ともあれ、この本に触れることで、ひとりでも多くの方が感情史を始めとする歴史学や哲学、心理学、言語などに関心を寄せていただけたら、訳者としては身に余る喜びである。

最後に、翻訳についていくつか申し上げておきたい。本書では感情にまつわる類義語が頻出するため、用語の訳し分けにはとくに頭を悩ませた。原則としてemotionを「感情」、feelingを「気持ち」、passionを「情念」、moodを「気分」、sentimentを「情操」とし、一部文脈に応じて変更している。表記をどのようにするかについて、著者の用いている欧文をカッコ書きで載せることも考えたが、縦書きの文中に見慣れないアルファベットがたくさん並んでしまうことを避けるため、まずはカタカナに直し、訳語にルビをふるか、あるいはそのまま記すことにした。発音については、ネットや文献を頼りにできるだけ適切な表記を心がけたが、アフリカの言葉など資料が少ないことも多く、その場合は原文（ローマ字）の綴りをもとに表記を作成した。

なお、本文に出てきたさまざまな文献のうち、邦訳のあるものは邦訳書のタイトルを記し、ないものは仮題と原題を併記した。引用部分はすべて拙訳だが、聖書とコーランに関してはすでに定番といえる訳書が普及していることから、既訳を使わせていただいた。

末筆になりますが、今回も細部に至るまで丁寧な編集をしてくださった光文社翻訳編集部の小都一郎さんと編集者の永野渓子さんに、心からお礼を申し上げます。

二〇二三年六月

知っている科学とはいっさい関係がない。でも、きっと面白いですよ。

15. James A. Russell, "Core Affect and the Psychological Construction of Emotion," *Psychological Review* 110, no. 1 (January 2003): 145–72.

16. Gwyn Topham, "The End of Road Rage? A Car Which Detects Emotions," *The Guardian*, January 23, 2018, https://www.theguardian.com/business/2018/jan/23/a-car-which-detects-emotions-how-driving-one-made-us-feel, accessed September 20, 2018.

17. Lisa Feldman Barrett, "Can Machines Perceive Emotion?," Talks at Google, May 24, 2018, https://youtube/HlJQXfL_GeM.

18. E. F. Loftus and J. C. Palmer, "Eyewitness Testimony," in *Introducing Psychological Research: Sixty Studies That Shape Psychology*, ed. Philip Banyard and Andrew Grayson (London: Palgrave, 1996), 305–9.

19. Barrett,"Can Machines Perceive Emotion?"

20. Barrett,"Emotions Are Real," 418.

おわりに　最後の気分は？

1. 言うまでもなく、「ひとりの人間にとっては小さな一歩だが、世界にとっては大きな飛躍である」と書いてある。

2. Kohske Takahashi, Takanori Oishi, and Masaki Shimada, "Is 😀 Smiling? Cross-Cultural Study on Recognition of Emoticon's Emotion," *Journal of Cross-Cultural Psychology* 48, no. 10 (November 2017): 1578–86.

3. Qiaozhu Mei, "Decoding the New World Language: Analyzing the Popularity, Roles, and Utility of Emojis," in *Companion Proceedings of the 2019 World Wide Web Conference*, ed. Ling Liu and Ryen White (New York: Association for Computing Machinery, 2019), 417–18; Hamza Alshenqeeti, "Are Emojis Creating a New or Old Visual Language for New Generations? A Socio-semiotic Study," *Advances in Language and Literary Studies* 7, no. 6 (December 2016): 56–69.

4. エクマンの6つの基本感情（幸福、怒り、悲しみ、嫌悪、驚き、恐れ）を表している。

5. 私にロボットの話をさせてはいけない！ どうしてもというなら別だが。

podcast, MP3 audio, 24 minutes, http://circleofwillispodcast.com/episode/5a542806ea4a43a8/lisa-feldman-barrett-bonus-material, accessed September 16, 2018.

4. James A. Russell, Jo-Anne Bachorowski, and José-Miguel Fernández-Dols, "Facial and Vocal Expressions of Emotion," *Annual Review of Psychology* 54, no. 1 (February 2003): 329–49.

5. *The Vault*, http://thevaultgame.com/, accessed September 20, 2018.

6. トマス・ディクソンからの著者への電子メール(2018年10月28日付)より抜粋。

7. Lisa Feldman Barrett, "Emotions Are Real," *Emotion* 12, no. 3 (Jun 2012): 413–29.

8. Antonio Damasio, *The Feeling of What Happens: Body, Emotion and the Making of Consciousness* (London: Vintage, 2000)[アントニオ・R・ダマシオ『無意識の脳 自己意識の脳 —— 身体と情動と感情の神秘』、田中三彦訳、講談社、2003年]; Antonio Damasio, *Looking for Spinoza: Joy, Sorrow and the Feeling Brain* (London: Vintage, 2004)[アントニオ・ダマシオ『感じる脳 —— 情動と感情の脳科学 よみがえるスピノザ』、田中三彦訳、ダイヤモンド社、2005年]; Antonio Damasio, *Descartes' Error: Emotion, Reason and the Human Brain* (London: Vintage, 2006)[アントニオ・R・ダマシオ『デカルトの誤り —— 情動、理性、人間の脳』、田中三彦訳、筑摩書房、2010年]; Antonio Damasio, *The Strange Order of Things: Life, Feeling, and the Making of Cultures* (London: Random House, 2019)[アントニオ・ダマシオ『進化の意外な順序 —— 感情、意識、創造性と文化の起源』、高橋洋訳、白揚社、2019年]などもたしかめてみてほしい。

9. A Bresó et al., "Usability and Acceptability Assessment of an Empathic Virtual Agent to Prevent Major Depression," *Expert Systems* 33, no. 4 (August 2016): 297–312.

10. アフェクティバ社のウェブサイト(http://go.affectiva.com/auto)も参照。

11. Lubomír Štěpánek, Jan Měšťák, and Pavel Kasal, "Machine-Learning at the Service of Plastic Surgery: A Case Study Evaluating Facial Attractiveness and Emotions Using R Language," *Proceedings of the Federated Conference on Computer Science and Information Systems* (2019): 107–12.

12. Bob Marcotte, "Using Data Science to Tell Which of These People Is Lying," University of Rochester Newscenter, May 22, 2018, https://www.rochester.edu/newscenter/data-science-facial-expressions-who-if-lying-321252/, accessed May 30, 2019.

13. Josh Chin, "Chinese Police Add Facial-Recognition Glasses to Surveillance Arsenal," *Wall Street Journal*, February 7, 2018, https://www.wsj.com/articles/chinese-police-go-robocop-with-facial-recognition-glasses-1518004353, accessed March 3, 2019.

14. 続編の『インサイド・ヘッド2』では、退屈、落ち着き、信頼、恥ずかしさ、熱狂、嫉妬、元気、不安、マンキニ(?)、天才、優しさという11の感情が追加されるようだが、これらは私の

9. ポストモダンはヨーロッパではこれよりもずっと前、おそらく1915年ごろから始まったと言われる。

10. Catherine A. Lutz, *Unnatural Emotions: Everyday Sentiments on a Micronesian Atoll and Their Challenge to Western Theory* (Chicago: University of Chicago Press, 1988), 44–45.

11. Lutz, *Unnatural Emotions*, 16.

12. Lutz, *Unnatural Emotions*, 126.

13. Lutz, *Unnatural Emotions*, 131.

14. William Ian Miller, *The Anatomy of Disgust* (Cambridge, MA: Harvard University Press, 1997), 247; George Orwell, *The Road to Wigan Pier* (New Delhi: Delhi Open Books, 2019), 125, 131.［ジョージ・オーウェル『ウィガン波止場への道』、土屋宏之・上野勇訳、筑摩書房、1996年］

15. Jonathan Haidt, "The Disgust Scale Home Page," New York University Stern School of Business, 2012, http://people.stern.nyu.edu/jhaidt/disgustscale.html, accessed August 1, 2020.

16. Simone Schnall et al., "Disgust as Embodied Moral Judgment," *Personality and Social Psychology Bulletin* 34, no. 8 (May 2008): 1096–1109; Jonathan Haidt, "The Moral Emotions," in *Handbook of Affective Sciences*, ed. Richard J. Davidson, Klaus R. Scherer, and H. Hill Goldsmith, Series in Affective Science (Oxford, UK: Oxford University Press, 2003), 852–70.

17. Jonathan Haidt, "The Disgust Scale, Version 1," New York University Stern School of Business, http://people.stern.nyu.edu/jhaidt/disgust.scale.original.doc, accessed April 12, 2014.

18. Florian van Leeuwen et al., "Disgust Sensitivity Relates to Moral Foundations Independent of Political Ideology," *Evolutionary Behavioral Sciences* 11, no. 1 (June 2016): 92–98.

19. Julia Elad-Strenger, Jutta Proch, and Thomas Kessler, "Is Disgust a 'Conservative' Emotion?," *Personality and Social Psychology Bulletin* 46, no. 6 (October 2019): 896–912.

第15章　人間は電気羊の夢を見るか？

1. E. Tory Higgins et al., "Ideal Versus Ought Predilections for Approach and Avoidance Distinct Self-Regulatory Systems," *Journal of Personality and Social Psychology* 66, no. 2 (February 1994): 276–86.

2. Lisa Feldman Barrett, *How Emotions Are Made: The Secret Life of the Brain* (New York: Houghton Mifflin Harcourt, 2017), 1.［リサ・フェルドマン・バレット『情動はこうしてつくられる——脳の隠れた働きと構成主義的情動理論』、高橋洋訳、紀伊國屋書店、2019年］

3. James A. Coan Jr., "Lisa Feldman Barrett Bonus Material," in *Circle of Willis*

Control in the United States of America and Russia," *European Journal of Developmental Psychology* 6, no. 3 (May 2009): 337–64 である。

第14章　大いなる感情の衝突

1. これは、私の妻が実際に経験した出来事である。
2. "In Search of Universals in Human Emotion with Dr. Paul Ekman," Exploratorium, 2008, https://www.exploratorium.edu/video/search-universals-human-emotion-dr-paul-ekman, accessed October 19, 2018 を参照。
3. Margaret Mead, *Coming of Age in Samoa: A Psychological Study of Primitive Youth for Western Civilisation* (New York: William Morrow, 1928).［M・ミード『サモアの思春期』、畑中幸子・山本真鳥訳、蒼樹書房、1976年］
4. Paul Ekman and Wallace V. Friesen, "Constants Across Cultures in the Face and Emotion," *Journal of Personality and Social Psychology* 17, no. 2 (1971): 124–29; Paul Ekman, E. Richard Sorenson, and Wallace V. Friesen, "Pan-Cultural Elements in Facial Displays of Emotion," *Science* 164, no. 3875 (April 1969): 86–88.
5. "In Search of Universals in Human Emotion with Dr. Paul Ekman."
6. James Russell, "Language, Emotion, and Facial Expression" (lecture given at the fifteenth Krákow Medical Conference [The Emotional Brain: From the Humanities to Neuroscience, and Back Again], Copernicus Center for Interdisciplinary Studies, Krákow, Poland, May 20, 2011, https://youtube/oS1ZtvrgDLM, accessed November 26, 2011; *The Psychology of Facial Expression*, ed. James A. Russell and José Miguel Fernández-Dols, Studies in Emotion and Social Interaction (Cambridge, UK: Cambridge University Press, 1997); Sherri C. Widen and James A. Russell, "Children's Scripts for Social Emotions: Causes and Consequences Are More Central Than Are Facial Expressions," *British Journal of Developmental Psychology* 28 (September 2010): 565–81; James A. Russell and Beverley Fehr, "Relativity in the Perception of Emotion in Facial Expressions," *Journal of Experimental Psychology: General* 116, no. 3 (September 1987): 223–37; James M. Carroll and James Russell, "Do Facial Expressions Signal Specific Emotions? Judging Emotion from the Face in Context," *Journal of Personality and Social Psychology* 70, no. 2 (February 1996): 205–18.
7. Lisa Feldman Barrett et al., "Emotional Expressions Reconsidered: Challenges to Inferring Emotion from Human Facial Movements," *Psychological Science in the Public Interest* 20, no. 1 (2019): 1–68; Lisa Feldman Barrett, *How Emotions Are Made: The Secret Life of the Brain* (New York: Houghton Mifflin Harcourt, 2017), 4–12.［リサ・フェルドマン・バレット『情動はこうしてつくられる――脳の隠れた働きと構成主義的情動理論』、高橋洋訳、紀伊國屋書店、2019年］も参照。
8. Stanley Schachter and Jerome Singer, "Cognitive, Social, and Physiological Determinants of Emotional State," *Psychological Review* 69, no. 5 (1962): 379–99.

University of Maryland, 2017), https://drum.lib.umd.edu/bitstream/handle/1903/19372/Singleton_umd_0117E_17874.pdf

15. Daniel Bell, "The End of Ideology in the West," in *The New York Intellectuals Reader*, ed. Neil Jumonville (New York: Routledge, 2007), 199.

16. Margaret Mead, *And Keep Your Powder Dry: An Anthropologist Looks at America* (Oxford, UK: Berghahn Books, 2005), 41.

17. Margaret Mead, *Soviet Attitudes Toward Authority* (New York: McGraw-Hill, 1951)も参照。

18. このことは、Ruth Benedict, *The Chrysanthemum and the Sword: Patterns of Japanese Culture* (New York: Houghton Mifflin, 1946) [ベネディクト『菊と刀』.角田安正訳、光文社古典新訳文庫、2008年]; Geoffrey Gorer and John Rickman, *The People of Great Russia: A Psychological Study* (London: Cresset Press, 1949); Theodor W. Adorno et al., *The Authoritarian Personality* (New York: Harper and Brothers, 1950)などにも同様の見解が見られる。

19. Lawrence K. Frank and Mary Frank, *How to Be a Woman* (Whitefish, MT: Literary Licensing, 2011).

20. John Bowlby, *Maternal Care and Mental Health: A Report Prepared on Behalf of the World Health Organization as a Contribution to the United Nations Programme for the Welfare of Homeless Children*, 2nd ed. (Geneva: World Health Organization, 1952), 12.[ジョン・ボウルビィ『乳幼児の精神衛生』、黒田実郎訳、岩崎学術出版社、1967年]

21. Bowlby, *Maternal Care and Mental Health*, 67.[同上]

22. Y. V. Popov and A. E. Lichko, "A Somber Page in the History of the All-Union Psychiatric Association," *Bekhterev Review of Psychiatry and Medical Psychology* 3 (1991): 116– 120.

23. I. Vainstajn, review of A. Zalkind's book *Ocerk kultury revoljucionnogo vremeni* (Essay of a culture of a revolutionary time), *Pod znamenem marksizma* (Under the banner of Marxism) (1924): 4–5, 297–300. 英語の資料としては、Levy Rahmani, "Social Psychology in the Soviet Union," *Studies in Soviet Thought* 13, no. 3-4 (September-December 1973), 221を参照。

24. A. V. Zalkind, *Ocerk kultury revoljucionnogo vremeni* (Moscow: Rabotnik Prosvescenija, 1924).

25. A. V. Zalkind, "Psikhonevrologicheskie Mauki i Sotsialisticheskoe Stroitelstvo," *Pedologia* 3 (1930): 309–22; Alexander Etkind, "Psychological Culture," in *Russian Culture at the Crossroads: Paradoxes of Postcommunist Consciousness*, ed. Dmitri N. Shalin (Boulder, CO: Westview Press, 1996). 英訳は、Dmitri N. Shalin, "Soviet Civilization and Its Emotional Discontents," *International Journal of Sociology and Social Policy* 16, no. 9–10 (October 1996): 26にある。

26. このちがいについて、現在でも興味深い読み物は、Maria A. Gartstein et al., "A Cross-Cultural Study of Infant Temperament: Predicting Preschool Effortful

Space Educators' Handbook, https://er.jsc.nasa.gov/seh/ricetalk.htm, accessed September 5, 2019.

2. Walter Rugaber, "Nixon Makes 'Most Historic Telephone Call Ever,'" *New York Times*, July 21, 1969.

3. John Lear, "Hiroshima, U.S.A.: Can Anything Be Done About It?," *Collier's*, August 5, 1950, 12, https://www.unz.com/PDF/PERIODICAL/Colliers-1950aug05/11-18/

4. Mick Jackson, dir., *Threads* (BBC, 1984)[邦題『SF核戦争後の未来・スレッズ』ミック・ジャクソン監督、BBC、1984年]

5. Howard S. Liddell, "Conditioning and Emotions," *Scientific American* 190, no. 1 (January 1954), 48.

6. Semir Zeki and John Paul Romaya, "Neural Correlates of Hate," *PLoS One* 3, no. 10 (2008): e3556, https://doi.org/10.1371/journal.pone.0003556.

7. フロイトによるアンビバレンスに関する多くの議論のひとつに、Sigmund Freud, *Totem und Tabu* (Vienna: Vienna University Press, 2013), 77-123 がある。英語版では、Sigmund Freud, *Totem and Taboo* (Abingdon, UK: Routledge, 2012), 21-86 が優れている。

8. これについては、多少疑ってかかったほうがいいかもしれない。Zeki and Romaya, "Neural Correlates of Hate"; Andreas Bartels and Semir Zeki, "The Neural Basis of Romantic Love," *NeuroReport* 11, no. 17 (November 2000): 3829–33; Wang Jin, Yanhui Xiang, and Mo Lei, "The Deeper the Love, the Deeper the Hate," *Frontiers in Psychology* 8, no. 1940 (December 2017), https://doi.org/10.3389/fpsyg.2017.01940, accessed June 3, 2019 などを参照。

9. Kathryn J. Lively and David R. Heise, "Sociological Realms of Emotional Experience," *American Journal of Sociology* 109, no. 5 (March 2004): 1109–36; Elizabeth Williamson, "The Magic of Multiple Emotions: An Examination of Shifts in Emotional Intensity During the Reclaiming Movement's Recruiting/Training Events and Event Reattendance," *Sociological Forum* 26, no. 1 (March 2011): 45–70.

10. James M. Jasper, "Emotions and Social Movements: Twenty Years of Theory and Research," *Annual Review of Sociology* 37, no. 1 (August 2011): 285–303.

11. William Shakespeare, *Romeo and Juliet*, in *The Complete Works of William Shakespeare* (London: Wordsworth Editions, 2007), 256.[シェイクスピア『ロミオとジュリエット』、中野好夫訳、新潮社、1996年]

12. より深く知りたい方は、Guy Oakes, *The Imaginary War: Civil Defense and American Cold War Culture* (Oxford, UK: Oxford University Press, 1994), 47 を参照のこと。

13. Frederick Peterson, "Panic–the Ultimate Weapon?," *Collier's*, August 21, 1953, 109.

14. Kelly A. Singleton, "The Feeling American: Emotion Management and the Standardization of Democracy in Cold War Literature and Film," (PhD diss.,

波書店、1999年]。ところで、こうした中国の用語がよくわからないという方は、おそらく私がほのめかしたとおり、本書でもっとも興味深い部分から読んだのだろう。その場合は、第9章を読めば明らかになる。

5. Chang-tzŭ, *The Inner Chapters*, 123–24.[『荘子』]

6. Chang-tzŭ, *The Inner Chapters*, 211.[同上]

7. Laozi, *Daodejing: The New, Highly Readable Translation of the Life-Changing Ancient Scripture Formerly Known as the Tao Te Ching*, ed. and trans. Hans-Georg Moeller (Chicago: Open Court Publishing, 2007), 51.[*Daodejing*の邦訳としては、『老子道徳経(井筒俊彦英文著作翻訳コレクション)』、古勝隆一訳、慶應義塾大学出版会、2017年などがある]

8. Alan Watts, *Tao: The Watercourse Way* (New York: Pantheon Books, 1975), 45–46.

9. 以下を参照。Chapter 1 of the Liuzi (Master Liu), in *Baizi Quanshu (A Complete Collection of Works by the One Hundred Masters)* (Shanghai: Zhejiang Renmin Chubanshe, 1991), 6:1, as translated in Heiner Fruehauf, "All Disease Comes from the Heart: The Pivotal Role of the Emotions in Classical Chinese Medicine," *Journal of Chinese Medicine* (2006): 2.

10. 定義については、Bob Flaws and James Lake, MD, *Chinese Medical Psychiatry: A Textbook and Clinical Manual* (Portland, OR: Blue Poppy Enterprises, 2001)を参照。

11. Lin Zexu, letter to Queen Victoria, 1839, trans. Mitsuko Iriye and Jerome S. Arkenberg, in *Modern Asia and Africa*, ed. William H. McNeill and Mitsuko Iriye, Readings in World History 9 (Oxford, UK: Oxford University Press, 1971), 111–18.

12. Elizabeth J. Perry, "Moving the Masses: Emotion Work in the Chinese Revolution," *Mobilization* 7, no. 2 (2002): 112.

13. Edgar Snow, *Red Star over China: The Classic Account of the Birth of Chinese Communism*, rev. ed. (London: Grove Press, 2007), loc. 1900, Kindle.[エドガー・スノー『中国の赤い星』上下巻、松岡洋子訳、ちくま学芸文庫、1995年]

14. Perry, "Moving the Masses," 113.

15. Tse-tung Mao, "The Chinese People Have Stood Up!," in *Selected Works of Mao Tse-tung*, https://www.marxists.org/reference/archive/mao/selected-works/volume-5/mswv5_01.htm.

16. Liang Heng and Judith Shapiro, *Son of the Revolution* (New York: Vintage, 1984), 77–79.[梁恒、ジュディス・シャピロ『中国の冬 —— 私が生きた文革の日々』、田畑光永訳、サイマル出版会、1984年]; also in Perry, "Moving the Masses," 122.

17. Perry, "Moving the Masses," 122.

第13章　愛と母(なる国)

1. "John F. Kennedy Moon Speech—Rice Stadium: September 12, 1962," NASA

Other Works (London: Hogarth Press, 1957), 159–216.［フロイト『フロイト、無意識について語る』、中山元訳、光文社古典新訳文庫、2021年］

11. R. H. Cole, *Mental Diseases: A Text-Book of Psychiatry for Medical Students and Practitioners* (London: University of London Press, 1913), 47.
12. Cole, *Mental Diseases*, 47–48.
13. Cole, *Mental Diseases*, 48.
14. Cole, *Mental Diseases*, 49.
15. Cole, *Mental Diseases*, 51.
16. Cole, *Mental Diseases*, 52.
17. T. C. Shaw, *Ex Cathedra: Essays on Insanity* (London: Adlard and Sons, 1904), 110.
18. Siegfried Sassoon, "Declaration Against the War," in Robert Giddings, *The War Poets: The Lives and Writings of the 1914-18 War Poets* (London: Bloomsbury, 1990), 111.
19. Siegfried Sassoon, *The War Poems of Siegfried Sassoon* (London: William Heinemann, 1919), 43–44.
20. Sigmund Freud, "Five Lectures on Psychoanalysis," in *The Standard Edition of the Complete Psychological Works of Sigmund Freud*, ed. and trans. James Strachey, vol. 11 (1910), *Five Lectures on Psycho-Analysis, Leonardo da Vinci, and Other Works* (London: Hogarth Press, 1957), 49.［フロイト『精神分析入門』上下巻、高橋義孝・下坂幸三訳、新潮文庫、1977年］
21. Rebecca West, *The Return of the Soldier* (London: Virago Modern Classics, 2010).

第12章　龍の屈辱

1. Yung-fa Chen, *Making Revolution: The Communist Movement in Eastern and Central China, 1937-1945* (Berkeley: University of California Press, 1986), 186–87に記載されている。
2. 余談だが、ラッセル・カークランドのように、荘子は六百年後に郭象という男が創作した人物だと考える歴史家もいる。しかし、それよりもずっと前、荘子が亡くなって百年後に司馬遷が書いた彼の伝記が存在する。真相はわからない。ただ、彼自身が書いたとされる『荘子』という書に収められた知恵は、道教の歴史において重要なものであることはたしかだ。したがって、本書では彼が実在した人間と見なすことにする。Russell Kirkland, *Taoism: The Enduring Tradition* (Abingdon, UK: Routledge, 2004), 33–34も参照のこと。
3. Chang-tzŭ, *The Inner Chapters*, trans. A. C. Graham (Indianapolis: Hackett Publishing, 2001), 120–21.［『荘子』全4冊、金谷治訳注、岩波書店、1971～1983年］
4. Confucius, *The Analects*, ed. and trans. Raymond Dawson, Oxford World's Classics (Oxford, UK: Oxford University Press, 2008), 17:21.［『論語』、金谷治訳注、岩

Psychology 88, no. 6 (June 2005): 948–68を参照。

14. Adams, "The Cultural Grounding."

15. Gladys Nyarko Ansah, "Emotion Language in Akan: The Case of Anger," in *Encoding Emotions in African Languages*, ed. Gian Claudio Batic (Munich: LINCOM GmbH, 2011), 131.

16. Ansah, "Emotion Language in Akan," 134.

17. Ansah, "Emotion Language in Akan," 131.

18. T. C. McCaskie, "The Life and Afterlife of Yaa Asantewaa," *Africa: Journal of the International African Institute* 77, no. 2 (2007): 170を参照。

第11章　シェル・ショック

1. W・D・エスプリンによる日付・タイトル未記載のタイプ原稿にもとづく。

2. G. Elliot Smith and T. H. Pear, *Shell Shock and Its Lessons* (Manchester, UK: Manchester University Press, 1918), 12–13.

3. CSRの概要については、Zahava Solomon, *Combat Stress Reaction: The Enduring Toll of War*, Springer Series on Stress and Coping (New York: Springer, 2013)が優れている。

4. 以下の診断の根底にある意識は「臆病」である。E. D. Adrian and L. R. Yealland, "The Treatment of Some Common War Neuroses," *Lancet* 189, no. 4893 (June 9, 1917): 867–72.

5. 例として、Thomas Dixon, *Weeping Britannia: Portrait of a Nation in Tears* (Oxford, UK: Oxford University Press, 2015), 201–2; Tracey Loughran, *Shell-Shock and Medical Culture in First World War Britain*, Studies in the Social and Cultural History of Modern Warfare 48, reprint ed. (Cambridge, UK: Cambridge University Press, 2020), 115などを参照。

6. Rudyard Kipling, "If–" (1943), Poetry Foundation, https://www.poetryfoundation.org/poems/46473/if---, accessed August 19, 2020.［キップリング「もし」(『キップリング詩集』、中村為治選・訳、岩波書店、1936年所収)］

7. Sigmund Freud, *Letters of Sigmund Freud*, ed. Ernst L. Freud, trans. Tania and James Stern (Mineola, NY: Dover Publications, 1992), 175.

8. Jean-Martin Charcot, *Oeuvres complètes de J. M. Charcot: Leçons sur les maladies du système nerveux, faites à la Salpêtrière* (Paris: Bureaux du Progrès Médical / A. Delahaye & E. Lacrosnier, 1887), 3:436–62 (lecture 26).

9. Jean-Martin Charcot, *Leçons sur les maladies du système nerveux*, 12.

10. Sigmund Freud, "The Unconscious," in *The Standard Edition of the Complete Psychological Works of Sigmund Freud*, ed. and trans. James Strachey, vol. 14 (1914–1916), *On the History of the Psycho-Analytic Movement, Papers on Metapsychology and*

Emotion, ed. John Corrigan (Oxford, UK: Oxford University Press, 2008), 86.

12. Gian Marco Farese, "The Cultural Semantics of the Japanese Emotion Terms 'Haji' and 'Hazukashii,'" *New Voices in Japanese Studies* 8 (July 2016): 32–54.

13. Yoshida, "Komo Yowa," 1353.[吉田松陰『講孟余話』]

第10章　アフリカの女王の怒り

1. Edwin W. Smith, *The Golden Stool: Some Aspects of the Conflict of Cultures in Modern Africa* (London: Holborn Publishing House, 1926), 5.

2. この演説は、アグネス・アイドゥーが1970年に記録したフィールドノートと、目撃者であるオパニン・クワベナ・バーコの証言にもとづく。Agnes Akosua Aidoo, "Asante Queen Mothers in Government and Politics in the Nineteenth Century," *Journal of the Historical Society of Nigeria* 9, no. 1 (December 1977): 12を参照。

3. R. J. R. Blair, "Considering Anger from a Cognitive Neuroscience Perspective," *Wiley Interdisciplinary Reviews: Cognitive Science* 3, no. 1 (January–February 2012): 65–74.

4. Kwame Gyekye, *An Essay on African Philosophical Thought: The Akan Conceptual Scheme*, rev. ed. (Philadelphia: Temple University Press, 1995), 85–88.

5. Gyekye, *An Essay on African Philosophical Thought*, 88–94.

6. Gyekye, *An Essay on African Philosophical Thought*, 95–96.

7. Gyekye, *An Essay on African Philosophical Thought*, 95.

8. Gyekye, *An Essay on African Philosophical Thought*, 100.

9. Peter Sarpong, *Ghana in Retrospect: Some Aspects of Ghanaian Culture* (Accra: Ghana Publishing Corporation, 1974), 37; Meyer Fortes, *Kinship and the Social Order: The Legacy of Lewis Henry Morgan* (Chicago: University of Chicago Press, 1969), 199n14; Gyekye, *An Essay on African Philosophical Thought*, 94.

10. ここでの言語情報の多くはこの分野における卓越した論文、Vivian Afi Dzokoto and Sumie Okazaki, "Happiness in the Eye and the Heart: Somatic Referencing in West African Emotion Lexica," *Journal of Black Psychology* 32, no. 2 (2006): 117–140から得たもの。

11. 以下の論文は、アカンのことわざについて徹底的に掘り下げている。Vivian Afi Dzokoto et al., "Emotion Norms, Display Rules, and Regulation in the Akan Society of Ghana: An Exploration Using Proverbs," *Frontiers in Psychology* 9 (2018), https://www.frontiersin.org/article/10.3389/fpsyg.2018.01916

12. Andy Clark, *Being There: Putting Brain, Body, and World Together Again* (Cambridge, MA: MIT Press, 1997), xii.

13. Glenn Adams, "The Cultural Grounding of Personal Relationship: Enemyship in North American and West African Worlds," *Journal of Personality and Social*

第９章　桜の国の恥ずかしさ

1. Robert Louis Stevenson, "Yoshida-Torajiro," in *The Works of Robert Louis Stevenson*, vol. 2, *Miscellanies: Familiar Studies of Men and Books* (Edinburgh: T. and A. Constable, 1895), 165.［スティヴンソン「關係雑纂　吉田寅次郎」、町田晃訳（山口県教育会編纂『吉田松陰全集　別巻』、大和書房、1974年所収）］

2. Yoshida Shōin, "Komo Yowa," translated in Eiko Ikegami, "Shame and the Samurai: Institutions, Trustworthiness, and Autonomy in the Elite Honor Culture," *Social Research* 70, no. 4 (Winter 2003): 1354.［吉田松陰『講孟余話』、岩波文庫、1968年］

3. Gershen Kaufman, *The Psychology of Shame: Theory and Treatment of Shame-Based Syndromes*, 2nd ed. (New York: Springer, 1989); Kelly McGonigal, *The Upside of Stress: Why Stress Is Good for You (and How to Get Good at It)* (London: Vermilion, 2015)［ケリー・マクゴニガル『スタンフォードのストレスを力に変える教科書』、神崎朗子訳、大和書房、2015年］; Paul Gilbert, *The Compassionate Mind* (London: Constable, 2010); Joseph E. LeDoux, "Feelings: What Are They & How Does the Brain Make Them?," *Dædalus* 144, no. 1 (January 2015): 105.

4. E. Tory Higgins et al., "Ideal Versus Ought Predilections for Approach and Avoidance Distinct Self-Regulatory Systems," *Journal of Personality and Social Psychology* 66, no. 2 (February 1994): 276–86.

5. Zisi, "Zhong Yong," trans. James Legge, Chinese Text Project, https://ctext.org/liji/zhong-yong, accessed November 23, 2020.［『大学・中庸』、金谷治訳注、岩波文庫、1998年］; Donald Sturgeon, "Chinese Text Project: A Dynamic Digital Library of Premodern Chinese," *Digital Scholarship in the Humanities*, August 29, 2019.

6. William E. Deal and Brian Ruppert, *A Cultural History of Japanese Buddhism*, Wiley Blackwell Guides to Buddhism (Oxford, UK: John Wiley & Sons, 2015), 172.

7. Fumiyoshi Mizukami, "Tenkai no isan: Tenkaihan issaikyō mokukatsuji," in *Minshū bukkyō no teichaku*, ed. Sueki Fumihiko (Tokyo: Kōsei, 2010), 125.［水上文義「天海の遺産　コラム②」（『民衆仏教の定着／新アジア仏教史』、佼成出版社、2010年所収）］

8. Philip Kapleau, *The Three Pillars of Zen: Teaching, Practice, and Enlightenment* (New York: Anchor, 1989), 85.［フィリップ・キャプロー編『禅の三本の柱 ―― 教え・実践・悟り』.安西徹雄訳、ソフィア編集委員会、1966年］

9. Jakuren, *Shinkokinshū* 4:361, trans. Thomas McAuley, Waka Poetry, http://www.wakapoetry.net/skks-iv-361/, accessed November 20, 2020［『新古今和歌集』上下巻、久保田淳訳注、角川ソフィア文庫、2007年］

10. Royall Tyler, ed. and trans., *Japanese Nō Dramas* (London: Penguin Classics, 1992), 72–73.

11. Gary L. Ebersole, "Japanese Religions," in *The Oxford Handbook of Religion and*

Philosophy (Cambridge, UK: Cambridge University Press, 1998)を参照のこと。

17. このテーマに関する最良の本は、間違いなく Thomas Dixon, *From Passions to Emotions: The Creation of a Secular Psychological Category* (Cambridge, UK: Cambridge University Press, 2003)である。

18. Adam Smith, *The Theory of Moral Sentiments,* ed. Knud Haakonssen, Cambridge Texts in the History of Philosophy (Cambridge, UK: Cambridge University Press, 2002)[アダム・スミス『道徳情操論』上下巻、米林富男訳、未來社、1969年]

19. Smith, *The Theory of Moral Sentiments*, 209–10, 218–20, 227–34.[同上]

第8章　人が感情をいだくとき

1. René Descartes, *The Passions of the Soul*, anonymous translator (London: 1650), answer to second letter, B3r—B3v.[デカルト『情念論』、谷川多佳子訳、岩波書店、2008年]より。訳者によっては、フランス語原文の physicien(古語で「医者」)を physicist(物理学者)とか natural philosopher(自然学者)とする者もいるが、これは本文がきわめて医学的な視点から書かれていることを考えるとおかしな話である。
https://quod.lib.umich.edu/cgi/t/text/text-idx?c=eebo2;idno=A81352.0001.001を参照。

2. Descartes, *The Passions of the Soul*, article 46.[同上]

3. Thomas Hobbes, *Leviathan*, ed. Noel Malcolm, Clarendon Edition of the Works of Thomas Hobbes (Oxford, UK: Oxford University Press, 2012), 2:78.[ホッブズ『リヴァイアサン』全2巻、角田安正訳、光文社古典新訳文庫、2014年]

4. Hobbes, *Leviathan*, 2:84.[同上]

5. Hobbes, *Leviathan*, 2:84.[同上]

6. Hobbes, *Leviathan*, 2:84.[同上]

7. Hobbes, *Leviathan*, 2:84.[同上]

8. David Hume, *A Treatise of Human Nature*, 2.3.3.4, https://davidhume.org/texts/t/2/3/3#4.[デイヴィッド・ヒューム『道徳について』(人間本性論第3巻)、伊勢俊彦・石川徹・中釜浩一訳、法政大学出版局、2019年]

9. Thomas Brown, *A Treatise on the Philosophy of the Human Mind*, ed. Levi Hodge (Cambridge, UK: Hilliard and Brown, 1827), 1:103.

10. William James, "What Is an Emotion?" in *Mind* 9, no. 34 (April 1884): 190.

11. Paul R. Kleinginna Jr. and Anne M. Kleinginna, "A Categorized List of Emotion Definitions, with Suggestions for a Consensual Definition," *Motivation and Emotion* 5, no. 4 (1981): 345–79.

Press, 2001), 18.

4. Harry G. Frankfurt, *On Bullshit* (Princeton, NJ: Princeton University Press, 2005); Harry G. Frankfurt, "Freedom of the Will and the Concept of a Person," *Journal of Philosophy* 68, no. 1 (January 14, 1971): 5–20.[ハリー・G・フランクファート『ウンコな議論』、山形浩生訳、ちくま学芸文庫、2016年]

5. Aristotle, "Sense and Sensibilia," trans. J. I. Beare, in *The Complete Works of Aristotle*, ed. Jonathan Barnes (Princeton, NJ: Princeton University Press, 1984), 1:693–713, 436b15–446a20.[アリストテレス『霊魂論 自然学小論集 気息について』(アリストテレス全集6)、山本光雄・副島民雄訳、岩波書店、1968年]

6. 人と穴の不思議な関係についてくわしく知りたい方は、William Ian Miller, *The Anatomy of Disgust* (Cambridge, MA: Harvard University Press, 1997), 89–98を参照されたい。

7. Anselm of Canterbury, "Liber Anselmi Archiepiscopi de Humanis Moribus," in *Memorials of St Anselm*, ed. Richard William Southern and F. S. Schmitt (Oxford, UK: Oxford University Press, 1969), 47–50.

8. Niall Atkinson, "The Social Life of the Senses: Architecture, Food, and Manners," in *A Cultural History of the Senses*, vol. 3, *In the Renaissance*, ed. Herman Roodenburg (London: Bloomsbury, 2014), 33.

9. なかでもよく知られているのが、キケロー『義務について』[泉井久之助訳、岩波文庫、1961年]である。

10. Maestro Martino, *Libro de arte coquinaria*, www.loc.gov/item/2014660856/.

11. 私はこれを近世英語から訳した。原文は、"Ther be many cristen bothe clerkes and layemen whyche lyl know god by fayth ne by scrupture by cause they haue the taste disordynate by synne they may not wel sauoure hym." である。Gui de Roye, *Thus Endeth the Doctrinal of Sapyence*, trans. Wyllyam Caxton (Cologne: Wyllyam Caxton, 1496), fol. 59r, https://tinyurl.com/uv56xekmを参照。

12. この時代の贅沢品については、Linda Levy Peck, *Consuming Splendor: Society and Culture in Seventeenth-Century England* (Cambridge, UK: Cambridge University Press, 2005)に優れた概要が記されている。

13. Bernard Mandeville, *The Fable of the Bees* (London: T. Ostell, 1806), 66–73.[バーナード・マンデヴィル『新訳 蜂の寓話 —— 私悪は公益なり』、鈴木信雄訳、日本経済評論社、2019年]

14. Anthony Ashley Cooper, 3rd Earl of Shaftesbury, *Characteristicks of Men, Manners, Opinions, Times* (Carmel, IN: Liberty Fund, 2001), 2:239.

15. Francis Hutcheson, *An Inquiry into the Original of Our Ideas of Beauty and Virtue* (London: J. Darby, 1726), 73.[F・ハチスン『美と徳の観念の起原』、山田英彦訳、玉川大学出版部、1983年]

16. 代表的な例として、Samuel Clarke, *A Demonstration of the Being and Attributes of God: And Other Writings*, ed. Ezio Vailati, Cambridge Texts in the History of

7. 粟粒熱が初めて公に記されたのは、1552年出版の John Caius, *A Boke or Counseill Against the Disease Commonly Called the Sweate, or Sweatyng Sicknesse.*

8. このテーマについてくわしくは、Deborah Hayden, *Pox: Genius, Madness, and the Mysteries of Syphilis* (New York: Basic Books, 2003) や Mircea Tampa et al., "Brief History of Syphilis," *Journal of Medical Life* 7, no. 1 (2014): 4–10 を参照。

9. William Shakespeare, *The Rape of Lucrece*, http://shakespeare.mit.edu/Poetry/RapeOfLucrece.html.〔シェイクスピア「ルークリース陵辱」(『対訳シェイクスピア詩集』、柴田稔彦編、岩波書店、2004年所収)〕

10. Carol Nemeroff and Paul Rozin, "The Contagion Concept in Adult Thinking in the United States: Transmission of Germs and of Interpersonal Influence," *Ethos* 22, no. 2 (June 1994): 158–86.

11. Bruce M. Hood, *SuperSense: Why We Believe in the Unbelievable* (San Francisco: HarperOne, 2009), 139, 170.〔ブルース・M・フード『スーパーセンス ―― ヒトは生まれつき超科学的な心を持っている』、小松淳子訳、合同出版、2011年〕

12. Hood, *SuperSense*, 215–16.〔同上〕

13. Hood, *SuperSense*, 139, 170.〔同上〕

14. Robert Ian Moore, *The Formation of a Persecuting Society: Power and Deviance in Western Europe, 950-1250* (Oxford, UK: Basil Blackwell, 1987), 64.

15. Charles Zika, *The Appearance of Witchcraft: Print and Visual Culture in Sixteenth-Century Europe* (Abingdon, UK: Routledge, 2007), 80–81.

16. Francesco Maria Guazzo, *Compendium Maleficarum: The Montague Summers Edition* (Mineola, NY: Dover Publications, 1988), 11, 35.

17. Heinrich Kramer and Jacob Sprenger, *The Malleus Maleficarum*, ed. and trans. P. G. Maxwell-Stuart (Manchester, UK: Manchester University Press, 2007), 184, 231.

18. Luana Colloca and Arthur J. Barsky, "Placebo and Nocebo Effects," *New England Journal of Medicine* 382, no. 6 (February 6, 2020), 554–61.

第７章　甘い自由への欲望

1. John Locke, *Two Treatises of Government* (London: Whitmore & Fenn, 1821), 189, 191, 199, 209, https://books.google.com/books?id=K5UIAAAAQAAJ&printsec=frontcover&source=gbs_ge_summary_r&cad=0#v=onepage&q&f=false.〔ジョン・ロック『完訳 統治二論』、加藤節訳、岩波文庫、2010年〕

2. David Hume, *An Enquiry Concerning the Principles of Morals* (Indianapolis: Hackett Publishing, 1983), 3:12.〔デイヴィッド・ヒューム『道徳原理の研究』、渡部峻明訳、晢書房、1993年〕

3. John K. Alexander, *Samuel Adams: America's Revolutionary Politician* (Oxford, UK: Rowman & Littlefield, 2002), 125; Ray Raphael, *A People's History of the American Revolution: How Common People Shaped the Fight for Independence* (New York: New

晶訳、第三書館、2010年などがある]

17. Mevlâna Mehmet Neşri, *Gihānnümā [Cihannüma] Die Altosmanische Chronik Des Mevlānā Meḥemmed Neschrī[Mevlâna Mehmet Neşri]*, ed. Franz Taeschner (Wiesbaden, Germany: Harrassowitz Verlag, 1951), 194, as translated in Halil Inalcik, *The Ottoman Empire: The Classical Age 1300–1600* (London: Weidenfeld & Nicolson, 2013), loc. 5109, Kindle.

18. Nil Tekgül, "A Gate to the Emotional World of Pre-Modern Ottoman Society: An Attempt to Write Ottoman History from 'the Inside Out'" (PhD diss., Bilkent University, 2016), 177, http://repository.bilkent.edu.tr/handle/11693/29154, accessed February 20, 2020.

19. Dawood, *The Koran*, 23:51.[『聖クルアーン』23章51節]

20. Tekgül, "A Gate to the Emotional World," 84–87.

第6章　忌まわしき魔女騒動

1. 以下の本に言及しなければ、怠慢の誇りを免れないだろう。魔女や感情について私とは異なる見方をしているが、いずれにしても見事な内容だ。Charlotte-Rose Millar, *Witchcraft, the Devil, and Emotions in Early Modern England* (Abingdon, UK: Routledge, 2017)

2. William Rowley, Thomas Dekker, and John Ford, *The Witch of Edmonton* (London: J. Cottrel for Edward Blackmore, 1658).

3. マルコム・ガスキルは、死んだ人の数は4万5千から5万だと主張している(Malcolm Gaskill, *Witchcraft: A Very Short Introduction* (Oxford, UK: Oxford University Press, 2010), 76 を参照)。一方、ブライアン・レヴァックは6万と主張している(Brian P. Levack, *The Witch-Hunt in Early Modern Europe* (London: Longman, 2013), 22 を参照)。また、アン・ルウェリン・バーストウは、すべての記録を合わせると少なくとも10万にのぼると考えている(Anne Llewellyn Barstow, *Witchcraze* (London: Bravo, 1995)を参照)。ほかにもいろいろな説がある。このテーマに関するほぼすべての本が異なる数字を挙げるだろう。だが重要なのは、それが大量であったということだ。

4. ラテン語では、愛(*amor*)と憎しみ(*odium*)、希望(*spes*)と絶望(*desperatio*)、勇気(*audacia*)と恐れ(*timor*)、喜び(*gaudium*)と悲しみ(*tristitia*)となる。Thomas Aquinas, *The Emotions* (Ia2æ. 22–30), vol. 19 of *Summa Theologiae*, ed. Eric D'Arcy (Cambridge, UK: Blackfriars, 2006), XVI, Q. 23を参照。[邦訳としては、『神學大全10 第Ⅱ-1部 第22問題−第48問題』、森啓訳、創文社、1995年などがある]

5. Frank Tallett, *War and Society in Early-Modern Europe, 1495–1715* (Abingdon, UK: Routledge, 1992), 13.

6. 小氷期に関する代表的な文献に、Emmanuel Le Roy Ladurie, *Times of Feast, Times of Famine: A History of Climate Since the Year 1000* (New York: Doubleday, 1971)がある。最近のものでは、Brian Fagan, *The Little Ice Age: How Climate Made History, 1300-1850*, revised ed. (New York: Basic Books, 2019)がおすすめ。

第5章　オスマン帝国が恐れたもの

1. Vani Mehmed Efendi, "'Ara'is al-Kur'an Wa Nafa'is al-Furkan[Ornaments of the Quran and the Valuables of the Testament]" (Yeni Cami 100, Istanbul, 1680), para. 543a, Suleymaniye Library; as translated in Mark David Baer, *Honored by the Glory of Islam: Conversion and Conquest in Ottoman Europe* (Oxford, UK: Oxford University Press, 2008), 207.

2. Thierry Steimer, "The Biology of Fear- and Anxiety-Related Behaviours," *Dialogues in Clinical Neuroscience* 4, no. 3 (2002): 231–49.

3. N. J. Dawood, trans., *The Koran* (London: Penguin Classics, 1978), 418.[日本ムスリム協会発行『聖クルアーン――日亜対訳注解』96章1〜5節]

4. Ibn Ishaq, "The Hadith," in *Islam*, ed. John Alden Williams (New York: George Braziller, 1962), 61.[『ハディース――イスラーム伝承集成』全6巻、牧野信也訳、中央公論新社、2001年]

5. Abdur-Rahman bin Saib, *hadith*1337, in "The Chapters of Establishing the Prayer and the Sunnah Regarding Them," chapter 7 of *Sunan Ibn Majah*, Ahadith.co.uk, https://ahadith.co.uk/chapter.php?cid=158&page=54&rows=10, accessed August 20, 2020.

6. コーランの感情に関するすばらしい調査概要については、Karen Bauer, "'Emotion in the Qur'an: An Overview"[Edited Version], *Journal of Qur'anic Studies*, 19, no. 2 (2017):1–31を参照。

7. Dawood, *The Koran*, 30:38.[『聖クルアーン』30章39節(英語版に合わせて一部変更)]。

8. Dawood, *The Koran*, 3:174.[『聖クルアーン』3章175節]

9. الخوف من الله

10. Dawood, *The Koran*, 103:1–3.[『聖クルアーン』103章1〜3節]

11. Dawood, *The Koran*, 384.

12. Bauer, "Emotion in the Qur'an," 18.

13. Dawood, *The Koran*, 22:46.[『聖クルアーン』22章46節]

14. 情念を引き起こす体液についてガレノスが触れていないことに関しては、Galen, *On the Passions and Errors of the Soul*, trans. Paul W. Harkins (Columbus: Ohio State University Press, 1963)を参照。

15. 鋭い人は、ガレノスが身体をプラトンの魂の三分説と同じように三つの領域(腹部・頭部・胸部)に分けていることに気づかれたかもしれない。これは偶然ではなく、ガレノスにはプラトン主義の傾向があった。

16. 以下の編集版は解説が少し古いところもあるが、イブン・シーナーの文章をかなりうまく英訳しているように思われる。Ibn Sina (Avicenna), *The Canon of Medicine of Avicenna*, trans. Oscar Cameron Gruner (New York: AMS Press, 1973), 285, 321.[*The Canon of Medicine of Avicenna* の邦訳としては、『アヴィセンナ『医学典範』日本語訳』、檜學・新家博・檜

74.

7. Saint Augustine, *Confessions*, trans. Henry Chadwick, Oxford World's Classics (Oxford, UK: Oxford University Press, 2009)[アウグスティヌス『告白』全3巻、山田晶訳、中公文庫、2014年]

8. Saint Augustine, *Confessions*, 96–97.[同上]

9. Saint Augustine, *Confessions*, 97.[同上]

10. Saint Augustine, *Confessions*, 97.[同上]

11. Saint Augustine, *Confessions*, 98–99.[同上]

12. 「ローマの信徒への手紙」13章13節[新共同訳を一部変更]。

13. 「創世記」1章27節[新共同訳を一部修正]。

14. 「マルコによる福音書」12章30〜31節[新共同訳を一部省略]。

15. Helmut David Baer, "The Fruit of Charity: Using the Neighbor in *De doctrina christiana*," *Journal of Religious Ethics* 24, no. 1 (Spring 1996): 47–64.

16. Fulcher of Chartres, "The Speech of Urban II at the Council of Clermont, 1095," in *A Source Book for Mediæval History: Selected Documents Illustrating the History of Europe in the Middle Age*, ed. Oliver J. Thatcher and Edgar Holmes McNeal, trans. Oliver J. Thatcher (New York: Charles Scribner's Sons, 1905), 513–17.

17. Fulcher of Chartres, "The Speech of Urban II."

18. 英訳は、August C. Krey, *The First Crusade: The Accounts of Eye-witnesses and Participants* (Princeton, NJ: Princeton University Press, 1921), 19より。

19. Dana C. Munro, ed., "Urban and the Crusaders," in *Translations and Reprints from the Original Sources of European History* (Philadelphia: University of Pennsylvania Press, 1895), 1:5–8.

20. Krey, *The First Crusade*, 18.

21. Imad ad-Din al-Isfahani, in *Arab Historians of the Crusades*, ed. Francesco Gabrieli, trans. E. J. Costello (Abingdon, UK: Routledge, 2010), 88.

22. Saint Augustine, *The Works of Aurelius Augustine, Bishop of Hippo: A New Translation*, ed. Rev. Marcus Dods, M.A., vol. 1, *The City of God*, trans. Rev. Marcus Dods, M.A. (Edinburgh: T. & T. Clark, 1871), 33.[アウグスティヌス『神の国』全5巻、服部英次郎訳、岩波書店、1982〜1991年]

23. Krey, *The First Crusade*, 42.

24. Krey, *The First Crusade*, 42.

1–2 (2004): 134–83、Thomas C. McEvilley, *The Shape of Ancient Thought*, Comparative Studies in Greek and Indian Philosophies (New York: Allworth Press, 2006)などを参照。

20. Diogenes Laërtius, *The Lives and Opinions of Eminent Philosophers*, trans. C. D. Yonge (London: G. Bell and Sons, 1915), book 9.[ディオゲネス・ラエルティオス『ギリシア哲学者列伝』上中下巻、加来彰俊訳、岩波文庫、1984年]

21. 「使徒言行録」17章22節。

22. 「使徒言行録」17章24節。

23. 「使徒言行録」17章25節。

24. 「使徒言行録」17章26節。

25. 「使徒言行録」17章27節。

26. 「使徒言行録」17章28節。

27. 「使徒言行録」17章29節。

28. 「使徒言行録」17章30〜31節。

29. 「使徒言行録」17章31節。

30. 「使徒言行録」17章32節。

31. 全世界のキリスト教徒の数については、ピュー・リサーチ・センターの調査を参照。https://www.pewresearch.org/fact-tank/2017/04/05/christians-remain-worlds-largest-religious-group-but-they-are-declining-in-europe/

第4章　十字軍の愛

1. Helen Fisher, *Why We Love: The Nature and Chemistry of Romantic Love* (New York: Holt Paperbacks, 2005)[ヘレン・フィッシャー『人はなぜ恋に落ちるのか？――恋と愛情と性欲の脳科学』、大野晶子訳、ソニー・マガジンズ、2005年]

2. Kristyn R. Vitale Shreve, Lindsay R. Mehrkam, and Monique A. R. Udell, "Social Interaction, Food, Scent or Toys? A Formal Assessment of Domestic Pet and Shelter Cat (*Felis silvestris catus*) Preferences," *Behavioral Processes* 141, pt. 3 (August 2017): 322–28.

3. 帰属意識についての優れた概要は、Kelly-Ann Allen, *The Psychology of Belonging* (London: Routledge, 2020)を参照。

4. Robert C. Solomon, *About Love: Reinventing Romance for Our Times* (New York: Simon & Schuster, 1988); Mark Fisher, *Personal Love* (London: Duckworth, 1990).

5. Gabriele Taylor, "Love," *Proceedings of the Aristotelian Society (New Series)* 76 (1975–1976): 147–64; Richard White, *Love's Philosophy* (Oxford, UK: Rowman & Littlefield, 2001).

6. J. David Velleman, "Love as a Moral Emotion," *Ethics* 109, no. 2 (1999): 338–

11. Jaak Panksepp, "Criteria for Basic Emotions: Is DISGUST a Primary 'Emotion'?," *Cognition and Emotion* 21, no. 8 (2007): 1819–28.

12. シャカツ(*shaqats*):「レビ記」11章10、13、43節、「申命記」7章26節。シェケツ(*sheqets*):「レビ記」11章10〜13、20、42、44節、「イザヤ書」66章17節、「エゼキエル書」8章10節。

13. ここでは、*The Latin and English Parallel Bible (Vulgate and KJV)* (Kirkland, WA: Latus ePublishing, 2011)と *The Interlinear Bible* というふたつの聖書を用いて相互参照した。ウルガタ聖書との記載箇所のちがいは丸カッコ内に示す。また、わかりやすいように書名は現代のものをそのまま用いた。
トエイバー(*toebah*):「出エジプト記」8章26節、「レビ記」18章22、26、29節、20章13節、「申命記」7章25、26節、13章14、31節、17章1、4節、18章9、12節、20章18節、22章5節、23章18節、24章4節、25章16節、27章5節、32章16節、「列王記上」14章24節、「列王記下」21章11節、23章23節、「歴代誌下」33章2、35節、36章8、14節、「エズラ記」9章1、11、14節、「箴言」3章32節、11章1、20節、12章22節、15章8、9、26節、16章5、12節、17章15節、20章10、23節、21章27節、24章9節、29章27節、「イザヤ書」1章13節、41章21節、「エレミヤ書」2章7節、6章15節、7章10節、8章12節、16章18節、32章35節、44章2、22節、「エゼキエル書」5章9節、6章9、11節、7章3、4、8節、8章6、9、13、15、17節、9章4、16、22、36、43、50、51節、18章21、24節、20章4節、22章3、11節、33章26、29節、43章8節、「マラキ書」2章11節。

タアーブ(*ta'ab*):「ヨブ記」9章31節、16章16節、19章19節、30章10節、「詩篇」5章6節(5章7節)、14章1節(13章1節)、53章1節(52章1節、53章2節)、107章18節(106章18節)、106章40節(105章40節)、「イザヤ書」65章4節、「エゼキエル書」16章25節、「アモス書」5章10節、「ミカ書」3章9節。

14. 「出エジプト記」29章18節「その雄羊全部を祭壇で燃やして煙にする。これは主にささげる焼き尽くす献げ物であり、主に燃やしてささげる宥めの香りである」、25節「次いで、彼らの手からそれらを受け取って、祭壇の上の焼き尽くす献げ物の傍らに置いて煙にし、主を宥める香りとする。これが燃やして主にささげる献げ物である」。

15. 「使徒言行録」13章18節[新共同訳の語尾を変更]。

16. ストア派の理論について本当に知りたければ、Benson Mates, *Stoic Logic* (Socorro, NM: Advanced Reasoning Forum, 2014)を読んでみてほしい。ただし、心臓の弱い人向けではない!

17. Marcus Aurelius, *Meditations*, trans. and ed. Martin Hammond (London: Penguin Books, 2006), book 6, no. 13.[マルクス・アウレーリウス『自省録』、神谷美恵子訳、岩波書店、2007年]

18. 通説の順序が誤りであるとの主張について、くわしくは Christopher I. Beckwith, *Greek Buddha: Pyrrho's Encounter with Early Buddhism in Central Asia* (Princeton, NJ: Princeton University Press, 2015)を参照。

19. Karen Armstrong, *The Great Transformation: The World in the Time of Buddha, Socrates, Confucius, and Jeremiah* (London: Atlantic Books, 2009), 367、Demetrios Th. Vassiliades, "Greeks and Buddhism: Historical Contacts in the Development of a Universal Religion," *Eastern Buddhist (New Series)* 36, no.

14. *The Connected Length Discourses of the Buddha: A Translation of the Samyutta Nikāya*, trans. Bhikkhu Bodhi and Bhikkhu Ñānamoli (Kandy, Sri Lanka: Buddhist Translation Society, 2005), 421.[『相応部経典』第6巻(原始仏典II)、中村元監修、前田專學編集、春秋社、2014年]

15. *Middle Length Discourses*, 121.[『中部経典 1』(原始仏典4)]

16. Ashoka, Major Rock Edict 13, in Romila Thapar, *Asoka and the Decline of the Mauryas* (Oxford, UK: Oxford University Press, 1961), 255–56.

17. Ashoka, Minor Pillar Edict 1, in Thapar, *Asoka and the Decline of the Mauryas*, 259.

18. Romila Thapar, "Aśoka and Buddhism as Reflected in the Aśokan Edicts," in *King Asoka and Buddhism: Historical and Literary Studies*, ed. Anuradha Seneviratna (Kandy, Sri Lanka: Buddhist Publication Society, 1995), 36.

19. *World Population Review*を参照。https://worldpopulationreview.com/country-rankings/buddhist-countries.

第3章　聖パウロの情念

1. Jan M. Bremmer, ed., *The Apocryphal Acts of Paul and Thecla*, Studies on the Apocryphal Acts of the Apostles 2 (Leuven, Belgium: Peeters Publishers, 1996), 38.

2. 「使徒言行録」21章28節。この本における聖書の言葉は、別途記載のないかぎり、すべてChristian Standard Bible (Nashville, TN: B&H Publishing Group, 2020)より引用した。[なお、日本語訳は日本聖書協会新共同訳を使用した]

3. 「使徒言行録」5章34節。

4. 「使徒言行録」9章1～19節。

5. てんかんについては D. Landsborough, "St Paul and Temporal Lobe Epilepsy," *Journal of Neurology, Neurosurgery, and Psychiatry* 40 (1987): 659–64 を、落雷については John D. Bullock, "Was Saint Paul Struck Blind and Converted by Lightning?," *Survey of Ophthalmology* 39, no. 2 (September–October 1994): 151–60 を参照。

6. Edward A. Wicher, "Ancient Jewish Views of the Messiah," *Journal of Religion* 34, no. 5 (November 1909): 317–25 を参照。古い文献だが、色あせない。

7. 「レビ記」4章1節～5章13節。

8. 「出エジプト記」34章6～7節[新共同訳を一部変更]。英語原文は、Jay P. Green, ed. and trans., *The Interlinear Bible: Hebrew-Greek-English*, 2nd ed. (Lafayette, IN: Sovereign Grace Publishers, 1997)より引用した。

9. 「申命記」5章9～10節。

10. ヴァレリー・カーティスは、著書 *Don't Look, Don't Touch: The Science Behind Revulsion* (Oxford, UK: Oxford University Press, 2013)で、これをさらにくわしく説明している。

第２章　インドの欲望

1. Harry G. Frankfurt, *On Bullshit* (Princeton, NJ: Princeton University Press, 2005)［ハリー・G・フランクファート『ウンコな議論』、山形浩生訳、ちくま学芸文庫、2016年］; Harry G. Frankfurt, "Freedom of the Will and the Concept of a Person," *Journal of Philosophy* 68, no. 1 (January 14, 1971), 5–20.［ハリー・G・フランクファート「意志の自由と人格という概念」、近藤智彦訳（『自由と行為の哲学』、門脇俊介・野矢茂樹編・監修、春秋社、2010年所収）］

2. Timothy Schroeder, *Three Faces of Desire* (Oxford, UK: Oxford University Press, 2004).

3. Wendy Doniger, *The Hindus: An Alternative History*, reprint ed. (Oxford, UK: Oxford University Press, 2010), 44.

4. Upinder Singh, *A History of Ancient and Early Medieval India: From the Stone Age to the 12th Century* (New Delhi: Longman, an imprint of Pearson Education, 2009), 19; K. S. Ramachandran, "Mahabharata: Myth and Reality," in *Delhi: Ancient History*, ed. Upinder Singh (Oxford, UK: Berghahn Books, 2006), 85–86.

5. Eknath Easwaran, trans., *The Bhagavad Gita* (Tomales, CA: Nilgiri Press, 2007), 251–65.［ラーマクリシュナ研究会編『神の詩 —— バガヴァッド・ギーター』、田中嫺玉訳、TAO LAB、2008年］

6. Daya Krishna, "The Myth of the Purusarthas," in *Theory of Value*, Indian Philosophy: A Collection of Readings 5, ed. Roy W. Perrett (Abingdon, UK: Routledge, 2011), 11–24.

7. R. P. Dangle, ed. and trans., *The Kauṭilīya Arthaśāstra Part II* (New Delhi, India: Motilal Banarsidass, 1986), 482.

8. Karen Armstrong, *Buddha* (London: Phoenix, 2000), 74.

9. さらにくわしく知りたい方は、Padmasiri de Silva, "Theoretical Perspectives on Emotions in Early Buddhism," in *Emotions in Asian Thought: A Dialogue in Comparative Philosophy*, ed. Joel Marks and Roger T. Ames (Albany: State University of New York Press, 1995), 109–22. を参照のこと。

10. この話は、パーリ仏典に収録された作品のひとつ「薩遮迦小経」から引用した。*The Culasaccaka Sutta*, found in *The Middle Length Discourses of the Buddha: A Translation of the Majjhima Nikāya*, trans. Bhikkhu N̄ānamoli and Bhikkhu Bodhi (Kandy, Sri Lanka: Buddhist Translation Society, 1995), 322–31.［「第三五経　異教徒サッチャカの論難 —— 薩遮経」、平木光二訳（『中部経典I』〔原始仏典4〕、中村元監修、森祖道・浪花宣明編集、春秋社、2004年所収）］

11. *The Culasaccaka Sutta*, 322, 328.［「第三五経　異教徒サッチャカの論難 —— 薩遮経」］

12. *The Culasaccaka Sutta*, 323.［同上］

13. *The Culasaccaka Sutta*, 328.［同上］。http://lirs.ru/lib/sutra/The_Middle_Length_Discourses (Majjhima_Nikaya),Nanamoli,Bodhi,1995.pdf.

Jonathan Barnes (Princeton, NJ: Princeton University Press, 1984), 1:413a20.[アリストテレス『魂について』、中畑正志訳、京都大学学術出版会、2001年]

21. Aristotle, "On the Soul," 1:434a22–434b1; Aristotle, "Parts of Animals," trans. W. Ogle, in *The Complete Works of Aristotle*, ed. Jonathan Barnes (Princeton, NJ: Princeton University Press, 1984), 1:687a24–690a10.[アリストテレス『魂について』、中畑正志訳、京都大学学術出版会、2001年]; Aristotle, "Metaphysics," trans. W. D. Ross, in *The Complete Works of Aristotle*, ed. Jonathan Barnes (Princeton, NJ: Princeton University Press, 1984), 2:1075a16–25.[アリストテレス『形而上学』上下巻、出隆訳、岩波文庫、1959年]

22. Aristotle, "On the Soul," 1:424b22–425a13.[アリストテレス『魂について』]

23. Aristotle, "Rhetoric," 1:1369b33.[アリストテレス『弁論術』、戸塚七郎訳、岩波文庫、1992年]

24. Aristotle, "Rhetoric," 1:1370a1.[同上]

25. Aristotle, "Rhetoric," 2:1378a30, 1380a5.[同上]

26. Aristotle, "Rhetoric," 2:1380b35, 1382b1.[同上]

27. Aristotle, "Rhetoric," 2:1382a21, 1383a15.[同上]

28. Aristotle, "Rhetoric," 2:1383b16–17.[同上]

29. Aristotle, "Rhetoric," 2:1385a15–1385a1.[同上]

30. Aristotle, "Rhetoric," 2:1385b13, 1386b10.[同上]

31. Aristotle, "Rhetoric," 2:1387b20,1388a30.[同上]

32. Pseudo-Callisthenes, *The Romance of Alexander the Great by Pseudo-Callisthenes*, trans. Albert Mugrdich Wolohojian (New York: Columbia University Press, 1969), 58.[伝カリステネス『アレクサンドロス大王物語』]

33. Aristotle, "Rhetoric," 2:1379b1–2.[アリストテレス『弁論術』]

34. Aristotle, "Rhetoric," trans. W. Rhys Roberts, in *The Complete Works of Aristotle*, ed. Jonathan Barnes (Princeton, NJ: Princeton University Press, 1984), 1:1367b8.[同上]

35. Pseudo-Callisthenes, *The Romance of Alexander the Great by Pseudo-Callisthenes*, trans. Albert Mugrdich Wolohojian (New York: Columbia University Press, 1969), 59–60.[伝カリステネス『アレクサンドロス大王物語』]

36. Pseudo-Callisthenes, *The Romance of Alexander the Great by Pseudo-Callisthenes*, trans. Albert Mugrdich Wolohojian (New York: Columbia University Press, 1969), 59–60.[同上]

W. Sherburne (New York: Free Press, 1978), 39.[ホワイトヘッド『過程と実在』上下巻、山本誠作訳、松籟社、1984年]

4. Plato, "Republic," trans. G. M. A. Grube, rev. C. D. C. Reeve, in *Plato: Complete Works*, ed. John M. Cooper (Indianapolis: Hackett Publishing, 1997), loc. 26028–27301, Kindle.[プラトン『国家』上下巻、藤沢令夫訳、岩波文庫、1979年]

5. Plato, "Republic,"loc. 27176–95.[同上]

6. Plato, "Republic,"loc. 27239–64.[同上]

7. Xenophon, *Memorabilia*, trans. Amy L. Bonnette (Ithaca, NY: Cornell University Press, 2014), loc. 514–20, Kindle.[クセノフォン『ソクラテスの思い出』、相澤康隆訳、光文社古典新訳文庫、2022年]

8. Plato, "Phaedo,"loc. 2889.[プラトン『パイドン —— 魂について』]

9. Plato, "Phaedo,"loc. 2886.[同上]

10. Plato, "Phaedo,"loc. 2878–97.[同上]

11. Plato, "Critias," trans. D. Clay, in *Plato: Complete Works*, ed. John M. Cooper (Indianapolis: Hackett Publishing, 1997), loc. 1541, Kindle.[プラトン『クリティアス』(プラトン全集12)、田之頭安彦訳、岩波書店、1987年]; Plato, "Phaedo," loc. 2511.[プラトン『パイドン —— 魂について』]

12. Plato, "Phaedo," loc. 2890.[プラトン『パイドン —— 魂について』]

13. Emily Wilson, *The Death of Socrates* (Cambridge, MA: Harvard University Press, 2007), 114.

14. ドイツ語原文は、Oh Kriton, das Leben ist eine Krankheit!(おお、クリトンよ! 人生は一個の病気である)。Friedrich Nietzsche, *Die Fröhliche Wissenschaft*, NietzscheSource.org, http://www.nietzschesource.org/#eKGWB/FW-340.[フリードリッヒ・ニーチェ『悦ばしき知識』(ニーチェ全集8)、信太正三訳、筑摩書房、1993年]

15. Glenn W. Most, "A Cock for Asclepius," *Classical Quarterly* 43, no. 1 (1993): 96–111.

16. Xenophon, *Memorabilia*, loc. 2859.[クセノフォン『ソクラテスの思い出』]

17. Plutarch, *Plutarch's Lives*, trans. George Long and Aubrey Stewart (London: George Ball and Sons, 1892), 3:302.[プルタルコス『プルタルコス英雄伝(中)』、村川堅太郎訳、ちくま学芸文庫、1996年]

18. その論拠については、Bente Kiilerich, "The Head Posture of Alexander the Great," *Acta ad archaeologiam et artium historiam pertinentia* 29 (2017): 12–23. にくわしい。

19. Pseudo-Callisthenes, *The Romance of Alexander the Great by Pseudo-Callisthenes*, trans. Albert Mugrdich Wolohojian (New York: Columbia University Press, 1969), 57.[伝カリステネス『アレクサンドロス大王物語』、橋本隆夫訳、ちくま学芸文庫、2020年]

20. Aristotle, "On the Soul," trans. J. A. Smith, in *The Complete Works of Aristotle*, ed.

原注

はじめに　気分はどうだい？

1. Thomas Dixon, *From Passions to Emotions: The Creation of a Secular Psychological Category* (Cambridge, UK: Cambridge University Press, 2003).

2. Anna Wierzbicka, *Imprisoned in English: The Hazards of English as a Default Language* (Oxford, UK: Oxford University Press, 2013), 75.

3. Debi Roberson et al., "Colour Categories and Category Acquisition in Himba and English," in *Progress in Colour Studies*, vol. 2, *Psychological Aspects*, ed. Nicola Pitchford and Carole P. Biggam (Amsterdam: John Benjamins, 2006), 159–72.

4. Jonathan Winawer et al., "Russian Blues Reveal Effects of Language on Color Discrimination," *Proceedings of the National Academy of Sciences of the United States of America* 104, no. 19 (May 8, 2007): 7780–85.

5. 代表的なものとしては、以下のふたつがある。Thomas Dixon, *Weeping Britannia: Portrait of a Nation in Tears* (Oxford, UK: Oxford University Press, 2015), and Joanna Bourke, *Fear: A Cultural History* (London: Virago Press, 2006).

6. くわしくは、William Reddy, *The Navigation of Feeling: A Framework for the History of Emotions* (Cambridge, UK: Cambridge University Press, 2001)の後半を読んでいただきたい。できれば、前半も。

7. Stephanie Downes, Sally Holloway, and Sarah Randles, eds., *Feeling Things: Objects and Emotions Through History* (Oxford, UK: Oxford University Press, 2018)は、その好例。

8. Richard Firth-Godbehere, "Naming and Understanding the Opposites of Desire: A Prehistory of Disgust 1598–1755" (PhD diss., University of London, 2018), https://qmro.qmul.ac.uk/xmlui/handle/123456789/39749?show=full.

9. Reddy, *The Navigation of Feeling*を参照。この分野では、必読の書である。

10. Arlie Russell Hochschild, *The Managed Heart: Commercialization of Human Feeling* (Berkeley: University of California Press, 1983), 7.［A・R・ホックシールド『管理される心――感情が商品になるとき』、石川准・室伏亜希訳、世界思想社、2000年］

11. Barbara H. Rosenwein, *Emotional Communities in the Early Middle Ages* (Ithaca, NY: Cornell University Press, 2007).

第1章　古代ギリシアの有徳のしるし

1. Plato, "Phaedo," trans. G. M. A. Grube, in *Plato: Complete Works*, ed. John M. Cooper (Indianapolis: Hackett Publishing, 1997), loc. 1792, Kindle.［プラトン『パイドン――魂について』、納富信留訳、光文社古典新訳文庫、2019年］

2. David Sedley, *Plato's Cratylus*, Cambridge Studies in the Dialogues of Plato (Cambridge, UK: Cambridge University Press, 2003), 10.

3. Alfred North Whitehead, *Process and Reality*, ed. David Ray Griffin and Donald

■ま～も

■や～よ

■ら～ろ

■は〜ほ

■た～と

■な～の

■さ〜そ

索引

エモい世界史《せかいし》

「感情《かんじょう》」はいかに歴史《れきし》を動《うご》かしたか

2023年7月30日　初版1刷発行

著者 ―――― リチャード・ファース＝ゴッドビヒア
訳者 ―――― 橋本篤史《はしもとあつし》
ブックデザイン ―――― 坂川朱音（朱猫堂）
発行者 ―――― 三宅貴久
組版 ―――― 新藤慶昌堂
印刷所 ―――― 新藤慶昌堂
製本所 ―――― ナショナル製本
発行所 ―――― 株式会社光文社
〒112-8011　東京都文京区音羽1-16-6
電話 ―――― 翻訳編集部 03-5395-8162
書籍販売部 03-5395-8116
業務部 03-5395-8125

落丁本･乱丁本は業務部へご連絡くだされば、お取り替えいたします。

ISBN978-4-334-96265-4 Printed in Japan

■好評既刊

マルコム・グラッドウェル 著　櫻井祐子 訳

ボマーマフィアと東京大空襲

精密爆撃の理想はなぜ潰えたか

一晩で10万人が死亡！
史上最悪の殺戮はこうして現実となった

精密爆撃を可能にする照準器を発明したオランダ人。ドイツの都市を爆撃したイギリスの司令官。ナパームを生み出したハーバード大学の化学者。そして航空機に戦争の未来を夢想した「ボマー（爆撃機）マフィア」こと米陸軍航空隊戦術学校のリーダーたち――それぞれの思惑を通して空前の殺戮の裏側を描くノンフィクション。

四六判・ソフトカバー